在路上

乡村复兴论坛文集（四）

永泰 大埔卷

罗德胤 主编

中国建材工业出版社

图书在版编目（CIP）数据

在路上：乡村复兴论坛文集（四）·永泰　大埔卷 / 罗德胤主编．-- 北京 ：中国建材工业出版社，2020.6

ISBN 978-7-5160-2829-2

Ⅰ．①在…　Ⅱ．①罗…　Ⅲ．①城乡建设－研究－永泰县－现代②城乡建设－研究－大埔县－现代　Ⅳ．① F299.21

中国版本图书馆 CIP 数据核字（2020）第 030252 号

在路上：乡村复兴论坛文集（四）·永泰　大埔卷

ZAILUSHANG: XIANGCUN FUXING LUNTAN WENJI 4 • YONGTAI DABUJUAN

罗德胤　主编

出版发行：中国建材工业出版社

地　　址：北京市海淀区三里河路 1 号

邮政编码：100044

经　　销：全国各地新华书店

印　　刷：北京鑫正大印刷有限公司

开　　本：710mm×1000mm　1/16

印　　张：20

字　　数：300 千字

版　　次：2020 年 6 月第 1 版

印　　次：2020 年 6 月第 1 次

定　　价：78.00 元

本社网址：www.jccbs.com，微信公众号：zgjcgycbs

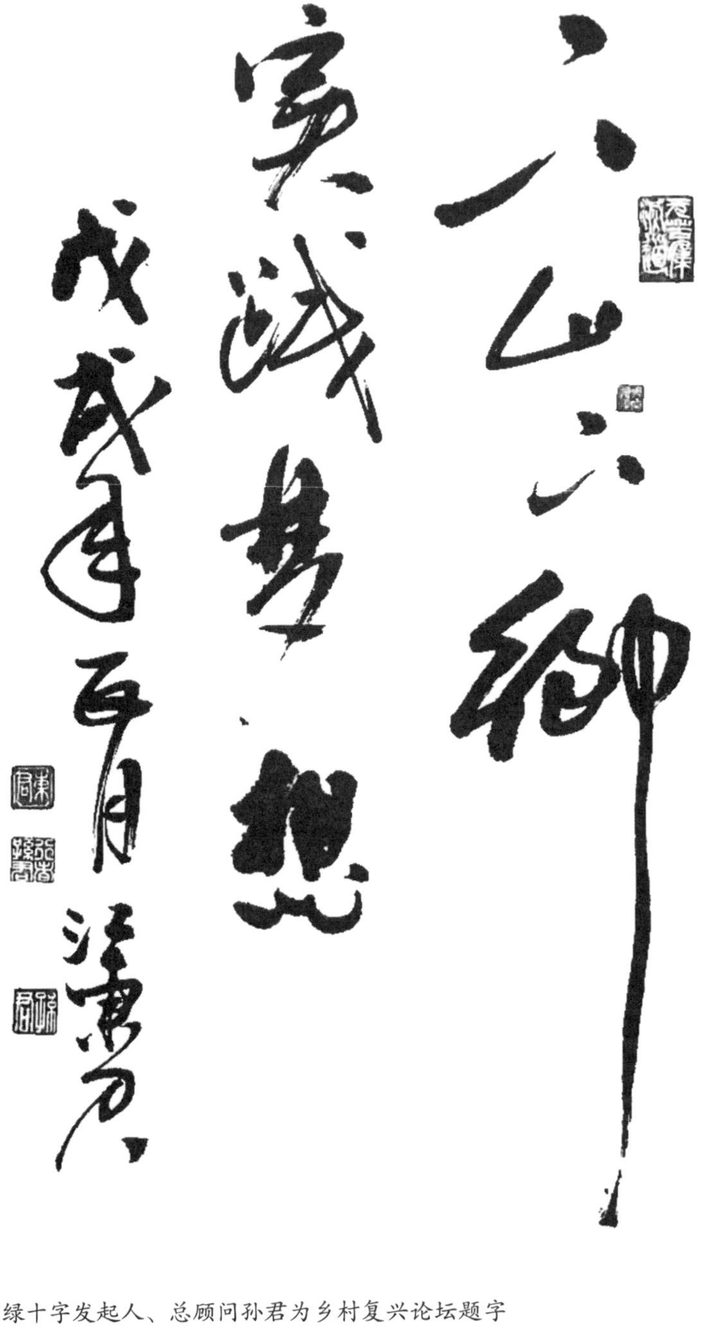

北京绿十字发起人、总顾问孙君为乡村复兴论坛题字

序

探索会议事件为导向的乡村振兴之路

罗德胤
清华大学建筑学院副教授
乡村复兴论坛主席

2017 年 10 月，党的十九大报告中提出："实施乡村振兴战略，要坚持农业农村优先发展，按照产业兴旺、生态宜居、乡风文明、治理有效、生活富裕的总要求，建立健全城乡融合发展体制和政策体系，加快推进农业农村现代化。"

2018 年 2 月，国务院公布《中共中央国务院关于实施乡村振兴战略的意见》（中央一号文件），进一步指出："实施乡村振兴战略，是党的十九大作出的重大决策部署，是决胜全面建成小康社会、全面建设社会主义现代化国家的重大历史任务，是新时代三农工作的总抓手。"

作为乡村工作人员，如何才能有效响应中央提出的乡村振兴号召？我们认为，要抓住广大乡村面临的一个核心问题，即城镇化带来的乡村空心化进而导致社会整体对乡村的"需求失效"，才有可能打破僵局。

面对乡村的"需求失效"，我们至少可以做以下五件事。

第一，通过乡村文化资源的价值挖掘和深度研究，探索她在现代中国社会中所可能占据的文化地位，以及可能与之形成对接的现代生活方式和产业品类，并以此确定该地乡村振兴的主题。本文认为，只有在文化上够高度或产业上够强大的主题，才可能对抗乡村的空心化趋势。

第二，围绕上述文化或产业主题，进行有针对性的乡村规划和设计。

第三，和地方政府以及合作机构一起，开展持续的宣传推广。

第四，制定村民培训计划，恢复并增强村集体力量，鼓励和支持新老村民在村内进行尝试性的商业化与非商业化运营。

第五，策划事件。事件（Event），是容易被以往规划专业者忽视的一个环节。它是有效获取社会关注的一个途径，而社会关注又是应对乡村“需求失效”的重要力量。

本文的作者及其工作团队，在过去的几年尝试以“村里开大会”作为事件，来整合相关资源，推动乡村规划设计项目的落地实施，促进乡村的文化品牌建设，从而实现村落保护和乡村振兴（罗德胤，2018）。“村里开大会”的大会，正式名称是乡村复兴论坛，开始于 2016 年 4 月，迄今已在全国不同地方举办了九次。

会议事件回顾

乡村复兴论坛的设想，缘起于 2015 年 11 月在乌镇举办的第一届古村大会。早在会前，组委会就有过是否可以将此次大会安排在某个村落的设想。但是在当时，能容纳 500 人大会的村落几乎是没有的，所以组委会退而求其次，选择了一个镇[①]。第一届古村大会取得了很好的成效，成为一个现象级会议。这让我们对举办会议有了经验和信心，也重新评估了“在村里开大会”的想法，并且找到了愿意合作的地方政府。

乡村复兴论坛的第一次会议，于 2016 年 4 月在河南省新县的西河村召开。截至目前，会议共举行了九次，分别是在河南新县（西河村）、贵州桐梓县（中关村）、贵州台江县（交宫村和红阳村）、山东日照市（山海天景区）、广东梅县（侨乡村和松口镇）、陕西留坝县（城郊花海和火烧店镇）、福建永泰县（竹头寨和月洲村）、广东大埔县（百侯镇和北塘村）和山西沁源县（河西村化肥厂、韩洪沟

① 乌镇作为东道主，在会场和接待上给予了巨大支持，这是第一届古村大会顺利召开的一个重要因素。

村、黑峪村）。每次会议的正式会期是两天，参会人数为 350 ~ 500 人。

整体来说，历次会议的成效可概括为以下几点。

第一，促进行业交流。乡村复兴论坛邀请的演讲嘉宾，都是在乡村振兴领域的各个行业有所建树的专业人士。借论坛的机会，不同行业间可以彼此沟通了解，拓宽想法。

第二，培训地方人才。乡村复兴论坛的一半名额是分配给当地的，目的是把乡村振兴领域最前沿的知识和经验，传递给较少有机会外出学习的当地村镇工作者。

第三，提升乡村人居环境。通过针对会议会场、路线的规划设计及落地实施，村落景观环境和相关服务设施可得到明显提升，由此提高村民生活质量。

第四，引发社会关注。通过会议举办和会议期间的多渠道宣传，举办地会受到来自社会各界，包括乡村建设专业人士、政府官员、媒体单位、投资机构等相关方的广泛关注，有效提升知名度。

第五，发动村民参与。在规划设计阶段，村民参与落地实施可帮助恢复和提升他们对乡村的归属感。最近的几次会议还带动了后续的培训运营，使村民切实参与到乡村的后续发展和治理中。

第六，吸引社会资本。通过举办会议，村落的知名度和基础设施得到有效提升，这有可能吸引来社会资本，为村民提供新的就业、创业机会。我们提倡的观点，是在村落保护和乡村振兴事业中应主要吸引中小型资本。相较于大型资本不允许失败的强大压力和不得不追求利益回报的商业诉求，中小型资本更加具有多样性和创造性，更容易赋予地块活力（Florida，2002）。我们建议在一个村落中同时引入若干个中小型项目，这个做法相较于一体化商业建设的大型资本，因为其数量较多，出现成功的概率相对更高（罗德胤，2015）。

会议内容与会务

高品质、时效性的会议内容和专业、流畅的会务服务是评估会议成效的重要标准。乡村复兴论坛除了作为一个会议事件给村落带来活力外，会议内容与会务安排可以起到培训村镇干部，助推乡村发展的效果。

内容是会议的核心。乡村复兴论坛的受众主要是在乡村振兴领域开展工作的相关人士、地方干部和潜在投资者，会议内容是围绕这些参会者的实际需求而展开的。论坛包含不同板块，便于参会者重点选取与自己领域相契合的内容，有针对性地参与学习。为了保证会议质量和参会者有所收获，论坛对演讲邀请第一看中的是他（她）近期在乡村建设事业中，是否作出了让与会者感到有启发性的案例，其次才是名声和地位。

论坛主办者安排了较多时间，去考察全国各地不同类型的乡村振兴案例，以便跟踪和掌握乡村实践领域的前沿信息，并从中选择论坛的演讲人。另一方面，论坛举办地的政府也会推举在当地乡村振兴领域中有突出贡献的专家，作为演讲嘉宾。

一次成熟的会议，离不开一支专业化的会务团队。针对会议各个环节，会务团队进行持续的优化和创新，以不断提升会议的效率和体验感。这些环节主要服务于两个目的：一是维持论坛风格的统一性和独特性。乡村复兴论坛每次都在不同地方举行，需要会务团队保证论坛在对外形象上的统一性，并且始终保持自己的特色，不断强化会议品牌。二是深入了解会议举办地的文化资源与场地条件，对可能出现的各种问题作出预判，并且做好应对的方案，以保持会议全程的顺畅。

挖掘研究主要是指在进行会议举办地的前期考察时，要对当地资源进行深入学习和挖掘，提炼出文化特色，以便在会议举办时加以利用，借此强化地方文化品牌。这主要包括三个方面：当地已有文化资源的推广、地方文化产品的研发和借会议事件创造地方品牌。

第一，已有文化资源推广。有些会议举办地可能已经具备一些优质的文化资源，需要借会议进行推广。举例来说，张良在论坛举办前就已经是陕西汉中留坝县的文化 IP。留坝有一座张良庙，庙宇内有一座“英雄神仙”碑，是 1919 年由地方军阀管金聚书写的。 这四个字确实是对张良一生最简要的概括——他在成为英雄之后，又能够实现成为神仙的人生转化，很值得后代文人学习。顺着这个思路，我们重新设计了会议用的胸牌——用“英雄”来代替“演讲嘉宾”，用“神仙”来代替“参会代表”。同样是这个思路，我们在留坝会议期间的一个晚上，在张良庙里举行了两个小型的专题夜话，一个就叫英雄会（图 1），另一个就叫神仙会。

图 1　张良庙“英雄会”（图片由乡村复兴论坛组委会提供）

第二，地方文化产品研发可做的尝试是非常多的。比如，论坛通过和台湾美食家王翎芳老师的合作，在梅县和留坝的两次会议上都进行了当地食材的挖掘和研发。王翎芳老师还对当地厨师和村妇进行了培训，由后者制作出美食。这些地方产品可以作为特产进行售卖，也成为自带流量的纪念品。

第三，借会议创造文化品牌。论坛在宣传推广上的放大效应，成为创造地方文化品牌的契机。福建省永泰县借会议的举办，强化了“永泰庄寨”作为一种新的传统民居建筑类型在专家和公众认识中的地位。永泰县文化部门在举办会议的前期，对本县文化资源进行了深入挖掘。他们发现历史上一位颇有名气的御医——力钧，是出生在永泰县，于是借会议举办的机会，研发了以“力钧宴”命名的一套药膳美食。

规划设计

与会议事件相结合的规划设计，与通常的规划设计工作模式有所不同。这样的规划设计具有以下特点：第一，有明确的时间完成节点；第二，有确定的基于会议事件同时也利于村民未来使用的设计项目；第三，设计项目要有针对性和话题性。

会场设计主要包括三种情况，即临时搭场、改造会场空间和运用现有建筑。

临时搭场，适合于拥有良好自然或人文景观的场地。在此类场地，参会者可以感受当地景观，提升景观感染力。留坝的会议，第一天是在花海中进行的；日照的会议则是在海边的沙滩上；台江的会议，两天分别安排在风貌不同的苗族村寨。搭棚的组件在会后收好保存，可供其他会议重复使用。搭建在村内的会场，还有一个好处，那就是当地村民也会来“参会”。由于语言不通和文化背景不同等原因，村民们或许并不能全面理解会议的内容，但是他们只要在场就一定能感受到会议事件给乡村带来的变化，这已经是一种参与。

改造会场空间，主要是对村内既有较大型建筑进行修复和改造。这样的会议空间，可以提供良好的空间体验。会议结束后，这些建筑可以用作村民中心、游客服务中心或乡村博物馆等功能。截至目前，乡村复兴论坛使用过的改造会场包括河南新县西河村用粮库改造的村民中心、贵州桐梓县中关村用烤烟大棚改造的村民会议厅、陕西留坝县火烧店镇用老供销社改造的游客服务中心、福建永泰县竹头寨用一个大型庄寨建筑改造的文化研究中心和广东大埔县百侯镇用一个老影剧院改造的多功能博物馆。

竹头寨上寨的卧云庄，是一座防御与居住并重的大型传统民居，具有鲜明的地域特色。2017 年 11 月，乡村复兴论坛组委会和福建省永泰县村保办经过协商，将竹头寨卧云庄确定为永泰庄寨峰会的首日会址。我们对保存相对完好的主座进行了修缮，尽量恢复其原貌；根据现场遗留的台基，我们按原有布局复建了厢房和倒座房；中间的天井，在会议期间加上临时的玻璃顶，成为容纳 500 人的会议空间。这次会议的会场空间，给所有参会者留下了非常深刻的印象。

会场景观指的是会场附近的景观，其规划和设计主要围绕参会者的进入线路和开会场地而进行。彻底全面地优化乡村的整体风貌，在中短期之内通常很难实现，因为需要巨大的资金和人力投入。我们需要将这个“终极目标”，分解为若干个“阶段目标”，这样就可以在每一个阶段内将有限的资源发挥出可见的效力，为下一阶段目标的实现打下基础。会场景观，可以扮演这个阶段目标的角色。围绕会场及其进入路线来做景观，可以在较短时期内让村落部分区域的环境提到明显提升。它在保证会议效果的同时，也改善了村民的生活环境，并且优化了访客的心理体验，从而让民众和政府在一个较短时期内获得可以感知的成果。

会场景观的规划设计要遵循低干预的“弱景观”设计原则，以最大限度降低成本。主要包括三方面：其一是设计师角色的弱化，要从景观设计者退让为发掘者，发掘出被掩盖的传统村落潜力景观。其二是设计强度的弱化，注重对传统村落景观优越资源的恢复性、引导性（图 2），弱化设计师人为的创造性，慎重引入非原生的景观元素。其三是设计实施成果的消隐性，即设计后的景观隐藏于村落环境之中（李君洁，罗德胤，2018）。

以梅县侨乡村为例，我们为会场景观所做的工作主要有以下几项。首先是会场附近的农田景观。由于村民外出打工等原因，有部分农田被撂荒了。这在乡村景观上是一个损失。会前的一段时间，通过当地政府和村委会的协调，这些农田的主人将使用权转租给了其他村民，使得农田都种上了水稻或者蔬菜，从而恢复了完整的农田景观。其次是村内主路，并不需要加宽，但是要改善路基，过窄的地方要尽量设法补齐宽度，以便车辆能安全顺利地通行。最后，会场周边的慢行系统也要改善，包括街巷小路和溪边小路，还包括部分田埂路。它们可供村民日常使用，同时要和主路相接，形成步行或骑行环线，还能连接起重要的建筑与景观节点（王芝茹，罗德胤，2018）。

小型的花园或景观建筑等景观节点，通常设立在会场景观之中或附近，在会议期间可供参会者使用（参会者在景观节点内的拍照活动，也是一种有效的宣传）。对于现状条件较差但区位合适的节点，设计师可采用干预性强一些的设计策略（李君洁，罗德胤，2018）。重要的景观节点，应兼具观赏性和功能性，如竹头寨的旱溪花园平时是没有水的，但是在雨天可以满足排水功能。

乡村景观照明应遵循三个原则。其一是尽量减少灯具对乡村风貌的影响，最好做到夜晚只见灯光不见灯的效果。其二是当灯具无法隐藏时，其造型应与村落风貌相符。其三是在满足基本照明的情况下，尽可能维持一种静谧感强的夜景暗环境。在遵循这三个原则的情况下，景观照明的设计应围绕村庄特色进行。对于建筑特色较突出的村落，景观照明应服务于展现和凸显这种特色（图 3）。在会议期间，为了保证参会者的安全，可添加临时射灯增加亮度。

亮点工程是指围绕会议所需，在会场附近选取几个点位进行重点设计，使其成为亮点工程，包括改造为会场的建筑、茶室、咖啡馆（图4）、书吧等。这些点位的作用除了满足会议、休息、交流的实际功能之外，还重在提升参会者的现场体验。在会后，它们可用于商业经营，提升当地经济效益，或用作文化公益，提高村民生活水平。

良好的会议体验，可以帮助参会者提高会议的学习效果。为此，会场点位应保证空间设计的美观与舒适，要给参会者留下深刻印象。当参会者愿意拍照分享时，会在很大程度上提升会议和地方品牌的宣传力度。

亮点工程也是探讨赋予老旧建筑新用途的有效方式。比如，借永泰庄寨峰会之机，设计团队将竹头寨一栋废弃的铳楼改造成了书吧。这座原本是防御用的小型建筑，在保留其防御建筑特性的同时，在功能上变成了一栋文化公益的建筑。它在为当地村民提供阅读和交流场所的同时，也为旅游者提供饮品茶点。

亮点工程的后续运营，需要妥善解决。目前主要有以下三种用途。其一是供中小型机构入驻使用。其二是供村民自己经营，这种方式通常还需要非营利组织村民培训，在村民熟悉业务后再开展。其三是用作社区营造，成为村民日常使用和共享的场所。

由村民自己经营是比较理想的后续运营方式。它可以在为村落带来经济收益的同时，吸引在外打工者回乡，这在一定程度上可以缓解乡村空心化的问题。亮点工程的建筑，可以兼顾商业用途和社区共用。

宣传推广

会议相关的宣传推广，主要目的是产生爆发效应。为此，不同方式的宣传机构和宣传者可共同发力，形成媒体矩阵。这些机构和人员包括论坛秘书处、当地宣传部、新浪微博、传统媒体、参会代表、行业大咖等。他们在各自领域，发挥各自的作用。

秘书处和当地宣传部在会议举办前大约三个月，要举行一次新闻发布会。从新闻发布会召开的那天开始，会议的宣传工作就正式拉开了序幕，此后就会逐渐

图 2　新县西河村，经过设计的沿河景观（摄影：覃江义）

图 3　竹头寨夜景鸟瞰（摄影：黄文浩）

图 4　月洲村咖啡馆“竹洲有月”（摄影：覃江义）

加快宣传节奏。随着会议临近，宣传推广的力度继续加大，从一周一次到后期一天一次，最后达到爆发的效果。宣传的内容，除了会议本身外，还包括部分演讲嘉宾的经验分享和地方资源的挖掘推荐。

新浪微博已经签约成为乡村复兴论坛的独家新媒体。在会议进行期间，新浪微博会对论坛进行高密度的推广，将论坛在新媒体的影响力提升到最大。传统媒体如报纸、电视等，也会从各自的渠道进行宣传。

参会人员也是重要的宣传力量。所有参会人员，包括参会代表、演讲嘉宾、工作人员、志愿者等，在会议期间可能因为演讲者的某个观点、设计上的某个细节或者接待上的某件小事而被打动，并将其分享在网络上。这样的宣传，单个地看可能力量是不大的，但是集中起来同时出现，就会产生很可观的效果。

当地以及附近的乡镇干部，会以个人或组团方式来参会学习。他们回到工作岗位后，经常以学习心得等方式交流和传播会议内容和嘉宾观点，这会大大地提高论坛在当地县市的影响力。

行业大咖对论坛的认可，可谓是在专业领域内的最好推广。他们对会议内容的评论和对演讲嘉宾的反馈，经常会引发行业和社会公众对会议的二次关注，这有利于延长论坛的宣传时效。

结　语

我们针对乡村需求失效的问题，探讨了以“村里开大会”的方式，采取有的放矢的策略，达到村落保护和乡村振兴的目的。通过举办会议，将挖掘研究、宣传推广、规划设计、培训运营和事件策划这五个方面统筹在一起，共同发力，并且互相支撑。

挖掘研究的作用是寻找当地乡村的文化特色与潜在产业，并以此制定会议和规划主题。这一步对于乡村振兴二十字方针中的“产业兴旺”，是非常关键的，对于“乡风文明”也有重要意义。随后，规划设计要围绕该主题，策划和选择合适的工程项目，并且在较短时期内集中资源，完成项目，作出乡村发展的阶段性成效。这一步对于“生态宜居”的实现，有着重要作用。在会议期间，通过媒体矩阵所形成的爆发效应，使得会议举办地及其新近完成的设计项目，获得最大程度的推广宣传。这一步对于“产业兴旺”和“乡风文明”，都是一个强大的助推。

目前，乡村复兴论坛已经举办九届。通过九次“村里开大会”的经验积累，我们对于会议的前三个环节（即挖掘研究、宣传推广、规划设计），已经基本上能做到系统化。对于会议的后两个环节（即会后的持续运营和事件策划），虽然还处于探索阶段，但也已经取得了局部的有效经验。

论坛的第一次会议举办地——河南省新县的西河村，在乡村旅游的成效上是收获颇丰的。对西河村近几年来的发展，当地村民普遍有“翻天覆地”的评价（这主要指的是村庄环境、经济水平和文化自信，不是指村落内的文化遗产），省级与中央媒体对于西河村的报道也保持了相当高的频次；在西河村、田铺大塆、丁李湾等村的带动下，新县作为将军县和大别山山区县的文化品牌，也已经具有了全国的知名度。

论坛的第二次会议举办地——贵州省桐梓县的中关村，在最近两年由于有社会工作者进驻，也表现出持续向好的态势。第三次会议举办地——贵州省台江县红阳村，村民们在会后自发地延续了乡村旅游业，尤其在每年的暑假期间都能获得比较可观的收入。第四次会议举办地——山东省日照市山海天，我们有一个重大收获，那就是开始在演讲嘉宾中发现和创造出会议的拓展和深化内容，我们将这种拓展和深化称为会议内容的模块化。

论坛的第五次会议举办地——广东省梅县侨乡村，在会后即有专业团队与村集体开展持续的合作运营。第六次会议举办地——陕西省留坝县，利用会议事件强化了“大秦岭山区县”的品牌，并且在开会的一年之后落户了“隐居乡里”的民宿品牌，开业两个月即成为汉中市甚至陕西省的热门目的地。第七次会议举办地——福建省永泰县竹头寨，我们通过上寨建筑的修复和会场利用，以及附属建筑铳楼改造为书吧，在很大程度上推动了“永泰庄寨”成为行业和学术界了解并认可的一种传统建筑类型。第八次会议举办地——广东省大埔县百侯镇，我们将一座废弃多年的影剧院改造为多功能的乡村综合体，重振古镇居民的集体凝聚力，孵化乡村文化产业。第九次会议举办地——山西省沁源县，我们将县城北郊的河西村与其北面的化肥厂、南面的文化艺术中心进行连通与互动，打造极具时代风格张力的城郊综合体，以此来探索资源生产向生态文明转型的发展道路。第九次会议的举办地——山西沁源县，尽管是最近一次开会，但是目前已经确定有两家全国知名的运营机构进驻（隐居乡里和宿集）。

2020 年，第十届乡村复兴论坛将于河南修武县的大南坡村举办。结合前九次的开会经验，我们为修武县大南坡村的这次论坛进行了全方位的预先布局。在会前一年左右的时间，已经确定有五家机构将会联合进驻：清华同衡村落所，承担了村落规划与老村部的改造设计；隐居乡里，承担了民宿设计、运营与村民培训；明月村乡村研究社，承担了社区营造；左靖工作室，承担了地方文化挖掘与策展；翎芳魔境，承担了乡村美食研发与运营。这五家机构，将会用不到一年的时间营造出一个与众不同的大南坡村。

我们相信，“村里开大会”作为一个整合资源，推动乡村振兴的尝试，已经具备相当的现实意义，也开始显现出一定的理论价值。

2019 年 12 月

参考文献

[1] 陈锡文. 实施乡村振兴战略，推进农业农村现代化 [J]. 中华儿女，2018(13).

[2] 陈锡文. 资源配置与中国农村发展 [J]. 中国农村经济，2004(1):4-9.

[3] Florida R. The Rise of the Creative Class: And How It's Transforming Work, Leisure, Community, and Everyday Life[J]. Canadian Public Policy, 2002, 29(3):90-91.

[4] 李昌平. 乡村振兴最核心的任务是增加农民收入 [J]. 人民论坛，2018(21).

[5] 罗德胤. 村落保护：关键在于激活人心 [J]. 新建筑，2015(1).

[6] 李君洁，罗德胤. 传统村落需要“弱景观”——关于传统村落景观建设实践的探索 [J]. 风景园林，2018(05).

[7] 罗德胤. 在路上——中国乡村复兴论坛年度纪实（二）[M]. 北京：中国建材工业出版，2018.

[8] 王芝茹，罗德胤. 会议事件推动下的传统村落保护与更新研究——以广东省梅县区侨乡村为例 [J]. 城市住宅，2018,286（25）.

[9] 温铁军. 生态文明与比较视野下的乡村振兴战略 [J]. 上海大学学报：社会科学版，2018.

[10] 温铁军，杨洲，张俊娜. 乡村振兴战略中产业兴旺的实现方式 [J]. 行政管理改革，2018.

目 录

第一章　乡村·综合

第二章　乡村·文创

第三章　乡村·设计

第四章 乡村·运营

第五章 乡村·社区

第一章 乡村·综合

搞好文化生态保护区建设，全面振兴客家乡村

周和平
原文化部副部长

内容摘要：本文围绕文化生态保护区建设的话题，探讨了我国非物质文化遗产保护工作的基本情况、振兴客家乡村的重要机遇及几点建议。

关 键 词：非物质文化遗产；文化生态保护区；客家文化

梅州是文化部指定的少数几个文化生态区之一，今天我想就这个话题跟大家做点分享，主要涉及以下三个方面。

一、我国非物质文化遗产保护工作的基本情况

建设“文化生态保护区”是我国非物质文化遗产保护工作的重要组成部分。中华文明源远流长，博大精深，祖先留给我们的非物质文化遗产丰富多彩，弥足珍贵。她作为中华民族的 DNA，活态传承着中华文化。我国的非物质文化遗产保护工作起自 2005 年。2005 年 3 月，国务院办公厅下发《关于加强我国非物质文化遗产保护工作的意见》，同年 12 月，国务院下发《关于加强文化遗产保护工作的通知》。十多年来，开展的“非遗”保护主要工作有：

（一）全面开展非物质文化遗产普查工作

为摸清家底，2005 年，文化部部署了我国大规模的非物质文化遗产全面普查工作，至 2009 年年底，普查工作基本完成，普查登记的非物质文化遗产资源总量近 87 万项。

（二）建立名录制度

为发挥政府的彰显作用，提高非物质文化遗产项目的影响力，从 2006 年起，国务院公布“国家级非物质文化遗产名录”，截至目前已公布四批，达 1372 项。中央、省、市、县四级名录体系已经形成。梅州市有国家级 6 项，省级 32 项，市级 60 项，涵盖十大类。

（三）建立传承人保护制度

非物质文化遗产保护强调活态传承，传承是非遗保护工作的重点，传承人是保护的核心，“国家级传承人”是掌握国家级非物质文化遗产项目文化内涵和精湛技艺的杰出性代表人物。从2007年首批认定“国家级非物质文化遗产项目代表性传承人”，截至目前，共认定五批，达3068人。梅州有国家级传承人4人，省级34人，市级72人。

（四）设立文化生态保护实验区

“非遗”具有地域性特征，许多项目地缘、人缘相通，具有整体性。根据这个特点，国务院决定设立“文化生态保护区”，自2007年开始，相继命名了21处国家级“文化生态保护实验区”，2010年，文化部批准设立“客家文化（梅州）生态保护实验区”。

（五）积极参与国际交流与合作

2003年，我国加入了联合国教科文组织《保护非物质文化遗产公约》，我国入选联合国教科文组织非遗名录的项目已达40个，是世界数量最多的国家。

（六）推进国家立法和政策法规建设

非物质文化遗产保护是我们重要的文化工作，需要法律的保障和政策的支持。2011年6月1日，全国人大颁布《中华人民共和国非物质文化遗产法》，各有关部门陆续制定相关政策，许多省、市、自治区还颁布相关条例，我国非遗保护的政策法律体系日臻完善。

总之，非遗保护已成为一项重要的文化工作，受到党中央、国务院和地方各级政府的高度重视，受到人民群众的广泛拥护，对于继承弘扬中华民族优秀传统文化发挥了重要作用。

二、文化生态保护区建设是振兴客家乡村的重要机遇

2010年，文化部批准设立“客家文化（梅州）生态保护实验区”，这是国家公布的第5个保护区。梅州客家文化是宋明以来梅州客家人融合中原汉族文化与畲、瑶等本土文化而形成和发展起来的颇具特色的区域文化，集中传承了元明清以来的客家文化，维系并延续繁衍千年的客家文化传统，是客家文化遗产高度密集和富有代表性的区域。它以客家话、客家山歌、客家围屋、客家菜肴、汉剧汉

乐、道具歌舞等为主要标志，是形式最丰富、特色最鲜明、保存最完好的客家文化典型，在海内外有着重要影响。大埔作为梅州客家文化的核心区域，物质和非物质文化资源非常丰富：一是生态良好，山河秀美，物产丰富，是著名的“蜜柚之乡”“名茶之乡”等，这里还设有丰溪省级自然保护区，双髻山、五虎山等省级森林公园等；二是历史文化悠久，有全国重点文物保护单位“父子进士”牌坊，有明朝兵部尚书翁万达墓、客家民居大东花萼楼和湖寮泰安楼、粤东名胜万福寺、李光耀祖居中翰第、田家炳祖居拱辰楼等，还有全国最早建成的三河中山纪念堂等，茶阳镇、三河镇、百侯镇还被列为中国历史文化名镇名村；三是红色文化独特，大埔是革命老区，广东省首个中央苏区县，八一起义军三河坝战役发生地，对中国革命作出过重要贡献；四是非遗资源丰富，大埔是文化部命名的“花环龙之乡”“广东汉乐之乡”，有“埔之风俗　家诵户弦”之说，它还是“中国小吃名县”，饮食文化丰富。在工业化、城镇化的浪潮中，梅州客家文化仍保存良好，保持其旺盛的生命力，这是搞好“文化生态保护区”的重要基础。

“文化生态保护区”是国家进行非遗整体性保护的重要区域，“客家文化（梅州）生态保护实验区”被列入其中，体现了国家对客家文化的重视，2017 年，文化部已经批准《客家文化（梅州）生态保护实验区整体规划（2017—2030）》。从国家层面，《非遗法》和相关政策法规都对保护区的建设作了规定。2017 年年底，文化和旅游部以部长令的形式正式公布《国家级文化生态保护区管理办法》，使保护区建设有法可依、有章可循。“文化生态保护区”建设必将对客家文化的传承和弘扬产生重要而深远的影响，同时也是振兴客家乡村的重要机遇。我们要抓住机遇，积极探索，为传承客家文化，振兴客家乡村作出当代人的贡献。

三、几点建议

下面，我就文化生态保护区的建设提如下意见：

（一）进一步摸清家底

要在前几年非遗普查的基础上，将历史文化、红色文化、非遗文化，包括物产、古村落、古建筑、民风、民俗、艺术、工艺、节日、乡约民俗等，进一步普查，全面了解资源情况，建立起“文化底账”。要加强对有关古籍文献的整理和挖掘，特别是注重方志、家谱、文书等文献的搜索和利用。这些都是“文化生态保护区”建设的基础性工作。

（二）制订实施方案

要在《客家文化（梅州）生态保护实验区整体规划》基础上，制定切实可行的实施方案，将保护区建设与经济和社会发展、乡村振兴、脱贫攻坚、新产业发展、传统村落保护等国家重大工程紧密结合；与山水林田路等生态环境紧密结合；与古村落、民居、围龙屋等依存环境保护紧密结合。只有做好“三个紧密结合”，规划才能实施，方案才能落地。要注重保持村落的特色和个性，要尊重历史、尊重原住民的生活方式、“一村一品”“一村一策”。

（三）坚持“三性”，注重活态传承

一是要为传承人提供传承条件，搭建传承平台；二是充分利用传统节日等民俗节庆活动活态传承，大埔客家文化特色浓郁，民俗盛行，节日多，民众参与热情高，这些既是活态传承的重要方式，又是开展乡村旅游的重要资源；三是抓好民众传承，推进非遗进校园、进社区、进村落、进家庭。从娃娃抓起，延续香火，传承文脉。

（四）勇于创新，推动非遗的创造性转化和创新性发展

非遗是与时俱进、活态流变的文化形式，是生长着的有机体，正因如此，才能流传千年，历久弥新。在“文化生态保护区”建设中要注重非遗的创造性转化和创新性发展。

当前世界科技飞速发展，为文化创新发展提供了良好机遇，要在坚持真实性的基础上，积极与现代科技融合，在传承和传播方式上要利用科技平台，特别要积极利用互联网平台。2018年我国网民规模已达8.29亿，互联网普及率达59.6%，手机网民8.17亿（其中农村网民达2.22亿），微信、支付宝的广泛使用，为文化产品的交易提供新平台，盈利提供了新模式。客家文化历史悠久、特色浓郁、独具魅力。要坚持创新，使客家文化与时代同行，实现文化复兴。

（五）发展相关产业

要大力开展生产性保护，为“文化生态保护”发展提供重要动力。当前，中国经济的发展正从外需导向转向国内市场，传统制造业正在加快改造，服务业正

在加速提升，农村经济的发展，文化等相关产业的发展，已得到全社会的重视，都为“文化生态保护区”建设提供了难得的机遇。一定要培育相关产业发展，积极推动非遗和新业态的集合，如“非遗＋旅游”“非遗＋教育”，使其成为客家文化传承和发展的重要力量。大埔峰会将学者、企业家、决策者，特别是梅州地方的代表齐聚一堂，产业对接，招商引资，共同切磋，为保护区建设献计献策，是非常好的形式。

（六）争取经费支持

经费是“文化生态保护区”建设的重要保障，要多渠道争取经费。一是积极争取政府公共预算的支持。近年来，各级财政加大了对“文化生态保护实验区”的支持力度，要善于策划项目，积极从政府争取经费；二是要推动文化资源与金融的融合。我国文化产业年均增速 21.2%，占 GDP 的比重已近 5%，正在成为支柱性产业，成为经济高质量发展的重要内容。与此同时，金融对文化产业支持的力度也在逐步加大，在“文化生态保护区”建设中，要发挥客家文化的独特资源优势，建立多层次、多渠道的文化产业投融资体系，发挥银行信贷作用，积极探索投资的合理模式，积极利用基金支持产业的作用等。

我相信，“文化生态保护区”建设会为客家乡村全面振兴注入新活力，增加新功能。预祝大埔更美好，人民更幸福，生活更美满。

注：本文摘选自“乡村复兴论坛·大埔峰会（2019 年 6 月 21 日）”周和平副部长的演讲稿。

乡村振兴的关键：生态产业化和产业生态化

温铁军
中国人民大学学术委员会副主任
福建农林大学新农村发展研究院副院长

内容摘要：本文针对生态产业化、产业生态化及如何推进生态资本深化的问题，从中国21世纪重大战略调整、三农建设应对危机与缓解不平衡、城乡互动与社会农业、社会生态农业等角度，探讨了乡村资源价值化实现形式。

关 键 词：生态产业化；产业生态化；乡村振兴

自从提出乡村振兴以来，福建省承担的任务就是探索乡村资源价值化实现形式。一年多的时间，我们配合福建省省直和各县区有关部门的同志一起开展有关试验，以下是团队通过试验提出的总结。

习近平总书记讲绿水青山就是金山银山，这本身带有一定的批评性。各级干部要注意在乡村振兴战略提出的同时，中央明确批评以往粗放的数量型增长方式，并且明确提出供给侧改革。粗放数量型增长方式是各地都在搞的产业化开发，特别是福建农业产业化开发的规模化的农业园，相当一部分已经进入了亏损、不可持续的状态，有些已经出现了“老板跑路”。当年政府帮着老板征地，其实不是征地，而是租地，现在老板“甩锅”给政府，有些已经没有产出了。用以往数量型增长的方式已经无法维持农业产业化的发展了。所以今天特别强调的是生态资源价值化的实现，强调绿水青山就是金山银山。习近平总书记讲的就是生态产业化、产业生态化，以及如何推进生态资本深化。所有这些概念经过了一年的乡村振兴实践，还未被各有关方面全面理解。

一、中国21世纪重大战略调整：生态文明＋乡村振兴

针对以往的粗放数量型增长问题，乡村振兴战略要求的是生态资源的整体系统开发。在产业化阶段，很多农村是把本来具有生态性的资源拆分了卖出，也因此，过去的那种粗放数量型增长一定对应的是粗放数量型制度和政策，各级政府有必要适时调整各自的发展思路。之所以强调必须五级党委来抓，尤其党委第一

书记要承担责任，各个部门要想跟得上，就得强调大局意识、政治意识，强调以党的领导来带动乡村振兴战略。从这个角度来看，真正能够像永泰一样把本地的生态资源做成生态系统，而不再切开了拆分了卖出的难度还是很大的。

大家都知道中美贸易战，贸易战打的是什么？打的是我们原来的增长方式——粗放的数量型增长。美国对中国这种发展态势作出战略性阻断是符合美国根本利益的，如果我们继续采取过去的那种数量型增长方式，就算我们自己不调整，他国也会强迫我们调整。那么我们调整到什么方向呢？生态文明＋乡村振兴。实体经济下滑是从20世纪70年代西方国家再度遭遇生产过剩危机之后普遍出现的趋势，中国现在也进入了生产过剩。与一些国家相对比我们处在较低的层次上，比较高层次的是占有高端金融资本的美国、英国等，还有俄罗斯、伊朗等资源出口国，当这些金融资本国家大量增印货币，实施QE政策（Quantitative Easing，量化宽松政策），就会导致掌握资源主权的国家得到比较高的收益，而两端所形成的成本都向制造业国家转嫁。实际上我们承担了这两端的成本，转换成了国内矛盾比较复杂的状况。

二、乡村振兴的现实意义："三农"建设应对危机与缓解不平衡

面对生产过剩的局面，我们做什么？我们能做的是三大战略调整。第一是"一带一路"，第二是区域整合，第三是乡村振兴。从目前的战略执行情况来看，"一带一路"困难重重。区域整合是三大区域，一个是京津冀协同发展区，一个是长江三角洲区域，还有一个粤港澳大湾区，共同构成中国区域发展新格局，恐怕也有难度。最可以整合并作为21世纪发展战略的就是乡村振兴，就是习近平总书记所讲，乡村振兴是中国发展潜力最丰富的领域。

为什么讲"生态产业化、产业生态化"？一方面是因为财政亏损，最近召开的中央财政经济工作会议明确讲要过紧日子，为什么？因为今年省级财政仍然有节余的还剩下三个（去年有七个），大部分省市自治区都出现了财政严重亏损的局面，地方政府在负债的情况下仍然在勉为其难地投资乡村振兴、反贫困、生态环境保护等，其实财政上已经不可持续了，负债过高。另一方面，我们国家出现的与财政亏损相对应的现象是金融相对过剩，所以一方面是财政紧缺，另一方面是

财政过剩。如果关注经济数据，会发现中国M1（流通中现金与商业银行活期存款的总和）的增长速度非常快，其实意味着存款在不断增加。尽管增加了流动性，采取了相对宽松的货币政策，但是钱用不出去是一个很严重的问题。因为钱如果只存在银行、用不出去，那说明银行要亏损。现在我们的银行从贷款大于存款变成了存款大于贷款，贷存比在不断降低。怎么用过剩的金融替代亏损的财政？这就是所有讲生态产业化的地方、讲生态资源价值化实现的地方必须要考虑的问题。

比如福建省永泰县，生态资源非常丰富，山水田林湖草的潜在开发价值很大，但是如果按照过去的方式，即数量型的粗放增长是很难做的。我们在永泰建立了乡村振兴研究院，要对永泰的县域生态资源做一个系统的调查，以形成永泰县县域生态资源系统综合开发的规划，而不是切开了，不是拆碎了。不是分片，一定是整体的。永泰县的这些村庄只要不被拆迁并村，原来的传统村庄基本上都是和村庄周边的山水田林湖草等自然资源有机整合在一起的。自然界的多样性和人类社会文化多样性本来是统一的，在工业化阶段它被强行拆分了，又因为农村按工业方式搞的农业产业化，就把资源和人文社会也给拆分了，这些都属于过去的粗放数量型增长，中央已经多次批评。

我们过去的培训包括教科书的那套知识，基本是按照工业化要求开展的，所以现在人们思想观念上转变不过来，我们要尽可能地把人文社会的多样性与乡土自然资源多样性做成一体，由此规划思路才能符合生态文明的要求，才能真正实现乡村振兴。怎样才是生态文明所要求的资源体系性？怎么才能使体系性的资源仍然具有经济上的开发价值？像永泰这样的山区，一个山系会有不同的分水岭，两个分水岭之间一般会有丘陵，形成水的多样性，村舍依水而居。倘若我们把山系切割开，就会破坏生态的整体性。

这一年我特别忙，有记者问我一年参加了多少次会议？我说恐怕得有二三百场。为什么大家有这种强烈的需求？是因为人们在思想观念变革上遇到的阻力是最大的，需要有人来指出在生态资源开放上如何实现整体性和系统性。照顾到整体性和系统性必须得有收益，收益怎么来？把实体资源价值化。

有位县领导说“我们过去的习惯是一卖了之”，现在这个习惯该改变了。比如，有投资商要买乡下的水，别轻易卖，因为水和整个资源环境是一体的，单独把水卖给了他，他就把这个水开发了，整个周边的资源环境就被破坏了。或者有人专门买乡下的溪流开发漂流项目，那么和这个溪流相关的资源环境都会受到影响。如果我们把永泰庄寨也拆开了零卖，而不考虑到这个庄寨原有村舍所形成的文化，很可能庄寨资源开发短期内有收益，但长期看未必是一个可持续的安排。所以我们需要有思想观念上的深刻变革，把资源当成一个整体来形成认识，把实体资源做价值化的开发。

什么叫价值化开发？要先完成村级一级市场的设计，一级市场不对外，村级集体资产形成新型集体经济是不对外的。由村对村域内的山水田林湖草等自然资源做系统的价值化评估。也就是说所有的山、水、田、路等可以统一计成一个价值量，然后由所有村民来分享这个价值量，而不是直接占有实体资源。把实体资源转为价值化的价值量计算，需要政府多部门支持将村一级市场的投资变成杠杆，交给村集体，就是 PPP 的方法，公共的开支变成集体资产，由集体资产做股量化到村民，置换村民的实体资产，变成价值化的股权。

三、生态文明＋乡村振兴的试验案例：城乡互动与社会农业

有三个试验省在推行“三变”，分别是贵州、江西和福建。“三变”即资源变资产，村民变股东，投资变股金，最全面推进价值化的是贵州。因为福建相对而言不像贵州那样全面推进，所以中央把生态资源价值化的任务交给福建。福建私有化程度相对比较高，因此需要地方政府的各个部门摒弃部门之见，把所有的工作打捆，下到村，撬动实体经济。

在发育新型集体经济的工作中要体现一级市场的概念，因为它的作用非常大，形成一级市场才有二级市场的空间。一级市场导致新型集体经济的重建，但它是资产管理公司，不能直接做经营。谁来经营呢？外部投资与本村合作社建立的二级市场。二级市场所建立的经济主体是直接经济的经营单位，村一级市场把生态资源做一个价值量注入外来投资形成的合作社，比如找一个文化人或音乐人，让他们入股，与本地的资源合股，变成一个小型的旅游项目，类似这些事情可以大量存在，一个村可以有十几个，二十几个旅游合作社。还可以有农家乐的，可以

有民宿的，可以有教育的，多种多样，但是资产的注入者是村集体，由村里统一把资源变成价值化。为什么一定要村级先形成集体所有资源的收储，然后价值化？因为投资人根本没法应对农民。农民长期被各种各样的力量欺负着，已经体现了充分的小农机会主义。在我的研究中，小农机会主义对市场关系是一种破坏。因为长期的不公正待遇，使农民很有可能通过机会主义来获取眼前短期收益。所以不要指望着市民直接下乡与农民对接做交易，必须建立新型集体经济，由集体经济把资源性资产全部收储，然后变成价值化可交易的对象，这样能够相对平稳地进行交易。否则将来我们做的这些事情一定是没有契约可维护的，而可维护契约恰恰是市场经济的基础。

当二级市场开放给市民、投资人的时候，会交易出一个相对优质的资产，比如音乐人真的来了，真的和竹筏结合了，真的变成一个如“樟溪印象”之类的项目，就是一个巨大的优质资产。优质资产的权属关系是不清楚的，但音乐人占多少，演艺公司占多少，村集体占多少都是清楚的。优质资产可以在县这一级建立生态资源投资基金，然后把它变成福建省产权交易所上市的产品，这就是三级市场。三级市场是价值增值的，如果能够不断填充新的题材，比如水上可以跳舞，于是永泰就会变成世界著名的旅游景点，可以进一步与欧洲的乡村旅游对接，变成国际化的题材，它在股票市场上就大规模增值了。怎么实现价值，怎么深化生态资本，这是需要有一套制度设计的。

三级市场的设计，我们已经与福建省发展和改革委员会基本讨论确定了，并且已经敲定了在永春县做试点。我们也已经与福建省海峡产权交易中心建立了关系，他们同意把多要素交易板拿出来，给我们做板上交易。把这套设计通过资本市场交易来提升价值量，叫 OTCBB，它对应的中文意思是板外交易，它不是正规的股市交易，但同样是一个投资品，这个投资品可以在板外交易，超越了股票市场上必须经过多重审批的一些规范。这是在实践中不断发展的一种新的融资方式，这种融资方式尽管有风险，但它对于所有了解这个地方资源的人来说，是一个极好的投资点，它将发育本地的产权交易市场，发育本地的资本投资。所以怎么用过剩的金融来代替已经严重负债的财政呢？这得有一套精细的市场设计。

我们给出的做法，一方面是吸纳了国内外的经验，另一方面是结合本地的实际。福建是八山一水一分田的地方，山水田林湖草资源丰富，内陆各个县区发展条件都不够。怎样搭上乡村振兴这班快车，怎样才能真正意义地弯道超车，赶得上其他地方，尤其是山区怎样把丰富的资源转化成资本，这需要有一套精细的设计。乡村复兴论坛·永泰庄寨峰会不仅仅是要大家爱庄寨、爱故乡，还要真正把乡村经济活跃起来，真正把资源的潜在价值变成显在价值，使它能够被大家共享，实现共享经济。

四、万众创新，让农业回归本质的社会生态农业

一级市场如果设计合理，就能有效形成二级市场，二级市场带动大量参与共享庄寨开发的这些投资主体。陕西一个60多户280多口人的村子，却吸引了3000外来人口，没有工业，前不靠城后不靠镇，距离西安70公里，靠的是什么？旅游、餐饮、民宿、酒吧、文创等。她的产业规划非常有意思，完全由村一级将所有资源全部垄断，没有任何人可以做单一的开发，是整体的，不做切分。她的餐饮开发绝不放开市场竞争，比如说羊血汤是非常好卖的一款餐饮产品，一天能卖几千碗，大家排着队来吃。按照一般的市场经济理论应该放宽竞争，开十家八家店，那就会形成恶性竞争，直到把这个门店搞垮为止。这个村集体经济很强势，绝对不许开第二家。于是大家就闹意见了，连村民都不许开，为什么？因为只许一家，然后这家店开旺了带动前端的第一产业，卖羊汤的要带养羊的。怎么带产业？有个城市人把房子卖了，租了一个店面卖辣椒，村里立刻有人跟着干，刚刚开业就被村书记“掀摊”了，强势地阻止任何竞争，只许一家。他要卖油泼辣子这个店带动辣椒生产，它的整个体系都是这样带起来的，所以它是严格计划、严格垄断，但是所有商家产生的利润必须留20%交给合作社、交给村集体。村民有意见吗？利润20%用来分红，这样就都没意见了。

新型集体经济在村这一级形成，能推动一个地区的产业有效合理分布，并且以三产带一产，实现一二三产融合发展，这就是生态产业化。这里有相当多的制度设计。第一，严格计划，绝对不许竞争，由形成收益的三产带动上游产业，这才叫三产融合。第二，严格财务，绝对没有一分一毫的“跑冒滴漏”，怎么做得到？让当地的邮储银行给每一家门店设置一个收款箱，并且监控，任何一家如果有一分钱脱离了收款箱，重罚。这个收款箱每天下午五点交到银行清账，清出一天的营收交给村集体，村集体扣掉提供食材的全部费用。值得注意的是，上游是村集体的，村集体保证提供最高质量的食材安全，他们提出的口号叫“农民捍卫食品安全”。食材成本扣减后，村集体再把账还给各个门店，门店该支付店租支付店租，该支付劳工支付劳工，剩下净利润的 20% 交给村集体，对村民做分配。这一个村一年 500 万游客，可想而知会是一项什么收益。

怎么形成一个比较全面、综合、全方位的开发，形成一二三产的融合，带动产业发展？这里面有很多门道，简单用过去粗放增长型来对待今天生态文明要求的乡村振兴已经过时了，所以要有精细增长型的市场设计。

注：本文根据“乡村复兴论坛 · 永泰庄寨峰会（2018 年 12 月 30 日）”嘉宾演讲稿整理而成。

发挥两个作用，推动乡村振兴

柯炳生

中国农业大学原校长
农业农村部乡村振兴专家咨询委员会专家委员

内容摘要：本文从创新、人才、发展的角度，探讨了如何通过发挥政府作用与市场作用来推动乡村的振兴。

关 键 词：政府作用；市场作用；乡村振兴

乡村复兴论坛·大埔峰会提供了一个很好的学习机会，一路走来有很多收获。进到百侯影剧院会场，我有很多的感触。我没想到会是这样一个会议礼堂。这里非常现代化却不奢华的装修，与学校体育场馆有很多相似之处，在某种意义上诠释了乡村复兴论坛的意义所在。今天我们讲乡村振兴，意义是什么？我觉得可以用两句话概括：第一句话，继承好的传统；第二句话，进行提升和改造。罗德胤老师的团队有清华大学建筑学院的背景，乡村振兴太需要建筑方面的人才了，因为仅靠村庄单方面的力量，永远无法复兴和振兴。为什么？她不知道什么样是好的，她仅仅能维持祖祖辈辈一百年留下的这些固有传统，但是如何进行振兴、如何进行发展、如何进行提升恐怕还是很难的。乡村振兴是一个乡村农业农村的全面发展、全面现代化的落成。

一、发展是第一要务，人才是第一资源，创新是第一动力

习近平总书记讲发展是第一要务，人才是第一资源，创新是第一动力。其实乡村振兴涉及的方面很多，概括来讲就是要创新、人才、发展。创新包括四个方面，即政策创新、组织创新、技术创新和业态创新。怎样才能实现创新？要靠人才。乡村振兴需要的人才太多了，我把人才分为三类，第一类非常重要，叫带领农民干，我觉得我们的县、乡领导们、村长、带头人，包括企业家们都属于这一类，农民自己干有很大的困难，需要他们的带领。第二类是帮助人民干，比如很多电商人员，帮助农民把农产品卖得好。第三类是让农民自己干。

二、通过发挥两个作用来推动乡村的振兴

无论是创新还是人才，最后都要通过发挥两个作用来推动乡村的振兴。两个作用就是党的十九大报告提到的两句话，第一句话是使市场在资源配置中起决定性作用，也就是提升市场地位。第二句话是更好地发挥政府作用，也就是转变政府职能。我国改革开放 40 年，之所以能够取得如此巨大的成就，离不开这两个作用。市场的作用是基础，但是仅靠市场绝不可能取得今天的成就。印度是市场经济，非洲也是市场经济，她们怎么没有取得我们这样大的成就？更好发挥政府作用很重要。十九大报告讲中国共产党领导是中国特色社会主义最本质的特征，中国共产党的领导首先是党的路线方针政策的领导，要贯彻落实党的路线方针政策，就要靠各级政府转变职能去全面落实到实践。

市场的作用有很多，关键一点是市场能够调动每一个人的积极性，去创新，去奋斗，这是市场经济的本质。一谈到市场，有的人、有的专家往往跟资本主义绑在一起，这是大错特错。市场经济的本质恰恰体现在十九大报告中，十九大报告讲我国社会主要矛盾已经转化为人民日益增长的美好生活需要和不平衡不充分的发展之间的矛盾。那么市场是什么？市场就是人民对美好生活的需要，尊重市场就是尊重人民群众的需要；如果不尊重人民群众需要的话，就不会在市场上得到回报。

政府的作用，现在强调的是“放管服”（简政放权、放管结合、优化服务的简称），放是要放开市场，管是要维护市场规则、遏制坑蒙拐骗、保护生态环境、监督食品安全，遇到市场机制解决不了、解决不好的问题，政府才要干预。

三、市、县政府的主要作用

市、县政府的主要作用包括生活环境整治、村镇建设规划、产业发展规划、科技与营销支持、财政投入支持等。

第一，生活环境整治，包括水污染治理、垃圾处理、村容村貌。环境污染的污染者个体是为牟利，但代价是大家的，当个人利益和公共利益发生矛盾，为个人利益而牺牲公共利益的时候，政府就要管。

第二，村镇建设规划。规划要发挥专家团队的作用。广州从化区米埗村改造

很好地诠释了市场和政府的高度结合：山清水秀但很破旧的村庄要改造成现代化的民宿，政府干什么事？一是设计，即技术创新；二是投资，即资金来源；三是运营，即管理人才。米埗民宿群产业是米埗村改造的重点产业项目，采取政府引导，“公司＋农民合作社＋村民”的模式联合打造，在引进企业对民宿进行经营的同时，返聘村民对民宿进行管理、协助公司的经营活动。村民有了“租金收入＋工资收入＋合作社分红＋经营性收入”等多个收入渠道。这是一个政府和市场结合、更好发挥两个作用的一个案例。

第三，产业发展规划。这一点很重要，产业发展规划不是拍脑袋决策，而是要符合自然规律，找到最适宜当地生长的品质好的产品，要符合市场规律，合理地控制收益与风险。在决策依据充分的前提下，做到区域规模化，一县一品。农产品，做大才能做强。

其他的如技术问题、人才问题、设施问题等都可以解决。总而言之，在乡村振兴中，包括村庄的建设、村庄的改造都需要政府的作用和市场的作用，政府的作用在于解决市场做不了、做不好的事情，把市场机制引进来，最后促使市场机制推动项目可持续发展、可复制发展。

注：本文根据“乡村复兴论坛·大埔峰会（2019 年 6 月 21 日）”嘉宾演讲稿整理而成。

农民主体：乡村振兴之路

孙　君

北京绿十字发起人、总顾问

内容摘要：本文探讨了“三农”问题、系统乡建、“111 计划”、村庄“三百万”计划、“千百十”计划、乡村投资、中国新村民计划等内容，提出了农民为主体的乡村振兴之路。

关 键 词：“三农”问题；乡村建设；乡村振兴

我从甘肃的一个名叫永泰的地方来到了福建的永泰。看到这两个名字时，我心想是不是搞错了？没搞错，没想到这两个地方都叫永泰。但福建的永泰充满着生机，而甘肃的永泰已经变成一个遗址。

乡村振兴正在走向一条快速路，我写过一篇文章叫《乡建，我们处在一个最好的时代》。从 20 世纪 20 年代至今，在这个漫长的历史过程中，我们是作为这个时代的见证者。无论是政府、官员，还是乡建人，我们都有一个共同的目标：让乡村振兴。（图 1、图 2）

一、把“‘三农’问题”变成“‘三农’希望”

乡村振兴到底要做哪几件事情？我大概总结了三件事：农村、农民、农业。村投和金融在助推着集体经济的发展；农民作为人才参与农村建设；农业是乡村运营，一产时代到来。这三件事情当中，第一件事可能有点复杂。近年来，中国很多的民营企业好像日子特别难过。为什么难过？因为银行不再给他们贷款了，资金链马上就出现了问题。中国从新农村建设到乡村振兴，漫长的过程中金融几乎没有进入乡村。金融不能进入乡村的时候，产业进不进来？资本进不进来？市场进不进来？银行在农村只是吸取资金，把农村的资金吸取到城里去，所以乡村振兴当中如何能够让金融和村投迅速进入乡村，是解决乡村振兴特别重要的环节。

图 1　村民风貌

图 2　农村风貌

新修订的《中华人民共和国农村土地承包法》做了很大调整，这个调整是针对土地的。中国经济很大程度上是土地上的经济，当土地重新确权，确权的目的是解决什么问题呢？农民主体，让农民成为村庄的主体。什么是主体？最大收益者叫主体，在公司里51%说话算数的叫主体。为什么一直说“三农”问题？我个人认为一直是主体不清晰，不是主体的，拼命说他是主体，所以就带来了很多“三农”问题。

我们开乡村复兴论坛，想解决的问题是什么？把“三农”的问题变成“三农”的希望。为乡村建设和“三农”问题找到比较好的路径，这是我们的目的。“三农”问题如何解决？硬件、软件和运营。硬件是政府做的这一部分，软件更多的是人才、教育、培训，运营更多的是指市场。这三个板块哪部分最重要呢？这一直是我们讨论的鸡和蛋的问题，这三个问题没有哪个最重要，更多的是平衡。运营可能要前置，也就是我们的规划设计，首先要知道设计出来做什么。运营前置又会面临谁来运营的问题？人才。没有人才不行，硬件做不好不行，做得没有文化、没有特点、没有风格也不行，所以这三者的关系，自农耕文明以来就是平行向前的，没有哪个在最前面。今天的乡村振兴，我们希望叫产业先行。产业先行在乡村不太适合，因为自古以来乡村是一个安居乐业的地方，城市是一个竞争创新的地方，这是两个概念。所以乡村以安居乐业的生活为主，城市以创新和竞争为主，这是两个体系。我们在做乡村振兴的过程中往往会把产业作为一个首要条件往前提，不能这样。其实这三个是并行的。如果选一个最重要的，村庄治理应当作为首选，有了治理再谈产业。

在乡村振兴中，哪个环节我们考虑得最多呢？基层干部会认为资金最重要，是整个项目的核心。其实不是这样，我们做过很多项目，和中国扶贫基金会、壹基金等全国很多基金会都在合作，尤其是5・12四川汶川特大地震，我们经历的惨痛教训就是带着最多的资金做了最坏的项目。后来，我们和中国扶贫基金会在4・20四川雅安芦山县地震时，开始吸取教训，把资金降低。在做过的众多项目中，我们强调公众参与，强调示范。就像城市卖房子从来不是卖房子，而是卖样板房，看着样板房买房子，农村也是这样的，示范有特别重要的作用。

二、乡村，道德是利益的连接点

经常有人问我建一个村到底要花多少钱。大家都知道的郝堂村，它真正用到的财政资金是320万元；我们做的桃源村花了275万元，不含基础设施，基础设施可多可少。哪些是钱呢？品德高尚的村干部是钱，农民的诚信是钱，乡村环境与田园是钱，田、宅、河、山是钱，传统与民俗是钱，精耕细作是钱，人与人的温度是钱，这些都是在乡村振兴当中不列入资金计划的。为什么我们向往乡愁？乡愁是钱吗？她不是钱，她是一种理想，是一种精神，是一种“根”的文化，或者是记忆中的文化，她一定不是钱能生产出来的。这就是我们说的乡村到底什么叫“钱”，道德、温度、人文这些可能是我们乡村建设当中最需要的“钱”。

我们在乡村振兴中放大了一些概念，田园综合体、特色小镇、智慧农业、有机农业等，这些其实都不是农民要的语言，不是农民理解的事情，也不是村干部要做的事情，基层干部都不会做这些事情，这是城市人竞争中国农村市场的一个概念而已。比如说有机农业标准，这个听起来没有问题吧？有机农业标准很好，但是有机农业的标准需要国家、研究机构等去研究。在中国农村，60岁以上的老太太都会种有机产品，根本不要学，天生就会。但是这些农民生产的好东西，都不符合标准，要想成为标准，得有公司营业执照，要到工商局登记，有发票，有产品认证，这些普通农民都做不了。中国80%～90%的市场过去是归农民所有，现在归农民所有了吗？没有，因为绿色标准、有机标准、无公害标准这些全部把农民挡在市场之外。中国的普通农民怎么能够做标准？怎么能够做认证？怎么能够做公司？怎么拿产品做化验？怎么做包装、设计、品牌、申请？不能。这是城市人竞争农民市场的一个产物。

一个县或者一个区到底怎么做乡村振兴？要通过示范作用。我们现在一个县一般只做一个镇，三个村到四个村，不要求全域都做，县域的财政和人才根本不可能驾驭全域做乡村振兴，那是完全不可能的。比如说郝堂村，我们只做了一个村民小组，一个村民小组里只做30%，量就很少了，也就是说一个60万人左右的县真的要做乡村振兴，基本在三个亿到四个亿，这个投入他们完全能接受。比如嵩口镇，花多少钱？我们计划在五千万左右，这是合理标准，一个村基本在三百万，不含基础设施，并不是很多。

有人问我乡村振兴产业怎么做？记住，只要这么问的人一定是不懂农业的。中国农村从来就没把一产二产三产分开，也分不开。比如农民一年365天真正用在田里干活的只有60天，剩下300天怎么办。农民种田是一产，做豆腐是几产？做酒是几产？打铁是几产？弹棉花是几产？在家做陶瓷是几产？去开个店又是几产？所以说农耕文明正确的解读就是一二三产融合，从来就没有分离过。倘若我们将一二三产分离，问题会越建越多。比如说开车的人不会做会计的事，会计不会做总经理的事，岗位非常清晰，但农民不是，农民是全能的，一个人必须全部去做。18岁以下是童工，农村不是的，从5岁到95岁都处在工作状态，只是各自岗位不一样。

三、系统乡建，111计划

“111计划”指的是硬件、软件，加上运营。北京绿十字2015年筹建“农道”，成立中国城乡统筹委领导下的“中国农道联盟”，渐渐形成一支落地与专业的城建团队。

有人说设计师到了农村就不知道什么是设计了。这话讲得对，一百多年前中国就没有规划设计师。中国的乡村是谁建的呢？中国的古镇是谁建的呢？一定有人建，只是他们不把这种建设叫规划。乡村的规划设计融在衣食住行之中，就像宗教信仰一样。说农村没有“宗教信仰”，只有到教堂里才叫宗教信仰，庙里才叫宗教信仰，不对，中国人民的“宗教信仰”融在了柴米油盐酱醋茶的生活中。

关于软件，自2003年起北京绿十字就开始了乡建设计的12支软件队伍建设，如：资源分类、村庄自治、村规民约、乡村内置资金互助、乡村品牌设计等。民宿在软件建设上起了很重要的作用，民宿、乡宿、知宿的重要价值是在城乡之间找到了结合点，在新农村建设向美丽乡村转型过程当中，民宿起到了人才培养的作用。

运营这块我们很多人都在谈，其实谈的还是人才。北京绿十字联合北方民宿学院、知白艺术酒店、乡村集群、农宅置业等，对各地农村留守妇女进行深度服务意识的培养和生活方式的引领，让他们具备高品质服务乡村的能力。

四、村庄“三百万”计划

一个村到底花多少钱？现在全国各地的政府基本上都搞明白了，原来建一个村不需要很多钱，一个村大概 300 万，不含基础设施。那么把 300 万分解，第一个 100 万怎么花？一般是做示范。一个村基本上建一个村民小组就可以了，最好能把四部分建起来，乡宿、农家乐、超市和活动中心，这四个房子无论是租农民的房子还是新建，各种形式都可以，只要把这四个功能完善了，让回来的年轻人能留得住、让城里人能待得住就可以，这非常重要。

第二个 100 万是建村集体经济。我们和中国扶贫基金会在雪山村做了重要尝试，我们一般拿 30 万，农民投一点钱，乡贤投一点钱，政府投一点钱，能变成 50 万。因为农民的土地和房子去抵押是完全没有可能的，抵押不了，即使土地法已经进行修改，银行也并不认可，所以我们必须建立村集体经济。最后是品牌包装设计，我们总说要产业振兴，什么是产业振兴呢？在达西做的馕，不能拿着馕直接卖吧？它必须要注册，要有商标和包装，没有这些你卖什么呢？所以乡村振兴当中品牌系统是造血系统，能发挥造血作用。

第三个 100 万交给我们的乡镇和村干部自由支配。中国的每一个乡村，就像每一个家庭一样，每一个父母文化水平不一样，经济收入也不一样，但是他们都百分之百帮孩子长大成人。中国的乡村干部也是这样，每个人的水平不同，但是他们都是一心为村、一心为民的。村庄自助发展金 100 万，用于村庄环境卫生，建立村义务制度，祠堂家谱修复，收回一部分抛荒土地与闲置房屋为年轻人返乡创业做好准备。村委会根据项目需求自行调配，乡镇监督，还权于村，还利于民，让农民建设农村。

五、“千百十”计划，脱贫防止返贫

后来我们又做了“千计划”这个计划也开始引起国家重视。培训 1000 个返乡年轻人做电商，1000 个电商影响到 30 万人。1000 个人的作用不仅在网上交易，更多的是一个大的产业链，运输、包装、加工、文创等。“千计划”的根本是帮助普通小农经济，脱贫很容易，但是返贫的速度可能会超过脱贫的速度。如何应对返贫的这种可能性，在脱贫的过程中就必须做好准备，否则返贫依然会很快。中国几乎所有的高等教育中没有“乡村建设”这个课题，中等教育全部是为城市企业服务的，每年 600 万大学生几乎没有回到乡村的。农村有 83% 的学生不读高中，96% 的年轻人都进入城市打工，82% 的乡村小学在消失，乡村文化结构比 1949 年还低。这种情况如何进行乡村振兴？如何电商？如何与现代化对接？完全没有可能，五年到八年之内都没有可能。我们一定要面对现实，天天看文件没有用。中国 80% ～ 90% 的村庄，只剩下老人、小孩和几十条狗，遇到这种情况我们怎么振兴呢？

“百计划”是由清华大学公益基金会与北京绿十字联合举办“清农学堂”，全力培训乡村规划设计人才，以实践型人才为主，来自乡村与村镇的基层农民与镇干部。这些年我们和清华大学、中央美院、人民大学等联合做了大量的农民培训，但更大的培训是在民宿。在中国的乡村建设中，民宿和乡宿起到了一个极其重要的乡村振兴的助推作用。

“十计划”是打通农村产品进入市场的最后一公里，我们和清华大学对接进行乡村人才培养，在每个乡村、每个乡镇培养十个小学和幼儿园的老师。乡村有三个标志，一个是庙，一个是祠堂，一个是小学。如果没有这三个元素，中国乡村不成立。尤其是小学，没有小学是乡村死亡的开始。中国文化以忠孝、孝道为核心，自古以来就没有养老这个词，只有“孝道”。养老这个词是什么概念呢？七八十岁的老人在养老院里、在小区里，某天谁死了，就开追悼会了，面对的全是老人。但孝道不是，孝道每天面对的是三代同堂、四代同堂，面对的是孩子，到一定年龄看到孩子的时候，他唯一的希望就是孩子成长，老小相伴。他在看着孩子成长和喜悦当中慢慢地老去，这和在养老院看不到下一代是两种概念。中国的孝道文化不会因为今天的城市文化而消逝；相反，中国传统文化离开得快，返回的速度同样会很快。

六、从城投到村投

从城投到村投是什么意思？就是让农民成为主体。城投公司在乡村之所以发展不起来，是因为银行进不去，那么怎么让银行进入村庄？由城投公司延伸到村投公司。村委会根本没有办法进行市场交易，它不是公司，但是中国的土地和宅基地都清晰地规定是归村集体所有，产权非常清晰，那么银行怎么为乡村振兴打开这个缺口？我们设计了一个由城投到村投的模式，彻底解决资金、农民土地的安全性和企业到乡村投资的安全性。

在乡村振兴中，要让村委会不丢主权，让农民稳定增收。农民的收入不能呈现一个暴利状态，那是城市的思维。农民的所谓增收、富裕，是指这个村的农民比周围村的村民有所提高，我们不能把这个村的农民和大城市比，这种无底线的比较会把农民带进一个无底的深渊。

七、中国新村民计划

“中国新村民计划”中，有几拨人很重要。第一拨是乡贤，第二拨是有乡村情怀的新创客，第三拨是在外打工回乡的人，第四拨是村委会的干部，这几拨人将来是乡村振兴的核心人群。自古以来皇帝对告老还乡的官员说，你退休了，没有工资，你回去干三件事。第一件事是尽孝道，所以古代人孝道很重要；第二件事是当老师，办教育；第三件事是做乡贤，继续帮助皇帝，村民自治。村民自治的核心在祠堂和庙。

我给自己定位成什么呢？村长助理。在做村长助理的过程中，还有一句话叫帮忙不添乱，要不断地考虑怎么和农民融合，怎么尊重农民。乡村建设当中为什么我们要提出让农民建设农村？是出于对文化的尊重。

我最近出了一本书叫《守卫乡村》，原来人们一直以为农民没文化、没知识，所以从 2005 年开始就有了《城乡规划法》，这个法导致中国乡村被“合理和合法”地破坏。在《城乡规划法》当中有城乡两个区别，但我们在监理、规划、设计、评估等方面完全没有人才，只能用城市里的这部分人才，导致乡村建设中“不懂农村”的问题频频出现。所以我做的所有项目，坚决不要专家评审，因为专家不懂农村，他们没做过乡村。

乡村中，乡贤就是文化的守护神，每 50 平方公里到 70 平方公里都会出现这样的人。他们是懂文化的，我们的规划设计大部分都应该还给他们，所以我经常说我的角色更多是画家和村长助理。

我们在永泰开这个会叫乡村复兴论坛，我们为什么来永泰？我们到永泰来看什么？我们能学到什么？这可能是我们开乡村复兴论坛中特别重要的需要我们反思的。农民是乡村建设的主体，不仅是物质上的主体，也是精神上的主体，文化上的主体。

注：本文根据“乡村复兴论坛·永泰庄寨峰会（2018 年 12 月 30 日）”嘉宾演讲稿整理而成。本文图片由作者提供。

民系与福建建筑流派

戴志坚

厦门大学建筑与土木工程学院教授

中国民居建筑大师

内容摘要：本文用语言学的方法，探讨了民系与福建建筑流派的问题，总结提出古村落保护维修“四三二”。

关 键 词：民系；建筑流派；村落保护

可能有些人对“民系与建筑流派”这个题目很陌生，其实民系不是汉族独有的，少数民族也有民系，但是它不明显。中国汉族的大迁徙经历了两千多年的历史，从北到南、从西到东，从黄河、长江过来一路向南——安徽、浙江、江西、湖南、广东、福建等，对后来各地建筑流派的形成影响很大。因为福建语言最为复杂，民系对福建影响最大。本人试用语言学的方法来解决民系与福建建筑流派的问题，讲一讲我的研究心得。

一、民系

从中国地图来看，中国的西北、西南是少数民族地区，东边是汉族即汉人地区。汉人大致分成北派民系和南派民系：北派民系就是现在黄河中下游一带居住的北方人；南派民系即以洞庭湖以东、长江以南为线分为五大民系，南北朝时期产生了越海系和湘赣系，五代十国产生了广府系和闽海系，南宋末年（也有说明初）产生了客家系。越海系是浙江大部、安徽东部和江苏南部；闽海系是福建大部，包括台湾全岛、广东东北部；湘赣系是湘和赣，即江西大部和湖南东部；广府系包括广东大部和广西东部；客家系涵盖江西南部、福建西部和广东北部。南派民系汉人按方言可分为五大分支：吴语、湘赣语、粤语、闽语和客语。

汉民族方言与民系对应关系（表 1），大概分为北方方言（北方官话、江淮官话、西南官话、晋语）和南方方言（吴语、湘赣语、客家语、闽语、粤语）。北方方言占汉族总人口的 70%，南方方言里面吴语占 8%，湘赣语占 7% 以上，粤语占 5%，闽语占 4% 以上，客家语占 4%。为什么从语言入手呢？语言方面牵扯到很多因素不容忽略。

表 1　汉民族方言与民系对应关系表

方言	语系	占汉族总人口	分布地区	民系
北方方言	北方官话 江淮官话 西南官话 晋语	70%	1. 中国北方大部； 2. 中国西部的四川、贵州、云南、西藏； 3. 下列省份部分地区：江苏、安徽、江西、湖北	汉民族主体
南方方言	吴语	8%	上海、江苏南部、浙江、皖东南、赣东	越海系
	湘语、赣语	7% 以上	1. 湖南中、南部； 2. 江西中、北部	湘赣系
	客家语	4%	江西南部、广东东北部、福建西南部、台湾新竹、苗栗	客家系
	闽语	4% 以上	福建大部、广东东部、雷州半岛、台湾大部、海南	闽海系
	粤语	5%	广东大部、广西东南部	粤海系

在福建省内，闽海系又划分为闽语、客语、闽客过渡等三大支系，其中，闽语支系包括闽东支系、莆仙支系、闽南支系、闽北支系和闽中支系等，客语支系主要在闽西地区，闽客过渡支系主要在闽西北地区。1949 年以后我国行政区划和以前的民系划分是两回事。比如闽南包括泉州全部、厦门全部、漳州大部，还包括龙岩的新罗、漳平、三明的大田等，莆田、仙游两个地方讲莆仙语。闽中系包括永安、三元、沙县和尤溪的大部分。闽北是南平的武夷山、建瓯、邵武一带。再就是闽西客家。我认为用语言划分是最科学的，在调查过程中用语言来划分民系的概念，是一脉相承的。福建文化分区分成六大区，有闽南、闽北、闽东、闽中、闽西和莆仙文化圈。

二、建筑流派

对于福建省的古建筑修缮来说，建筑流派划分一定要掌握，否则就乱套了，花了很多钱却修错了就很可惜。福建省的建筑流派大致可分为九大派系，包括闽南地区（泉州派、漳州派、潮州派）、莆仙地区（莆仙派）、闽东地区（福州派、福安派）、闽北地区（闽北派）、闽中地区（永安派）、闽西地区（客家派）。

第一，闽南地区的泉州派。它的色彩特色最为鲜明，是红色——红的屋顶、红的墙面、红的地面，看起来都是红彤彤的一片。其工艺特色是砖雕和石雕，图 1 是晋江五店市建筑，入口的木雕、石雕非常精美（图 2、图 3）。泉州的红砖砖雕叫窑前雕，是砖雕刻完进窑里烧的，它工艺可以做得非常精、非常细，这也是泉州的特色。还有石雕，泉州惠安是石雕之乡，石雕做法风靡全球，所以红砖砖雕、青（白）石雕，还有水车堵工艺在泉州特别明显。泉州木雕也是很精细，但比起砖雕、石雕的成就会差一点。另外还有出砖入石（图 4），也是泉州特有的。泉州还有一个特点，如图 5 所示，梁架上的瓜柱非常瘦长，像我们吃的木瓜，所以就叫木瓜柱。这就是非常典型的泉州特色。

第二，闽南地区的漳州派，漳州派在泉州派以南，可追溯至唐初，历史悠久，地理位置与客家、广东的潮汕有交错。其色彩是以红为主，红黑灰结合。其工艺是以灰塑为主。漳州建筑与泉州最大的不同点是没有采用红砖砖墙，而采用灰塑墙面（图 6、图 7）。据说漳州一带土质不好，含沙量高，烧不出泉州那种红彤彤的砖。因为砖的质量不好，只能大量采用勾缝处理。或者索性采用大面积抹灰，用黑（白）、灰线条勾缝，甚至用蓝、红线条，也就形成了非常鲜明的色彩，勾缝也做得精致。这种做法是漳州独有的，泉州没有看到。也就应了一句俗语：“上帝在给你关了一扇门后，必定为你开了一个窗。”图上这种屋顶形式叫三川脊，在屋面燕尾脊的当中，提高了一点就多出了两个燕尾脊，同时又伸出两条斜脊，屋面造型立刻丰富起来（图 8），这也是漳州特有的。这个梁架是典型漳州特色的梁架（图 9），泉州是瘦瘦长长的木瓜柱，漳州是矮矮胖胖的冬瓜柱，差别很大，如果不比较也看不出来。

图 1　晋江五店市建筑

图 2　晋江五店市建筑入口木雕

图 3　晋江五店市建筑入口石雕

图 4　泉州派墙体的出砖入石

图 5　泉州东观西台（吴氏宗祠）大厅

图 6　漳浦蓝廷祯宅

图 7　漳浦石牛尾村

图 8 漳州角美

图 9 漳州特色的梁架

图 10 东山梧龙村

第三，闽南地区的潮州派，只在诏安、东山、云霄三县，建筑装饰手法是大面积的灰墙灰塑（图 10、图 11）。东山的梧龙村是中国传统村落，它的屋顶形式是红或灰结合大面积的灰墙面。这一地区主要的装饰手法是剪黏（图 12）。剪黏作为一种装饰手法只在漳州、厦门、泉州、广东潮州和台湾这一范围存在，往北边莆田、福州或往西边龙岩、三明就没有了。但其内容最丰富、做工最漂亮的就在福建、广东的交界处。图 13 是云霄的寺庙，墙面是白色或者灰色的抹灰很朴实、简洁，但其屋顶珠翠满头、色彩艳丽、做工复杂，剪黏方式做得非常成功。

第四，莆仙地区的莆仙派只有两个县，即莆田和仙游。它的主色彩基调也是红色。莆仙最早归属泉州管辖，宋代之后才脱离泉州独立建府。但有一点还保留了泉州的特色，即建筑装饰浓烈而精细。图 14、图 15 是仙游的建筑，虽然也是红砖砖雕，但是做法与泉州不太一样。仙游的红砖砖雕叫窑后雕，是砖入窑烧完后再去雕刻，问题是砖烧完后再雕的质量就很脆，不小心就刻裂了，所以它的砖雕就是糊糊的一大片，不够精细。如图 16 所示为莆田墙体的出砖入石，很精细、规整，与泉州的自由散状的砌筑手法也不一样。同时莆仙沿海建筑在屋面上压石头、压砖，屋脊上做通风琉璃，这都是为了抵抗台风的需要。如图 17 所示为莆田的墙面红瓦钉护甲，就是给墙体穿瓦的衣服以保护墙体。莆田是用红砖瓦钉，与邻近的福州永泰的灰砖瓦钉也有色彩差距。有什么不一样？材料不一样，工匠不一样，作出来的东西就不一样。另外莆田的建筑尤其是涵江区，建筑装饰性非常强，檐下木雕像挂了许多导弹一样，做得非常精细，甚至烦琐。但当地人喜欢就是它的特点，特别是在侨乡涵江也因此保存了很多传统的东西（图 18）。

第五，闽东地区的福州派。其色彩是白墙、灰瓦，外表朴实，内部复杂、艳丽，有建筑内涵。奇怪的是福州建筑外墙很少看到出檐，而是大面积的封火山墙。这就给山墙装饰尤其是曲线封火墙留下丰富的装饰空间，其曲线的山墙似龙似云、飘舞流动（图 19），色彩丰富，令人过目难忘。同时福州寺庙、会馆、祠堂建筑立面山墙的三阶式处理也是一大绝唱，不仅装饰华丽、色彩丰富，其文化内涵和精细的彩塑也令人称绝（图 20、图 21）。如图 22 所示为永泰青石寨的灰色墙面瓦钉护甲，功能与莆田的红砖墙面瓦钉护甲相似，只是色彩变了，做工更为精细华丽而已。

图 11　云霄西林村

图 12　传统建筑装饰工艺——剪黏

图 13　云霄莆美

图 14　仙游赖店

图 15　仙游盖尾

图 16　莆田墙体的出砖入石

图 17　莆田的墙面红瓦钉护甲

图 18　莆田涵江佘宅

图 19　福州派的曲线封火山墙

图 20　林则徐祠堂

图 21　福州南屿

图 22　永泰青石寨的灰色墙面瓦钉护甲

第六，闽东地区的福安派。其建筑色彩也是灰色调，大坡屋顶、长木悬鱼、大曲线封火山墙是它的主要特色（图 23 ～图 25）。

第七，闽北地区的闽北派。其色彩是灰调子，装饰特点是高大的马头墙和砖雕门楼（图 26、图 27）。闽北灰砖砖雕门楼特点是雕工精细复杂、文化内涵深远。如图 28 所示为武夷山下梅村的门楼砖雕，非常漂亮、大气、细腻。邵武和平镇的砖雕做法又略有不同，厚重、写意、装饰性强（图 29）。同是闽北，这两种风格并存。

第八，闽中地区的永安派。色彩也是灰色调，闽中是各地移民的聚中地，地广人稀，建筑特点是东西南北大聚汇，算得上兼容并蓄。东边靠福州属福州派，南边靠闽南属闽南派，北边靠闽北属闽北派，西南的永安靠闽西属客家派。这个地区最大的看点就是防御性的土堡，如永安的安贞堡（图 30）、大田的安良堡、琵琶堡、尤溪的茂荆堡（图 31）都极令人震撼。

第九，闽西地区的客家派。客家派的色彩是黄和灰，土楼的颜色是黄颜色，其余是灰色调（图 32、图 33）。客家人不都住土楼，土楼只是以永定为中心的人的住宅。闽西大部分客家人住的是九厅十八井式建筑，这类建筑外表朴实低调。客家人比较内敛，建筑最好的装饰在厅堂，而外表是灰灰的，很不起眼。要说它的亮点有两个：一是客家派的门楼和脊饰装饰精美，其砖雕、灰塑等装饰手法都集中在这里；二是生土建筑楼阁，用生土夯筑建造了 10 多米高的墙体来承重。像永定高陂镇的西陂天后宫（图 34），建筑是 7 层楼阁式高塔，它的底下 5 层就是生土夯筑。墙体厚度由 1.4 米、1.2 米、1.0 米、0.8 米、0.6 米依层递减，最上部的 6、7 两层才是由木构架组成。这种做法在中国独一无二，堪称一绝。

八闽之地东西南北中建筑文化各不相同，因各地区语言、风俗习惯不同而形成建筑风格、建筑工艺、建筑流派各不相同，都应给予尊重和敬畏。一方面由于理论研究滞后，村落建设一哄而上，认知不清。近些年出现了莆田木雕进入福州三坊七巷，闽南剪黏贴上闽北文庙，徽派民居在泰宁大行其道等现象。另一方面由于现在的招投标制度欠完善，易造成中标方的工匠不会做、会做的工匠中不了标的窘境。

图 23　福安狮峰寺

图 24　福安溪柄

图 25　福安楼下村

图 26　武夷山下梅

图 27　邵武大埠岗

图 28　武夷山下梅村的门楼砖雕

图 29　邵武和平镇的砖雕

图 30　永安安贞堡

图 31　尤溪茂荆堡

图 32　永定承启楼

图 33　南靖和贵楼

图 34　高陂镇的西陂天后宫

由此，我提出古村落保护维修“四三二”，即“四不原则，三个坚持，二个关键”：四不原则是不见水泥，不贴瓷砖，不用铝合金，不盖琉璃瓦；三个坚持是坚持传统材料、坚持传统工艺、坚持传统设计；两个关键是加强监督，村民参与。

注：本文根据“乡村复兴论坛 · 永泰庄寨峰会（2018 年 12 月 29 日）”嘉宾演讲稿整理而成。本文图片由作者提供。

从历史走向未来——乡村遗产核心价值研究

杜晓帆

复旦大学国土与文化资源研究中心主任、中国文物保护技术协会副理事长

内容摘要：本文探讨了乡村遗产的概念确定与价值梳理、楼上村乡村遗产保护实践、发掘乡村遗产的核心价值等内容，提出了乡村文化遗产保护与发展的思考与建议。

关 键 词：乡村遗产；遗产价值；楼上村

为什么起这个题目呢？这么多年做乡村的复兴工作，我个人感觉所面临的困境还是非常多的。2000 年年初，我代表联合国教科文组织驻华代表处到云南参加一场国际会议时，请当地县长安排一辆车拉着我到县里转一转。跑了几天后我发现：中国的村庄从远处眺望都很美，但是进到村里后看到的是另一番景色，老百姓的生活很苦，村民生活的条件、家里的陈设都很差。这让我有很大的感触：究竟我们保护这些乡村是为了什么？

一、确定概念，梳理价值

我国乡村数量庞大，自然和人文资源丰富，发展潜力巨大。近些年来，官方相继出台了一系列关于村落保护的通知和文件，并依据各类标准将一部分村落列入保护名录当中：由住房城乡建设部、文化部和国家文物局等七部门联合公布的中国传统村落名录，从 2012 年第一批到 2018 年第五批入选传统村落共 6819 处；由住房城乡建设部、国家文物局共同组织评选的七批中国历史文化名村共 487 处；由国家民族事务委员会命名的两批中国少数民族特色村寨有 1057 处。

名录的公布表明我国村落保护迈出了实质性的一步，并形成了世界上规模最大的村落文化保护群。从保护名录上来看，全世界可能只有中国做到了对传统村落的保护。政府保护传统村落的方法也得到了国际社会的关注，很多东南亚国家，包括“一带一路”中亚的一些国家，都希望中国的经验能够对于他们的村落保护有所启发。但是，经过这些年的传统村落保护与实践，我们所能够总结出来的经验到底有多少？乡村发展对传统村落的保护到底有什么作用？中国这么大体量且集中在东南和西南地区的传统村落，在未来中国社会发展进程中又能发挥什么作

用？我们为什么要保护传统村落？目前的保护与实践能够解决中国社会发展或者乡村发展中的哪些问题？这些问题都值得我们思考。在总结经验和思考问题之前，首先我们需要把价值梳理清楚，分析乡村遗产到底有哪些价值。其次，除了那些看得到的建筑价值，也要梳理其他看不见的价值，比如人和社会之间的关系。

二、楼上村乡村遗产保护实践

下面我讲一个案例：贵州省铜仁市石阡县国荣乡楼上村的乡村遗产保护实践。

说起贵州，大多数人都认为是少数民族众多的区域。包括楼上村本身在很长一段时间，也宣传自己是侗族的民族村寨。其实，楼上村是贵州省多民族文化中的汉族移民文化的典型代表，是明代从江西迁到贵州的一个村落，目前已经成为全国重点文物保护单位、中国历史文化名村。

我们积极参与楼上村的乡村遗产保护主要基于两个原因：第一，楼上村很美；第二，旅游要介入。为了保护美丽的楼上村不被粗糙的旅游内容所破坏，我们不断地与地方政府沟通，用了将近一年的时间，才取得制订保护规划的权利。

过去大家所关注的乡村遗产都是建筑和房子。这些建筑固然有价值，全国重点文物保护单位也主要体现在建筑保护上，但是乡村遗产不限于建筑和景观等物质形态，某种耕作习惯或起居方式也可以作为遗产被解读，其中内含的是存于乡间的生产知识和生活智慧。

乡村并不是一天建成的，它是慢慢地发展起来的，就像人一样，从婴儿慢慢地长大成人。在客观的乡村生产生活空间之中，穿插的是时间轴中那些丰富和持续发展的各类交往、观念、活动，其中又以节庆、风俗、文化思想观念的实践最为显著。楼上村最为根本的耕读传家所代表的文化教养，也是千百年来，在人与自然、人与人、人与社会的互动下，所沉淀下来的宝贵智慧与财富。

如何将这些丰富且持续发展的乡村遗产价值梳理清楚？我认为可以通过文化景观的视角，把这些错综复杂的关系厘清，从中发现在时间轴和空间轴上人与自然互动后所产生的乡村遗产价值。为了分析楼上村与自然的关系，我们特地邀请了农业大学的学生协助我们调查楼上村的植物，发现了村内有 69 种植物跟村民的生活有密切关系。另外，楼上村的灌溉水系也是人与自然互动后产生的结果。楼上村的梯田并不多，梯田里的水，每家每户并不是分隔得很整齐，这些水到底怎么用，都有非常详细的记载。比如村民使用烧香来计时分水，村民之间相互监督协调；还有为保证各户农田灌溉公平而立的轮水牌等。这些都体现了当地社会组织的智慧。可以说，从人与自然的互动基础上去探讨村落的生活方式、生存智能，是发掘乡村遗产价值的重要途径。

文化景观视角下的楼上村，其核心价值不再是传统观念中的古建筑群，而是乡村在演变过程中所形成的人地关系以及由此衍生出的文化的总和，所以在总结楼上村的研究时，我们给楼上村描绘了这样一个场景：山水画般的意境，山水田园诗般的情境，丰富的曲线形态，多层次的韵律感，对立统一、和而不同的色彩与质地，内向、宁静、悠远、深邃的场所感。此外，我们还用一张图说明了对楼上村的景观性格认知，让当地的领导了解村子的价值有哪些。在我们描述了乡村的核心价值后，最终打动了县里的领导，促使他们下决心依照我们的保护规划方案做一个外来发展的计划。

五百年的岁月流转，楼上村周氏世代在这片山水间生产、生活，与自然、与邻友逐渐形成一套较为完整的乡村生活模式和文化系统。当然，作为中国乡村生活的一个缩影，楼上村也避免不了遭受现代化的冲击，过去自给自足的稳定结构已经受到影响。所以在保护规划方案实施过程中，我们遇到了一些问题，比如村民已经不从事梯田耕种了。开始时先是有一家不耕种，后来慢慢地别家也因为灌溉受影响也种少了。原本由大家共同维系的灌溉系统被破坏了，流水无法经过抛荒的那家梯田流到另外一家，其他人的梯田最终因为不能灌溉而毁掉。另外，村里外出打工的人越来越多后，原本和睦的邻里关系也慢慢出现问题了。你家不种梯田了，我家梯田也慢慢没水了，以后我家想种也种不了了，这些问题不仅导致农田景观发生变化，对于当地的社会关系也产生了影响。

我们希望楼上村通过村落文化景观保护规划的实施，与周围的八个村建立一种新的关系。从过去以楼上村为中心向外迁移和通婚带来区域内乡村的“自我认同”，到现在周边村落以农业为主的产业布局为保护楼上村的文化景观作出贡献，再到未来以楼上村为核心的文化旅游，给楼上村及周边村落带来同等的发展机会，比如农业综合体，以楼上村为核心，通过文化来引领、带动周边村落，实现经济反哺。我们希望楼上村能够走一条文化自信引领下的乡村振兴之路，那就是：发现乡村价值、重估乡村价值、输出乡村价值、重构乡村精神。

三、发掘乡村遗产的核心价值

乡村遗产的价值可能就是对生活方式的重新认识。大城市里的钢筋混凝土房子越盖越高，生活节奏越来越快，我们是不是一直要这样飞速发展地生活？是不是也需要放慢？慢下来的生活会是一种什么样的状态？我们深信乡村能够在这方面作出一点点新的贡献，所以提出了一个未来逆城市化的乡村愿景。假设人类社会是一棵大树，乡村遗产的价值在这棵树上可以发挥什么作用？它如果是空气、是水，那太重要了，没有它这棵树就会枯萎。但是，乡村遗产对于这棵树又好像没有那么大的价值，但它肯定含有某一种元素能让这棵树长得更健康，而这个元素正等待着我们去发掘与利用。

改革开放四十年，我们拼命往前走，目的是希望生活变得更好。然而人类社会是不是能够一直往前冲？盲目向前冲有时可能会偏离轨道。这时候，乡村遗产也许可以发挥纠偏的作用。乡村是“人类社会发展的实物证明”，由于各个村落的自然环境不同，历史形成不同，文化结构各异，形成了种类众多、风俗多样，习俗也千差万别的乡村文化景观，这就是我们风采多姿的“国土文化景观”。如果没有村落，国土将没有识别性，这也是乡村文化遗产的核心价值所在。

乡村是人类未来发展的动力，是人类不可或缺的创造力源泉。然而，乡村本身的复杂属性给我们带来了理论和实践研究的困难。我们对于乡村遗产的价值认知仍然处在一种动态的变化过程中。在很多情况下，由于遗产保护对象不明确，核心价值阐释不到位，村落保护往往缺乏“抓手”，或者“变味”。乡村虽然是我国农耕文明的历史见证物和不可再生的文化遗产，但它依然需要回应乡村在当代的发展诉求，这就使得乡村保护经常要让位给乡村发展，无形之中将乡村的保护和发展对立了起来。

因此，针对乡村文化遗产保护与发展，我们总结了以下几点思考和建议：第一，完善顶层制度设计，尤其是土地制度与城乡制度；第二，谈保护的时候不能离开发展而空谈；第三，重塑现代乡村治理制度，“人心”最为关键；第四，对乡村文化遗产进行分级分类评估和保护；第五，给保护列出“负面清单”，不要盲目引入竞争机制；第六，旅游不能作为乡村未来的支柱产业；第七，允许受监管的资本进入，但商业化要适度；第八，付诸行动，才会成功。

乡村文化遗产的保护与发展，必须以人为核心。离开了人，最终走不长。“路虽远，行方至”，虽然问题很复杂，只有付诸行动才会成功，如果只停留在纸上谈兵的状态，乡村永远不可能有发展。我们希望未来的社会是：乡村还是乡村，城市还是城市；不要乡村不像乡村，城市不像城市。

注：本文根据“乡村复兴论坛·永泰庄寨峰会（2018 年 12 月 29 日）”嘉宾演讲稿整理而成。

如何在乡村振兴中建立文化自信

谭金花

五邑大学广东侨乡文化研究中心副教授
仓东计划负责人

内容摘要：本文针对如何在乡村振兴中建立文化自信的问题，以仓东村遗产教育基地为例，探讨了乡村振兴项目的愿景，即乡村遗产需要自豪感、幸福感和归属感。

关 键 词：开平碉楼；乡村振兴；社区营造

我是梅县客家的媳妇，回来参加乡村复兴论坛大埔峰会，我觉得很开心。我分享的题目是“如何在乡村振兴中建立文化自信”，讲述一个小项目的实践案例。

很多人尤其是媒体的朋友都知道文化跟国家命运的关系。从习近平总书记提出“要像爱护自己的生命一样爱护文化遗产”直至今日，我们一直在探讨传统文化保护以及探讨乡村如何保护的问题。我是香港大学建筑学院建筑遗产保护专业毕业的，在硕士、博士研究生期间都从事建筑遗产保护。面对现在的遗产保护热潮，我一方面觉得欣喜，因为国家很重视，但另外一方面又非常担忧，因为我们国家缺乏遗产保育人才。

我们都明白中华文化的根是在乡村。当乡村成为我们面对的问题时，堆砌一个大框架很容易，但是真正要在里面做事情不是那么简单。党的十九大报告提出建立文化自信，各级政府在乡村振兴方面营造了一个极好的氛围。这个文化自信拆开来看，就是从历史而来、从文化而来、从居民而来、从建筑而来的自信。譬如，大埔与我们最相关的是文化、建筑、美食，这些都与文化自信有关。但如何使这些元素成为当地居民的文化自信，使他们在乡村振兴中获益？

一、村民是主体，是参与者，更是发声人

我的项目在仓东村（图 1），位于广东省江门开平市塘口镇。这个村建于元朝，有六百多年的历史。她是一个很普通的村庄，并没有辉煌的历史，但是我觉得这是一个活的、有文化的博物馆。

仓东村目前的经营模式是作为传播国际遗产保育理念的遗产教育基地。这很贴近

当地人的思维，凡是去过的人都会感动，都会觉得这个地方很值得再来。打个比方，村里的博物馆展示的是什么？仓东村的人150多年前开始出国，去东南亚，去美国。我是美国斯坦福大学的研究员，我们与斯坦福大学合作开展铁路华工的研究。恰好这个村在1863年到1869年期间有人去美国修铁路，因此我把铁路华工研究的学者带到这个小村来挖掘中国华工的历史。我们在仓东村做了三年的生活史研究，还开国际研讨会、出版书籍。早在19世纪中叶，仓东村的村民就开始使用英国的碗具、法国的枪支、美国的药瓶。这一发现让世界看到了海外华侨对家乡的影响，也借此让外界认识村民，让村民认识世界。村民的自信在一定程度上被这个项目带动起来——他们受到了学者的尊重，他们和学者一起共事，一起在村里吃饭。研究的成果也让他们知道，他们的祖先不是最底层，他们的乡村更不是闭塞的。

这仅仅是一个小小的案例。在合作过程当中，村民非常重要，村民是主体，是参与者，更是主要的发声人。

说到村民与我们这些外来的规划者之间的关系，我深深感觉到村民在社区当中的重要性，而我们所谓的专业人员要把自己放到村里，把自己当村民来看待，这是非常重要的。唯有这样，才能从村民的角度出发去考虑问题。

二、与村民共用、共享空间

仓东村的产业定性为教育旅游。当十年前我开始做乡村教育旅游的时候，很多人，尤其是从事旅游的人都有疑惑。他们质疑：是吗？乡村教育旅游可以吗？我对其可行性毫不怀疑。因为我在泰国、越南的时候，发现他们的乡村教育旅游做得非常好，而且可以借着教育活动，对外传播遗产理念，对内传承文化，既培养了本土人才，又建立了可以帮村里改善经济的模式（图2）。

对于村民的教育，我们分为大人和小孩。大人是在合作过程中慢慢去感化；村民的小孩，则是让他们有机会参与我们举办的各种活动，给他们提供机会。比如仓东琴社（图3），村民的小孩可以在这里学习古琴。他们一开始是很害怕的，但是让他们在外来的孩子面前表演几次之后，现在已经很有自信、很大胆了。有团体来到仓东村参观考察的时候，他们就会很大胆地去表演。所以说，文化自信的建立可以从很小很小、很没有人关注的地方开始。

图 1　仓东村

图 2　传统民居改造的民宿，作为学生在仓东游学的配套场所

图 3　百年古宅里的“仓东琴社”

我们在村里做各种教育活动的时候，一开始村民都不太明白，但是几年过去后，村民已经习惯了这个与他们生活息息相关的项目。每一年我们都会让村民的小孩免费参与各种外来的体验班（图 4），比如夏令营。夏令营是来自全球各地的小孩跟村民的小孩一起活动。本村的小孩是免费的，外地来的小孩是收费的，只有这样才使得我们的教育收支平衡。这是一个非盈利的民间项目，不是一个政府项目，我们必须保证可持续运营。

在村里，我们跟村民建立共用、共享空间。比如，我们会举办一些高雅的音乐会，村民有些不喜欢，有些喜欢，但是对他们来说，你做你的，我做我的，互不干扰。有时候村民们摆酒，如结婚、生日、满月、聚会、祭祖等活动的时候，他们也会使用村中的公共空间。村民们的拜祭跟教育活动是连在一起的（图 5），在不同的节日有不同的拜祭活动。村民的生活方式没有因为教育活动而受到影响，反而使教学活动的内容更丰富，更原汁原味。

我们是面向全球的教育机构，一直以来都有很多的教育活动，面向本地以及其他不同国家的人。在活动过程中，由村民负责管理村里的卫生和厨房等事务。他们其实非常乐意有这样的机会，一方面是他们熟悉的工作，另一方面又有一份收入。村民还可以当老师（图 6），比如教外来的学生做点心、做菜、做汤、做手工，教当地音乐和民歌等。村民们在厨房里教学，外来的学生可以跟着村民来学习。无论做得好吃与不好吃，自己参与的、自己做的肯定是好的，这就是我们的教学理念——让参与者在玩乐参与中领悟遗产的价值和意义。所以不同地方的文化都可以挖掘出来，让本地人参与各种活动，本地人的文化自信也就逐渐建立起来。

在参与教育活动的过程中，村民们锻炼了组织能力，成立了自己的乐队——开心一族乐队（图 7）。村民乐队平常在榕树头自娱自乐，也在重阳节、村庆活动中展示自己的才艺。村庆活动不是我们组织的，而是村民在参与我们的活动建立了文化自信之后，自发组织起来的，每年一次，深入人心，很多已经离开仓东村的村民从香港、澳门等大城市赶回来参加这个活动。有一些海外的访客（图 8），在参加活动的时候需要与村民进行交流。村民不会说英语，但是一看到外面来的这些人，就用本地话跟这些人讲。是否听得懂不是最重要的，重要的是村民们觉得他们是主人，跟客人讲话让他们觉得很开心。

图 4　仓东村的游学活动——狮鼓文化学习和体验

图 5　祠堂改造的课室，与村民共用——既保存祭祀功能又有教育功能

图 6　村民教学生们做本土点心——钵仔发糕

图 7　仓东村“开心一族”乐队在榕树头娱乐

图 8　海外寻根团在仓东村榕树头稻田边体验故乡的粤剧文化

三、乡村遗产需要自豪感、幸福感和归属感

仓东村的村民一直在参与村中的建筑修复，仓东村的理念是“遗产的保育不是拒绝发展，也不是凝固历史，但是我们要尊重历史”。我们的观点是“始于建筑保护，立于社区营造，成于文化传承”。因此，建筑的修复仅仅是一个起点，最重要的是社区里的人以及文化如何在本地传承。在修复的过程当中，比如，我们不拆猪栏，不拆以前的小屋子，为什么？因为这些地方承载着很多村民的共同记忆，我们更愿意赋予这些空间以新的功能，让其得以活化利用的同时，不失去原本承载的历史。我们修复了村里的祠堂和庙宇，在这个过程中我们与村民合作，让他们参与设计和决策，尊重他们的方法和理念。令我非常欣慰的是，村民们逐渐理解了我们为什么要传承。譬如一个泥水工说：“谭老师，我现在明白了，你就是希望不要让这些东西消失，让我们的孙子那一代还能看到。”一开始我说不能随便用水泥，不能随便用瓷砖等现代材料去替代传统的地砖，他们都不理解，他们说：“以前我们穷，没有这些材料，现在我们有钱买了，为什么不用？”随着不断磨合，他们逐渐地理解了。

“仓东遗产教育基地”于 2015 年获得联合国教科文组织颁发的亚太区文化遗产保护奖。有些地方拿到这个奖是由政府领导或者规划师上台领奖，但我们这个项目是由村民去领奖。当时我写信给联合国教科文组织亚太区域办公室官员，说我们的村民非常努力，所有的工作都是他们做的，所以去了 75 个村民，每一个人都荣获了一个奖状。村民们都很自豪，因为付出的努力得到了联合国官员的嘉奖。村民们的自信就这样被加强了，他们都知道在这个过程中，他们是很受到尊重的，他们有尊严。

最后，我想谈谈乡村振兴项目应该有的愿景：村民在接受外来访客的时候，不是因为访客给了钱，而是像接待自己的亲戚朋友一样；而外来访客的感受更像是到村里探望亲戚朋友，让人产生还想再来的感受，而不是付钱买门票去看景区，也不是随便逛逛，吃一餐农家乐就走。唯有这样建立起来的乡村社区，才是有文化、有自信的，才是能让本地人有遗产自豪感、幸福感和归属感的地方。

注：本文根据“乡村复兴论坛・大埔峰会（2019 年 6 月 21 日）”嘉宾演讲稿整理而成。本文图片由作者提供。

泰国古城区的振兴与建筑保护——阿颂信美院的经验分享

［泰国］Thip Srisakulchairak
联合国教科文组织亚太地区文化遗产奖获得者

内容摘要：本文以泰国南部的古道寺庙、泰国东部的尖竹汶府尖竹汶河畔、泰国东北部的古木屋和渔民码头等三个项目为例，阐述了群众参与对文化遗产保护的重要性。

关 键 词：泰国遗产保护；公众参与；乡村振兴

泰国是一个低收入的国家。在文化或者说遗产的保护方面，政府只是对建筑进行一种监督，监督或者监管建筑本身，不负责监管或者保护住在这个社区里面的人群。所以在泰国，文化遗产的保护还缺乏大家或者社会的参与，而因为这些建筑的主人或者社会的群体没有参与到保护中来，所以没有得到很好的保护结果。

不管泰国、中国，还是其他国家，文化或者遗产的保护都面临危机，也存在机遇。阿颂信美院开设至今已有大约十年，主要是对乡村或者旧的建筑进行保护，所利用的规则是国家的、国际的，但最重要的原则是群众的参与，我觉得群众的参与对文化遗产保护最具有持久性。

以下分享三个案例，每一个地方的保护所运用的方法和手段可能都不一样。

案例一：泰国南部的古道寺庙项目

第一个案例是在泰国南部的一个古道寺庙。一开始我们只是对寺庙的凉亭进行修缮，但是刚好这个凉亭对当地社区的民众非常重要，所以第一阶段我们没有进行建筑的修复。我们包括我的学生、工作组，分散到社区，与民众同吃同住同劳动，调研这个社区的问题所在。了解到民众和社区所存在的问题之后，我们共同举办了一些活动，把旧的照片拿出来为他们做展示、展览，让当地的民众能够了解到这个社区的过往历史。当我们与社区的民众相互了解之后，才进入第二阶段，开始准备与他们一起进行建筑的保护修复。修复需要资金，我们就跟社区的民众一起筹备资金，通过做衣服出售来获得报酬。当时寺庙仅有大概三万泰铢的资金，通过出售衣物达到了 30 万泰铢。筹到资金后我们再总结，看以什么样的方式来进行凉亭建筑的修复。

由于资金有限，不能外包或是请专业的人士来进行修缮，所以我们需要当地的民众一起参与，大家一起同心协力地做修复保护。泰国是一个佛教国家，社区民众对佛教的信仰程度比较高，所以通过一些比较重要的仪式能够召集或者说能够让周围的民众来参与到这个活动当中。经过 6 个月的时间，我们用 30 万泰铢修复了这座凉亭，最重要的是我们让周围或者这个社区的民众能够参与到保护项目当中，修缮了之后能够一直照料这个凉亭、寺庙。

如果退回到 10 年前，让民众来参与建筑遗产保护是非常难的一项工作。因为民众如果不能从中获利，他们就不会参与到这个活动当中。其实也不能埋怨他们，他们的肚子都没填饱，怎么能来参与这个活动呢？

案例二：泰国东部的尖竹汶府尖竹汶河畔项目

第二个案例的参与程度比前一个案例更高。尖竹汶府尖竹汶河畔原来的楼全部关门了，我们利用了大概五年的时间，使其再一次打开大门，知名度越来越高，吸引了很多游客去旅游。游客的大量涌入给这个社区带来了一定的问题。为什么只是让外面的人进来收到好处，而我们不从他们身上拿到一点好处呢？我们与社区的民众一起研究，打算通过社会企业的形式来振兴这个乡村，也就是通过销售股权的形式获得修缮的资金，并通过开公司获得运营收入，再把这个钱用在社区修缮中。

我们第一天销售股权只收到了大概两万泰铢，远没有达到我们所需要的大概 880 万泰铢的额度。我们通过网上销售股权，后来泰国总理去考察，我们借机会让总理也买了股权。我们利用所得到的资金来进行第一座古建筑的修复，花费了大概 8 个月的时间。因为这是我们在这个村做的第一个项目，受到了政府和社会的重视，有很多泰国明星、媒体进去拍照。但是最令人欣慰的是：当地的民众学习到了他们乡村的文化。

案例三：泰国东北部的古木屋和渔民码头项目

第三个案例是在泰国东北部的一个小乡村。当地原本有许多古木屋，很多游客慕名而来。当我们实地考察的时候，才发现其实留下来的古木屋已经不多了，大多是新建的，这就是无规划的旅游开发造成的原有文化遗产的消失。所以我们跟当地民众讲这些古木屋修缮之后能达到一个什么样的效果，同时尽可能地让群众来参与修缮。

除了古木屋，当地还有很多文化遗产值得保护，其中一个就是湄公河旁的渔民群体，这个群体比较特殊，文化程度比较低，无法读书看报。我们到当地进行宣传或者讲到如何来振兴保护乡村，他们都不太懂，也没办法提出很好的意见和建议，所以我们就想要帮助他们理解和重视。我们在湄公河旁边建立了一个码头，让游客能够从这个码头到湄公河里去捕鱼或者乘船游玩。其实这个村的渔民之前也有自发建造的码头，但我们希望能够打造一个给他们增加收入的更好途径。当我们把方案设计出来，拿着电脑，去给他们讲解的时候，他们都听不太明白，于是我们按照 1:1 的比例展示设计方案，最终他们很积极地提出了意见，并修改了我们所做的方案，最后我们把民间渔民码头打造成了学习、了解渔民文化的一个中心。码头中心建成之后，这里的渔民可以做一些纪念品卖给游客，增加自己的收入。

这是我们十多年来做的一些工作，不管做得好还是不好，希望能够让其他城市作为经验参考来进行乡村振兴与古建筑保护。

注：本文根据“乡村复兴论坛·永泰庄寨峰会（2018 年 12 月 29 日）”嘉宾演讲稿整理而成。

第二章

乡村·文创

百美村宿：乡村的活化剂

郝德旻
中国扶贫基金会百美村宿项目部主任

内容摘要：本文围绕百美村宿与农家乐的区别、高价值的产品设计、宾至如归的服务设计等内容，探讨了百美村宿作为乡村活化剂的重要作用。
关 键 词：百美村宿；扶贫；乡村活化

百美村宿，有的人听说过，有的人没听说过。什么是百美村宿？

“百美”既是数量词，也是形容词，虽然目前还没有100个村，但我们的目标肯定不是“百村”。“百美”还有另外几层意思：乡村是千姿百态的，文化民俗各不相同，运营单位各有千秋，做的产品自然也是百花齐放。

“村宿”是一个概念，一套标准。“村宿”对应“民宿”，“民宿”的概念是舶来品，源自日本，现在的标准很宽泛。莫干山上万块钱一晚的叫民宿，30块钱一晚的农家乐赶时髦也叫民宿，很多精品酒店也叫民宿，城市闲置房改造一下，挂在Airbnb官网上也叫民宿。“民宿”可以说是鱼龙混杂，没有标准。因此，我们更倾向于用“村宿”。“村宿”有三大特点：

第一，村宿肯定在村里，乡村代表了好的自然环境，原生态的民俗文化、风土人情，代表了城市与乡村的差异化，这些都是最好的吸引力（图1）。第二，村宿的客人是全村的客人。因为村宿的主人是村集体合作社的每位村民，村宿在盘活村里的资源，解决村民的就业，拉动村里的农副产品销售，赚了钱还会给大家分红。客人来村里，当然会受到全村人的热烈欢迎。第三，村宿提供的是高品质产品和服务，有一套自己的标准，做的是提档升级的工作，能起到示范作用，带动一个区域的发展。如果没有标准，不做提升，那和传统农家乐也没有太大差别。

实际上，现在市面上运营得好的民宿都有这些特点。中国扶贫基金会是一个平台，我们也更希望开放和推广“村宿”的概念，这样就能形成规模，就会基于这套标准产生影响力，甚至是推动国家政策的发展。这就是“百美村宿”的内涵。

图 1　乡村自然景观

一、百美村宿不是农家乐，两者有质的区别

乡村旅游这个词大家比较熟悉了，比如农家乐。农家乐的特点是什么？80 块钱一晚，120 块钱包吃住，农民自家的房子收拾妥帖，安置几张床就开业了，几乎没有经营门槛，也几乎没有利润，这就是现状。我也在做旅游，经常考察景区附近的项目，但我不去景区门口住，不仅价格高，性价比低，大多没有好的服务，而且脏、乱。在景区门口，欺客、拉客、宰客这些情况比较普遍，大部分农家乐平时是没有客人的，一到节假日，一张小床位卖到 800 块钱，这就是宰客；2015 年 10 月的"青岛大虾事件"，可能大家都知道，因"十一"黄金周期间宰客，差点儿毁掉了青岛旅游业的信誉。

传统乡村旅游方式已经不适合现在的乡村旅游。我的说法是"死路一条"。为什么这么说？一种情况，比如九寨沟、张家界等地的景区，若在 20 世纪 80 年代，将当地村民的房子买下来，土地流转，跑马圈地进行开发是可行的，因为当时的景观是一流资源。如果现在还用这种方法开发，结果基本上是血本无归的。另一种情况，"强龙不压低头蛇"，项目不挣钱没关系，一旦挣钱，当地村民便想尽一切办法把项目"咬死"；就算村民不去"咬"，他们也会直接复制。比如有一家外来的民宿建得很漂亮，村民们依葫芦画瓢，找施工队用同样的材料比照着装修。

外来的民宿卖1000块钱一晚，当地村民的卖800块钱，甚至卖200块钱都没关系，因为当地村民的投入成本非常低。这些“游击队”真的会把外来的民宿项目击垮，这是传统乡村旅游很难开发的原因之一。

不同于传统乡村旅游开发项目，“百美村宿”是中国扶贫基金会自2013年发起的美丽乡村旅游扶贫创新公益项目。该项目探索全新的“乡村旅游扶贫＋”模式，致力于搭建乡村和外部联结的平台，重估贫困村价值，创造以村为本的发展机会，并且以村民自治组织合作社为依托，积极引入社会资金、信息和人才等要素，推动乡村可持续发展。百美村宿与农家乐有什么区别呢？简单做一个对比。村宿清静，农家乐相对嘈杂；村宿追求原生态，农家乐多是人造景；村宿讲究的是高品质，农家乐条件简陋；村宿有优质的服务，农家乐缺乏互动；村宿卖的是绿色健康饮食，农家乐卖的是大鱼大肉，为什么？因为大鱼大肉利润高；村宿提供的是深度体验，农家乐大多是走马观花，留影“到此一游”。

乡村有美景、美食、美宿，城市有钱。村里人提供服务挣钱，城里人花钱享受服务，这是一组很好的互补关系。但是，一个村庄的承载力非常有限，如果是为了挣钱的同时实现可持续发展，不建议在村子里做大规模的开发，因为乡村最大的卖点就是原生态，换句话说，就是与城市的差异化。那么，如果客流不能进入太多的话，村里怎么挣到钱？想办法提升每一单的价值，获得利润最大化。但高的价格不等同于宰客，当然没有价格也就没有服务，同时也很难做到差异化。我们追求的并不是高的价格，而是高品质服务和口碑。

二、做加法，设计高价值产品服务

一个高价值的产品是怎么设计的？有一个公式叫产品服务做加法。比如：三口之家的出行，1500块钱住一晚上、吃三顿饭，其实不贵，这是大众消费。消费由哪些组成？第一部分，刚需。一出门必须花的钱就叫刚需，有吃、住、行，还有一些服务费，吃300块钱，住300块钱，行200块钱，还有一些服务费100块钱，只要一出门，这900块钱必须花。第二部分，配套加法，配套是喝、玩、购。喝，很多人很省，出门不花喝的钱，自己带水杯；玩，实际上大多数人还是有预算的，假设预算花销 100 块钱，玩什么？玩卡丁车，抓个娃娃机，钱就花掉了，人均 30 块钱而已；购物花费 200 块钱很正常，费用不高。第三部分，整合加法。针对配套加法的消费，民宿主管是可以挣到的，但是整合加法可能是旁边的景区，也可能是漂流，玩这些是要花钱的，这就是整合加法的内容。这三部分共同组成了一家三口出行的花费，大概 1500 块钱。如果两个家庭一起出行，可能就会变成 3000 块钱了，贵不贵？其实一点儿也不贵。怎么才能一单赚到这 3000 块钱呢？以上三部分内容都提供了，就挣到了。

中国扶贫基金会的民宿项目“麻麻花的山坡”（图 2），每间房均价 2880 元 / 晚的民宿，900 多万元的总投入，年营业收入是 500 万元，这在商业上是非常成功的。它是怎么设计的？五感设计。人对于外界事物的感知都是来自五感，即视觉、听觉、味觉、嗅觉、触觉（图 3 ~ 图 7）。设计建设的原则是什么？首先要找一个懂运营的设计师，充分考虑阳光、水、风、地形、景观和建筑的关系。为什么要找懂运营的设计师？在大多数设计师的思维逻辑中，美观性大于舒适性，大于实用性。但要想把一个产品做好，设计逻辑要反过来，先考虑实用，然后考虑舒适，最后才是做得美观。举个例子，可能在很多设计师眼里厨房是可有可无的附属品，但民宿小院里有厨房，就能保证新鲜出炉的美味佳肴 15 秒钟端上桌，让客人有更好的体验。在可承受的范围内，设计的目的是尽量提高实用性和舒适性的品质，而不是总想着做一些“花架子”，其余功能配套能省则省。

设计要解决的核心问题是什么？就是在前期就把产品考虑清楚，避免后期大拆大改，要做什么样的产品就需要什么样的设计。这个问题看似简单，在乡村却很难。越是原生态的地方，就越难解决。能不能吃上可口的饭菜，盥洗、如厕、Wi-Fi 是不是便捷舒心，这些都是基本的问题，要在保证合理、实用、舒适的情况下，通过设计尽量降低消耗。比如有个小院入住率非常高，但一晚上电费要 300 块钱，如果这个小院的住宿价格卖不上去，可能连电费都交不上了。

图 2 麻麻花的山坡

图 3 视觉设计

图 4 听觉设计

图 5　味觉设计

图 6　嗅觉设计

图 7　触觉设计

关于美观性的视觉设计原则。第一，摆放布置，这是生活美学，是视觉上的设计。第二，绿植插花，客房里很多物件是没有生命的，可以通过绿植插花增添活力。第三，惊喜互动，比如放置一些能与客人产生互动的物件，这些物件有可能就是客人需要的，可能是一根牙签，可能是一个八音盒，可能是一张餐巾纸……当他们在房间里发现这些物件的时候，就产生了互动，从而让他萌生探险一般的感受。

再看味觉，餐饮怎么设计？第一，好的食材，高品质、好吃才是基本保证，不要用一些不新鲜的食材。第二，本地常见，外地鲜见，比如自家种的小白菜，在城里就买不到。第三，器皿摆盘要有仪式感，当就餐充满仪式感的时候，会让人感觉上档次。吃饭不是只吃味道，还要吃环境。第四，文创融入，讲故事。不是长篇大论地讲故事，可能一句话就是讲故事，比如“这个菜是我们村里的大爷做的，每天只做一份，多了没有”。第五，花样减少，少油盐，只需要把村里的新鲜食材拿出来烹饪就可以，少油盐也是为了把饭菜做得符合城里人的口味。第六，最重要的一点是要好吃，不好吃的话，前面说的一切都没用。

三、宾至如归，服务设计的终极标准

服务怎么设计呢？一个是标准化，另一个是非标准化。标准化是服务有标准可参考，比如卫生整洁，设计得再好，收拾得不干净也行不通，一定要按照卫生标准来操作；物件摆放复位也是标准化，服务人员不会摆放没关系，物件杂乱了之后要按照设计好的摆放位置复位。非标准化怎么做呢？做本地特色、风俗民情，举个例子，城里人和村里人简单的区别是什么？城里人走在大街上，有一个不认识的人吆喝去家里喝口水，去不去？不去。但在农村，去一个不认识的大妈家喝口水是很正常的。我们要挖掘这些人情事理，找到城市和乡村的差异化部分，这部分是非标准化的服务。

活动怎么设计？第一是主题活动，按季节策划，冬天不能做夏天的活动，夏引凉风、冬迎暖阳。第二是当地资源，常态合作，比如漂流，散客自己去是 150 块钱一个人，找当地的漂流公司谈合作是 10 块钱一个人，我们只是送客人一张漂流票，却可以通过大量的中间差价产生附加价值，所以要学会充分利用当地的资源。第三是定制服务，按需配合，什么是定制服务？比如婚礼、聚会等。第四是团队包场，一个团队来了，要考虑怎么做好服务，甚至赠送服务，比如客人买了一二三，民宿主赠送四五六，那他们下次一定还会再来。

伴手礼怎么设计？第一是房间里有的都能卖，但是不能推销。第二是文创先行，适度包装，做一些成本不高、利润高的产品。第三是特色饮料的开发。第四是符合“后备箱经济”的产品，自家小院房前屋后生产的，性价比要高，也可以送。

最重要的是话术的设计。由于乡村旅游的 GPS 导航目的地多是公共停车场或村委会，每到热点景区的公共停车场，就有人扒在车窗两侧拉客，这是一种不好的旅游体验。如何打通从公共停车场到民宿的最后 100 米，是做好民宿服务的关键。怎么让客人有宾至如归的感觉？我们的经验是通过话术的设计，打消客人的陌生感，实现“宾至如归”的服务。从第一通电话开始，民宿管家就会介绍景区交通、当地气候、时间安排等乡村旅游的注意事项；在客人出发前往民宿的时间节点，管家会与客人沟通出行的细节安排；到达停车场前一两分钟，管家会在停车场等候迎接；进入房间之后，管家会对住宿、餐饮、游玩等做详细介绍，让客人在很短的时间内熟悉环境；做完介绍之后，管家会说“这是您家的钥匙，请您收好，我的房间就在不远处，有事您叫我”。通过服务的话术设计，让客人产生回到朋友家的感觉。总结有以下五点。第一，把客人当成自家的亲戚，拿出最高的待客礼节。第二，真诚微笑，让客人有回家的感觉。第三，食物要强调本地健康。第四，迎来送往要把握进退尺度。比如客人走的时候到门口送，一直招手示意直到离开视线才往回走，这个服务成本非常低，但是给客人的感觉非常好。第五，提供必要的讲解服务，但不能推销。

最后，河北的南峪村、雪山村、蟠龙村、碧峰峡、姜庄村、韩徐庄村，还有贵州的白岩村、拉毫村、黄岗村等，这些都是已经开业的百美村宿项目。“百美村宿”改变了过去发钱、发肉、种牛种兔等扶贫方式，利用当地民居翻新改建发展乡村精品民宿，实现全体村民共享、量化股权、精准到户的扶贫路径，民宿项目收入用于村民分红、全村发展基金、捐赠给其他贫困村，使乡村扶贫良性循环。

注：本文根据“乡村复兴论坛·大埔峰会（2019 年 6 月 21 日）”嘉宾演讲稿整理而成。本文图片由中国扶贫基金会百美村宿项目部提供。

艺术振兴乡村

邱少敏

松阳乡村 798 文化创意园总经理

内容摘要：本文以笔者进入乡村文创行业、从松阳起步创办乡村 798 的时间进程为脉络，探讨了保持留在乡村、不脱离乡村的情怀。

关 键 词：艺术下乡；乡村振兴；松阳

进入乡村文创行业，我自己都感觉很意外。我 12 岁因为交通事故离开学校，当时我就开始琢磨父母时常跟我讲起的话：“你还是要努力一些，要找到自己的一份事业，要学一门手艺。”所以我开过饭店，开过拖拉机，养过鱼，养过鸭，干过很多那个年龄段孩子没经历过的事情。我 12 岁开始卖冰棍，直到今天，当年那个卖冰棍的箱子还跟着我。21 岁那年，我在乡村开农家乐，从事自己最热爱的“事业”——烧饭，我跟来自世界和全国各地的艺术家聊天，很意外自己竟然能跟那么多的文人墨客聊天谈心，而且聊得很好。

一、从松阳起步创办乡村 798

以前谁都不清楚什么是古村落保护，其实我也不知道，但我的工作却让我被动接触到古村落保护。现在我能很自豪地说自己是一个古村落保护者、一个传统文化保护者。2009 年 11 月 27 日，我来到松阳，就再也挪不动脚步。我见到了堪称完美的古村落，我在松阳结识了很多老师，正是他们让我坚持了下来（图 1）。

2009 年到 2011 年，跟当地农民讲古村落保护，他们都不懂，古村落保护为他们带来的实际利益也没有多大；而且松阳是住房城乡建设部 2006 年定下的脱贫攻坚农村危房改造试点县，也就是说松阳是个大刀阔斧拆房子的地方。所以在那样的环境中，呼吁要把古村落留住是非常艰难的。庆幸的是，松阳民风朴实友善，在那里待的一年多时间里，很多村庄的村民不排斥外来的沟通。我与松阳的 140 个村庄进行过完整的交流并达成合作共识，因此我带动了全国很多高校的学生进入这样的村庄，给当地带来效益。

我在松阳古村落的艺术写生产业越做越响亮，到现在已经运作了整整十年。

回想当年刚进入松阳创办乡村 798，很多人不知道乡村 798 是什么意思。我说我要把这里的古村落分享给世界各地的艺术家（图 2 ～图 4），但我首先得让他们知道我是做什么的，所以我一直在想应该取个什么名字。很偶然的一次机会，我得知北京 798 艺术区是城市文明的一个符号，是现代艺术的一个符号，还是具有国际化色彩的中国艺术聚落，所以我觉得应该在松阳创造一个乡村 798，告诉世人这里是中国乡村的一个文化艺术符号。

乡村 798 带动了松阳 11 个村庄的写生产业发展（图 5 ～图 8）。2010 年，我在松阳落户改造了一个老粮库，创建了中国第一个乡村美术馆，当时的床位是 352 张。到 2013 年，政府划拨了 120 亩土地，我们创建了一所中国写生学院，床位突破了 1600 张。到 2019 年 9 月以后，松阳每天的接待量将会超过 10000 张床位，这 10000 张床位中，有 7000 张是针对全国和世界各地的艺术类高校的学生写生，有 2000 张床位用于全国中小学生综合素质教育基地，另外 1000 张床位，服务于国际上的一些艺术家，因为我们在 2017 年成功地创建了一个国际艺术家俱乐部，带动了世界上各种画派的艺术家们到松阳来创作。

在我看来，艺术不分家，古村落文化的保护也不分家，要把美丽乡村建设好并不难，关键是人心，人心回来了，乡村肯定就活了。还有一种方式，乡村不一定完全是原住民，要让城市里喜欢乡村的人留下来，让他们成为乡村的新农民，我觉得这是拯救乡村的一个好办法。如果我们要强留农民不让他们外出打工，这说明我们的社会没有发展，更说明我们缺少文化自信，所以我认为城市与乡村最终是一个交替的方式来完成各自发展，要让真正爱农村的、爱乡土、爱农民、有情怀的人士进入乡村，让他们在这里生根发芽。

二、保持留在乡村、不脱离乡村的情怀

我一直认为乡村不能先谈产业。产业都是靠人来成型、靠人来发展的，我们要为乡村注入一群有激情、有想法、有能量的人。什么样的人才是有激情、有想法、有能量的？有两方面的理解。一方面，城市里的美术馆和博物馆，进去看展真正看得懂的人只有千分之五，那么其他人为什么进去？出于文化提升、文化改变的需要，比如乡村复兴论坛，为什么每次峰会都能积聚四五百人到场参会？因

图 1　中央美院雕塑系主任孙景波教授等入住松阳斗米岙艺术村的艺术家们为松阳艺术振兴乡村出谋划策

图 2　国际友人到松阳采风

图 3　乌克兰人民艺术家维拉库列娃在松阳县竹源乡黄庄上村写生

图 4　乌克兰人民艺术家维拉库列娃在松阳延庆寺创作作品《新年》，并作为圣诞节礼物送给邱少敏

图 5　中国松阳国际艺术展，艺术家们在乡村采风

图 6　艺术家在松阳古村选房，建艺术家工作室

图 7　中国著名艺术家，中国油画院教授朱春林在松阳茶园写生

图 8　来自全国各地的艺术学院院长到松阳参加“田园松阳”全国艺术高校院长论坛，并到松阳善埵村采风

为有渴望了解美丽乡村建设的人。另一方面，每个进入乡村的人都有一份责任，让更多的人在乡村找到自己的青春、找到自己的童年。现在很多的古村落已经被破坏了，有的在城市边缘，有的在距离乡村很远的地方。已经破坏的古村落应该怎么办？还没有破坏的又该怎么办？用我们的思维和眼光去认真考虑，就像我最早去过的松阳，现在火车站还没通，但是我们一样能够把很多人带进去，2018 年，仅乡村 798 为松阳带来的接待量，就达 17 万人次，被当地老百姓津津乐道。

再回到乡村复兴论坛永泰庄寨峰会，要让更多的老百姓旁听，让更多有想法的老百姓旁听，他们也许能找到人生的一个方向，保持住自己留在乡村、不脱离乡村的情怀。

注：本文根据“乡村复兴论坛・永泰庄寨峰会（2018 年 12 月 30 日）”嘉宾演讲稿整理而成。本文图片由作者提供。

文旅 IP 和业态内容 C 位引领乡村振兴

张继琼

文旅帮创始人 &CEO

内容摘要：本文从文旅的视角，探讨了新文旅时代 IP 讲好故事的趋势、业态内容为乡村振兴赋能增效、田园综合体项目案例等内容，提出了对乡村振兴的一些研究和思考。

关 键 词：文旅 IP；乡村场景；业态

我一直从事文旅行业，所以我从文旅的视角，谈一谈对乡村振兴的一些研究和思考。到永泰之后我了解到，这里的青梅和李果是非常知名的，不由得让我想到台湾的一个案例。对于乡村振兴实践的一些朋友来说，可能这个案例是比较熟悉的。

台湾的“梅子梦工厂”地处信义乡，经常遭遇台风，整体发展状况不太好，但是它的产梅量占到台湾的 80%。后来因为价格战的因素，整个产业有崩盘的状况。随后在难以维系的状况下，通过青梅的生产以及加工，更重要的是融入了一些文创概念，起到了非常好的效果。比如，有一款酒叫“山猪迷路”，我们很好奇为什么取这样一个名字？其实每个名字的背后都有故事，这个故事是说青梅酿酒后的酒糟是很香的，山猪吃了之后也会有醉和晕的状况，所以就叫“山猪迷路”。这些故事是非常有意思的，也是城市人到乡村体验想去了解的一些故事。现在台湾的信义乡真正实现了一产、二产、三产的六产融合，也成为全台湾最会说故事的乡镇。

一、新文旅时代 IP 讲好故事之趋势

目前的乡村振兴或者文旅开发，都是在摸索一些经验，探寻一些规律。每个县域或每个村域的资源是不一样的，自然资源、民俗文化资源都是不一样的，我们需要从这些资源中提炼 IP。在此基础上，通过有创意的好故事吸引大家来猎奇。在 IP 提炼之后，最重要的是让这个 IP 和故事附着在能让大家可触摸、可感受、可体验的一些业态内容或者子项目上，这才是比较完整的逻辑闭环或者生态链。

从 IP 的角度，我们要去思考未来从 IP 到说故事可能会有什么样的趋势？这个

趋势代表了未来的市场关注点或者是未来的一个喜好度。对于产品的提供者或者产品的策划方、设计方来说，我们要很好地去把脉这个趋势，从而使我们的产品设计更落地。这个趋势有四个关键点是非常重要的：

第一个关键点是跨界。近几年，尤其近两三年，跨界这个词提得非常频繁。“跨界打劫”，这个“劫”有两个字面意思。第一个“劫”是抢劫的劫，意思是说很多业内的崩盘，不是从业内去突破的，而是由其他行业的人来打破的，这就是跨界打劫。第二个字面意思是“跨界打集”，两个不同的行业进行了集核之后，他们的效能是放大的，可以放大到“1 + 1 > 11”的效能。比如：知乎开起了自己的食堂，阿里巴巴联合沙县小吃打造萌系治愈所。在乡村振兴的场景里，我们跨界学习其他行业的方式和方法，能够更快、更有效地提升乡村振兴的效能。

第二个关键点是场景式。比如，听音乐、看时装发布会等，大都是在城市里的豪华音乐厅或者星级酒店进行的，但是当这样一个事情发生在乡间稻田里的时候，给人的震撼是完全不一样的。就像乡村复兴论坛，我相信很多人以前参加的峰会也好，论坛也罢，更多是在城市的酒店里进行，但乡村复兴论坛把大会开到了村子里，这就是场景式的转变，当进行了几届之后，便形成了它独有的 IP，或者独有的特色。

第三个关键点是拟人化。比如秦皇岛阿那亚“世界上最孤独”的图书馆，做地产的人肯定知道这个案例，很多游客或者业外的人也都知道。图书馆就是一个物化的建筑而已，当它被拟人化，被赋予“最孤独”这样一种心态之后，这所图书馆就活化了，阿那亚变成了 2017 年全国“四大神盘”之首。这就是运用拟人化去活化一个物体。

第四个关键点是萌系风。几乎所有人都会感觉到，故宫曾是一个离大家很遥远或者很肃穆、庄重的地方，但当雍正也可以耍宝卖萌的时候，大家会觉得这样一种方式超出了原来的认知。未来，这种 IP 的提炼或打造，就是在遵循了一些趋势之后，通过做创意、做设计形成一些不一样的思路。

二、业态内容为乡村振兴赋能增效

提炼了 IP，说好了故事之后，还是需要把故事落实到业态内容，真正带来消费，为乡村振兴赋能增效。因此在构建业态矩阵的时候，需要对产业进行适量的布局，只有达成一个整体逻辑之后，最终能够唤醒乡村的生命力。

站在文旅行业的角度，文旅帮做了一个梳理，二十多项业态内容，每个业态内容下面至少有七八种可以植入文旅场景或者文旅项目当中的子品类或者子业态。可以想象，至少有二三百种业态可以植入文旅场景当中。因为每年或者是每两年，消费者的一些消费需求或者玩法是在改变，这些业态内容每年还在不停地迭代，我相信有大部分的业态内容是可以根据不同的乡村场景和业态资源迭代植入的。

三、案例分享启发思考

下面以文旅帮在贵州操盘的一个田园综合体项目为例。这个田园综合体里有三个村寨，从场景和建筑形式上来看，当地已经完全看不出是一个具有很强烈的民族特色的村寨，因为很多人在外打工，打工回乡会建小洋楼。村寨周边是峡谷森林和稻田景观，村寨范围 5700 多亩，自然资源非常丰富，红米、千年银杏，还有山水景观以及 2000 多亩的果林种植等重点优质资源。怎么通过这些资源提炼 IP？首先，要进行综合评价；其次，要确定 IP 选择的评价依据，即为什么选择此 IP 而不是选择彼 IP。最后，要根据市场的认知度、未来产业的可延展性或者未来内容的丰富度等维度的评价，确定某 IP 作为最核心的主打资源。

从资源到产品，从产品到产生经济价值，这是一个很长的历程。比如，我们将红米进行梳理、提炼和包装，最终实现了“米友家族”的 IP。确定 IP 之后，就要说好故事。我们要假定一些人物形象，把故事附着在人物形象上。我们把“米友家族”设置了三个人物形象，一个是米爸，一个是米妈，还有一个是米队长。对于米爸来说，设定他是一个 36 岁左右的画家，斯文浪漫，喜好诗歌和摄影，工作内容是举办艺术沙龙、田园画展，形象特点是画家帽、背带裤，常常拿着一支画笔，还戴着圆圆的眼镜。对于米妈来说，设定她是一个 32 岁左右的魅力煮妇，性格特点是随和、知性并且具有生活品位，喜好是美食烘焙、音乐、舞蹈、花草，工作内容是亲子与教育，形象特点是学过舞蹈，气质很好。米队长设定为五六岁，男孩子，是一个学霸，性格特点非常活泼，喜好新潮的玩具和科技，缺点是爱搞怪和爱出风头，形象特点是呆萌。为什么做这样的形象设定？我们要面对的市场是城市新中产家庭，从年龄来说，相对整个新中产家庭而言比较居中。另外，为什么设置米爸的工作是举办画展或者摄影？为了与后来的项目和业态相结合，包括米妈有一些烘焙或者花艺等喜好，同样也是与业态和内容相关的。这样的设定容易让消费或体验产品的人萌发代入感和同理心，这是讲好故事背后的逻辑。

下一步，我们会考虑在不同的时间节点策划不同的营销活动。比如结合米妹诞生的营销造势活动，因为这是符合国家的二胎政策的。对于整个田园综合体来说，我们分了三个大的集核，即亲子集核、田园度假集核和婚拍婚庆集核，要求大部分产品体现或者必须体现集核的 IP 和故事。比如，在亲子集核里，会有米乐园，会有米友记；在田园度假集核里，会有米爸画廊、米妈私厨、米郎花艺馆、米长老之家；在婚拍婚庆集核里，会有米友城堡。在这三个大的集核场景里，就把整个故事串联起来了。

有人说，得 IP 者得天下。我加上一句，得内容者得 IP。IP 一定要经过梳理、提炼和加工包装，一定要落到可消费、可体验的业态上，才能形成消费的闭环，进而提升乡村振兴与文旅项目，达到提质增效的目的！

注：本文根据“乡村复兴论坛 · 永泰庄寨峰会（2018 年 12 月 30 日）”嘉宾演讲稿整理而成。

乡村品牌构建探讨

黄昌辉
四川西华大学特聘教授
本地本物创始人

内容摘要：本文以笔者在新疆维吾尔自治区参与当地乡村品牌构建为例，探讨了电商助力县域品牌打造、农产品搭上互联网快车上行、强化乡村振兴的人才支撑、汇聚多元力量合力打造县域品牌、永泰品牌构建探讨等内容。

关 键 词：乡村振兴；乡村电商；品牌构建

乡村振兴，产业振兴是关键。在2018年发布的《国家乡村振兴战略规划（2018—2022年）》中，明确了现阶段乡村振兴的重点任务，明确提出了“品牌强农”的发展方向。

1994年大学毕业后，我一直在做品牌运作。以前做企业品牌，那个时候觉得品牌很虚幻，觉得是很遥远的事情。但现在真正的品牌时代来了，不管是城市或乡村，还是企业或个人，都开始讲品牌了。从这么多年参与乡村品牌构建的经历中，我认为谁来主导很重要，这个过程中只有厘清了多元参与主体的职能边界，确定了政府、企业、社会组织、村民、外部力量等各自的职责定位，才能促进所有乡村振兴利益相关者的有效分工与协作。比如在产业振兴中，政府招商引资、工商企业投资运营发展产业，村民作为主体就业创业，群众参与，共同推进乡村振兴。

另外，在乡村品牌构建的过程中，乡贤的作用不可忽视，中央一号文件中曾提到，2018年的中央一号文件中提到“乡贤”是“作为乡村传统文化的守望者、新时代的道德模范和一批具有正能量的人物”。如今的乡贤可以是所有愿意为家乡发展建设建言献策、出钱出力的人，包括在外经商的工商人士、退居二线的政府官员、德高望重的基层干部、有心回报故土的贤才志士等。家乡是他们出生、成长的地方，有着深厚的情感基础，这部分群体的参与不仅有助于深入挖掘和传承乡村传统文化，弥补乡村振兴中人才空心化的缺点，而且对于实现乡村产业振兴、完善治理等都具有重要的作用。

在参与乡村振兴的各方力量中，最重要的还是政府的积极参与。如果没有政府的支持，企业参与乡村振兴建设是很难推进的。下面以我在新疆维吾尔自治区参与当地乡村品牌构建为例。

一、电商助力县域品牌打造

2006 年，我带领团队从福建来到新疆。2013 年开始做电子商务，当时新疆做电商的人很少，巴音郭楞蒙古自治州尉犁县的相关领导曾问我："你一个福建人，一个文化人，怎么会想到从沿海城市跑到边陲来做电商，太不可思议了，像你这种喝咖啡赚钱的人，为什么要跟在菜市场卖菜的人抢市场呢？你怎么能抢得过卖菜的人呢？"我回答："其实我只是想帮卖菜的人把菜卖得更好一些而已，你让我在这里做农民我也做不了。新疆好的东西很多，但没有挖掘出来，没有体现应有的价值，完全可以用电商的方式把当地的人文风光和特色物产传播、介绍、销售给外界。"

经过多次的走访调研，我们把电商助力打造尉犁县域品牌的地点锁定在达西村，一个位于新疆维吾尔自治区巴音郭楞蒙古自治州尉犁县兴平乡的小村落。为什么选择达西村作为起点？因为达西村当时已初步具有可挖掘的品牌价值。一个村的品牌很重要，就是这样一座小村庄，在新疆有着"南疆第一村"的美誉，先后获得全国民族团结进步模范集体、全国社会主义新农村示范村等荣誉；而且当时尉犁县因地制宜，准备结合达西村的特点，以红色文化品牌为抓手，充分发挥两代国家领导人三次复信的"红色村落"特点，围绕"智慧达西、电商先行"的战略，为本地产品走出去、外地产品走进来创造基础。

我曾经跟很多年轻人讲一定要有梦想，要敢想，也许就能实现了呢？在今天看来，五年前"本地本物"在新疆做电商，本质就是在践行乡村振兴工作。我们用电商的方式激活村子，再以达西村为先导带动整个县域品牌的积极发展。达西村的电商事业，在尉犁县县委县政府的主导和"本地本物"的推动下，从无到有、从小到大，取得了诸多的突破。

2015 年 1 月，尉犁县成立了全疆第一个县域电商领导小组、全疆第一个县域电商协会和全疆第一个电商战略研究所；同年 5 月，全疆第一个网货中心——尉犁县达西电子商务创业基地暨本地本物网货仓储中心建立（图 1），全疆第一个县域电商基地正式投入运营，基地电商培训中心是全国第一个用双语培训的县域电商培训中心，从而形成了电商销售企业、电商服务企业、网货展示、电商仓储平台齐聚达西的良好电商发展格局；同年 8 月，尉犁县被国家财政部、商务部列为全国电子商务进农村综合示范县；目前尉犁县达西电子商务创业基地暨本地本物网货仓储中心已入驻百余家企业从事网店和电商运营等工作。

评上第二批国家电商示范县后，尉犁县政府就更有信心来持续开展电商事业了，有了政策和资金的支持，我们开始以达西村为电商发展中心，助推尉犁县电子商务的发展。首先是组织吸引当地年轻人来参与电商事业，“本地本物”有三十多名员工，全都是本地人，其中有 8 名是大学毕业的维吾尔族青年。最让我感动的是，有个小伙子问我说：“黄总，我弟弟毕业后可不可以也在这个地方工作？”我说：“可以呀，你们都可以回来为家乡工作！”

我们以电商方式逐步推动县域品牌的发展，采取“政府扶持，企业主导，市场运作，合作共赢”的商业模式，通过“电子商务综合服务商＋网商＋传统产业”的相互作用，服务全疆创业者并为小微企业提供经营场地支持。目前，已形成了以电商协会、电商创业基地、电商仓储中心为一体化的电子商务产业化系统，形成富有新疆特色的“达西电商模式”，实现“农产品进城”与“消费品下乡”的线上、线下双向流通功能，使本地乃至全疆中小企业、家庭农场、合作社及农牧民的特色农产品通过电商平台销往全国乃至国外市场，在全疆范围内起到了很好的示范带头作用，引起新疆维吾尔自治区政府和众多媒体的重视，还成为新疆维吾尔自治区成立六十周年纪录片“新疆是个好地方”的拍摄对象，成为纪录片中代表新疆信息化发展成就的一部分。

二、农产品搭上互联网快车上行

任何乡村的振兴，老百姓的农产品如果没有卖出去，那他们是不会参与乡村建设的。但大多数农产品地域性较强，要想把老百姓的农产品卖出去，就需要重视农产品品牌建设，只有好的产品、特色的产品，才能让消费者产生共鸣，而且消费者的购买会带动或倒逼生产地产业链的发展，将购买地和生产地建造一条弹性的纽带，协同推进该地区的品牌农产品发展。

在达西村特色农产品挖掘中，我们归纳了达西村的四个物产：一朵花、一只羊、一杯茶、一个馕，分别是棉花、罗布羊、罗布麻茶、小油馕。比如小油馕，以前当地人觉得孩子打馕根本没出息，现在通过电商，把达西的馕卖到了全国，甚至卖到了日本，大家还都知道了“小油馕”对高血压治疗有帮助，现在达西小油馕销售火爆，这就是农产品搭上互联网快车上行的神奇之处。比如棉花，尉犁县是国家优质棉基地县，棉花是尉犁县的优势资源，棉花品质很好，却一直没有运作好，加工不出好产品，后来“本地本物”创立了“一见喜”新疆棉花被品牌（图 2），把棉花运到江苏南通，加工成高品质的棉花被，以这样的方式来推广新疆棉花。我也一直跟当地政府协商，将当地的棉花产业优化、升级，通过电商的推进形成产业化。

再比如罗布羊，这也是达西村的一个知名产品。2014 年，我们去浙江省遂昌县开会，会上正好遇到几个阿里巴巴的员工，通过我们的介绍，他们对来自达西村的产品产生了浓厚兴趣。经过多次沟通，最后锁定了罗布羊这个产品，在 2015 年 1 月，经尉犁县政府授权，我们在淘宝网推出了“县货 · 集”系列活动，首推罗布羊，刚上架就获得大量关注，通过这样一系列方式把罗布羊的品牌影响力扩大，后来还直接跟米其林餐厅合作，米其林的主厨甚至点名用我们的罗布羊。

我们也在不断思考，不能局限在一个县的产品，至少应该把南疆的产品聚集起来，再卖到全国去，这样才有可能做大做强。所以又推出了“丰收节”，县长、村书记，包括我本人都给“丰收节”代言（图 3），做全国的产品秒杀活动，达西乃至新疆的特色农产品，通过这种形式销售到了全国，为新疆很多特色农产品打开了销路。

当然，在这个发展过程中，我们也遇到了很多问题。比如物流运输，因为没有冷库车，物流只能到县城，偏远村庄在网上购买商品不能及时送到家门口。“最后一公里”这只最大的“拦路虎”问题急需解决。而尉犁电商针对“最后一公里问题”，截至 2016 年 6 月 15 日之前，由“本地本物”公司员工骑车进行配送，后来政府配备物流车到位，物流车及时将村民购买的商品进行配送，为“工业品

图 1 尉犁县达西电子商务创业基地暨本地本物网货仓储中心开业

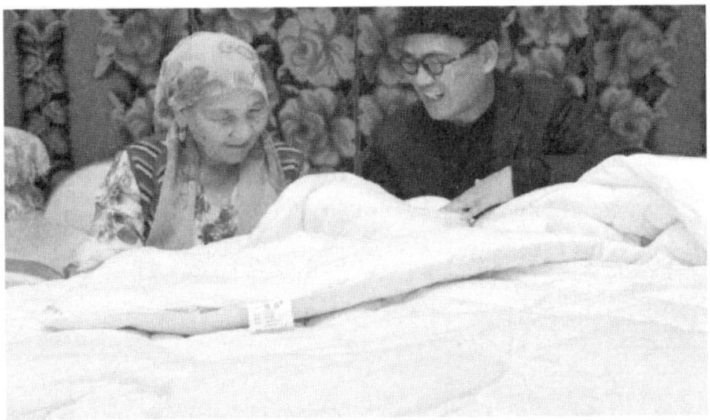

图 2 “一见喜”品牌的棉花被生产，促进当地棉花产业优化

图 3 尉犁县县长、达西村老书记和笔者都自发给达西村的产品代言

下乡”和“农产品进城”构建了更加便捷的物流渠道。

三、强化乡村振兴的人才支撑

电商的发展，需要人才。随着当地电商的快速发展，人才问题逐渐成为发展的瓶颈。新疆比起祖国内地，人才更加缺乏，所以我们在培训方面，实行多层次、多方式、多平台的教学，开设关于电子商务知识、电子商务理论、网店开通及运营技巧等方面的培训课程，针对当地少数民族，还编写了维吾尔语培训教材，开设维吾尔语电商培训班，让许多不懂汉语的维吾尔族同胞也融入电商发展的热潮中，同时普及少数民族同胞对电子商务及互联网的认识，促使尉犁县电商工作走在了全疆的前列。

乡村振兴，一定要授人以“渔”。“本地本物”帮助村民手机开店，有一个贫困户家里的 16 棵蟠桃树成熟，我们和尉犁县兴平乡哈拉洪村电商服务站的站长一起教她开一个自己的手机店铺。通过“本地本物”的宣传，两个小时 70 公斤蟠桃全部销售完毕。

我们坚持逐村做培训（图 4），目前已经培训了上万人次，甚至到晚上 12 点多还在做培训，跟夜校一样，农民白天下地干活、晚上到培训班学习，所以我们就配合他们的时间晚上到乡镇给他们上课。我在当地的住区门口有位卖早点的大姐，她是残疾人，脚有点问题，但是她能说会道。我问她想不想做电商，想做的话可以参加培训学习。后来她真的参加了，现在她一个月收入可以到 30000 块钱，是妇女创业标杆的典范。

四、汇聚多元力量合力打造县域品牌

农村的品牌一定要高大上吗？不是，农村的品牌要接地气，不要把农村搞得像城市一样，农村就是农村。可以帮助他们在线上形成流通，每个村建一个社群，有需求就在群里发布，每个群设置专人管理，形成一个内循环。通过这样的方式把产品销售出去，随之把达西村的品牌也打造出来，《人民日报》《光明日报》，甚至《新闻联播》《焦点访谈》等媒体都进行了报道。

我对“本地本物”的员工讲：“每次下乡要带电脑去。”他们觉得很奇怪：“为什么要带电脑去？”我说：“有些老人家可能一辈子没摸过电脑。”后来有个员工告诉我说："黄总，您说得太对了，我今天去一个爷爷家，八十多岁了，他不敢碰电脑，怕会把他电死，后来摸的时候又怕把它摸坏，然后我和老爷爷沟通，鼓励他摸着电脑了。"发生这个故事的村庄临近塔克拉玛干沙漠，就是这么一个地方，让我心生感动。我们努力让更多的村民、更多的村庄接触电商、发展电商，到2016年3月，尉犁县农村电商服务站建站58个，基本实现了全覆盖。这些服务站集商贸、物流、金融、供销等为一体，不仅完善了村庄的经济链条，也改变了各族群众的生产生活，为全县农业产业的可持续发展奠定了良好基础。

除了尉犁县，"本地本物"团队后来还为新疆维吾尔自治区墨玉县打造了县域品牌"印象墨玉"，通过反复论证与策划，选定当地特产"玛仁糖切糕"作为品牌突破口，并以中秋节为契机，打造切糕月饼这一款产品，将墨玉本地的特色产品推向全国（图5）。于是"本地本物"携手以农人手艺人为核心聚合分享平台"自然造物"等团队，发动海峡两岸数百位设计师为印象墨玉"西疆月"切糕月饼设计海报，数十位知名企业家正言。一个中秋节，我们带动了切糕月饼将近1000万元的销量，推动了整个产业的发展，帮助农民脱贫致富，直到现在每个月的销售量都能达到400多万元，一个完整的产业已经构建起来。

乡村振兴的明天，需要一个经得起考验的答案，这就需要我们和当地农民，还有政府相关部门的共同努力。"本地本物"在运营国家级库尔勒经济技术开发区时，创新性地提出了"云上开发区"的战略构想（图6），打造南疆电子商务和互联网企业的重要集聚地，并将带动南疆农产品品牌上行作为主要工作，依托已有的电子商务资源，以及供应链优势，通过创立、培育、推广南疆特色农产品，促进了巴州及南疆农业转型升级、科学发展。

五、关于永泰品牌构建的一些探讨

永泰县是福州市西南部的一个小县城，截至2018年年底，永泰县是福建省23个省级扶贫开发工作重点县之一，习近平总书记任福州市市委书记期间，曾赞誉永泰"藏在深闺人未识，撩开面纱惊八闽"。永泰县拥有1个中国历史文化名镇，33个中国传统村落，2个中国历史文化名村，5个省级历史文化名村，45个省级传统村落。2018年7月，永泰县还荣获"省级文明县城"称号。

图 4　开展不同主题的电子商务培训课程

图 5　新疆维吾尔自治区 2018 年中秋网红——墨玉县“切糕月饼”

图 6　“云上开发区”助力库尔勒经济技术开发区进入智能时代

图 7　2019 年秋分，永泰县举办“耕读传家　自然永泰”农民丰收节活动

绿色是永泰的底色，生态是永泰最大的优势，文化是永泰的宝藏和灵魂。在“绿水青山就是金山银山”的大政策环境和消费升级的全民需求下，永泰县迎来了最好的发展时机，得天独厚的环境资源优势可以转化为竞争优势、经济优势。其中以防御和居住并重的永泰庄寨，是“中国南方民居防御建筑的奇葩、古代村落乡绅文化载体的孤本、风水学说自然环境巧应的杰作”。我一直认为庄寨是永泰的大 IP，如果能把庄寨的 IP 打造好，产业发展、品牌打造可以以点带面带出来。永泰县现在很需要某一款产品来“引爆”，把庄寨宣传出去了，很多人就会来投资。

除了庄寨的 IP，以永泰县的李干、梅子为代表的农产品，也是永泰需要打造的 IP，好的产品，需要在创意和设计方面下工夫，做好产品的文化包装（图 7）。同时根据产业的现状，重新梳理优化，从生产、加工再到流通各环节采取产业化的管理方式，从而打造爆款产品，重构永泰农产品的价值体系。永泰县域品牌的塑造要把握自己的独特 IP，整个县域品牌同一个视觉、同一个思维、同一个说法，才能最大限度作出自己的魅力。

永泰大多数农产品地域性较强，上行营销的基础需重视产品品牌建设，将好的产品，有特色的产品展示到不同地方高频的消费人群中，通过塑造品牌文化让产品升温，通过认知产品到认知品牌再到有选择性地购买品牌，带动或影响生产地产业链的发展，将购买地和生产地建造一条弹性的纽带，协同推进永泰的品牌农产品发展，延续产品价值。“本地本物”团队曾经深入研究永泰，挖掘到永泰品牌打造点在宋代农耕美学的体验地、世界庄寨民宿的发源地、中国乡贤文化的复兴地、传统二十四节气的食材示范地这四大领域都大有广阔天地。

乡村虽小，但可以“大作为”。乡村建设的带头人，乡村品牌构建需要因地制宜创新发展模式，传承历史文化塑造核心竞争力，挖掘特色农产集群品牌影响力，整合区域资源聚能传播推广力，同时发动更多乡镇居民、返乡青年以及更多企业参与进来，并树立意见领袖、打造标杆样板，才能让乡村振兴事业接地气、有未来。

注：本文根据“乡村复兴论坛 · 永泰庄寨峰会（2018 年 12 月 30 日）”嘉宾演讲稿整理而成。

让注意力的“良质”激活乡村

丁晓玲
《海峡旅游》杂志社社长
“村跑”负责人
福建海峡旅游文化传媒有限公司总经理

内容摘要：本文针对为什么要关注乡村、什么是让注意力的“良质”激活乡村等问题，阐述了“村跑”的目标，即成为构建“乡村美好生活方式生态圈”中的一份力量，帮助所有“良质”的注意力聚焦在乡村。
关 键 词：“村跑”；注意力的“良质”；激活乡村

我们为什么要关注乡村？

《海峡旅游》是一本来自福建省的旅游杂志，福建省拥有丰富的乡村与民俗资源，我们关注旅游，更关注乡村的精华与人文的精神。8年来，我们都在挖掘乡村的魅力。“村跑”作为杂志孵化的文体旅融合的自有IP，用了5年时间把热爱乡村的都市人带回去，而越来越多扎根乡村的民宿把返乡的年轻人留了下来。

2019年年初，《海峡旅游》杂志主办了“首届乡村注意力经济发展论坛”，论坛主题是“让注意力的‘良质’激活乡村”。什么是良质？美国作家波西格在《禅与摩托车维修艺术》一书中提出了“良质哲学”的理念，他认为世间万物都有良质，良质的意思更趋近于事物中的“美”与“本源”。我们看到在国家乡村振兴大的战略背景下，非常多的资本、资金、人才都在向乡村聚拢，这是一种注意力，然而是不是所有的注意力都会给乡村带去益处呢？我不这么认为，只有最趋近于“美”与“本源”的那部分“良质”的注意力，才真正能够激活乡村。

一、在乡村“种”出理想生活

作为媒体人，我们一直在观察和思考。比如“黄河·宿集”这个项目，我们一开始是带着质疑的目光去看待它的：这样一个快要废弃的小村子，在这么偏远的地方，能够被激活吗？才不到半年的时间，它真的“火”了。给我们带来的启发是：时代在变化，我们对于理想生活的定义也在变化，在当前这个时代，越来越多的人追求美与自然的生活方式，而这种生活方式就承载在乡村之上。

黄河・宿集就是一个很好的案例。单一的民宿不一定能带来如此巨大的效应，但是多方合力就能创造奇迹。在我看来，他们不再是热门旅游目的地的追随者，而是成为乡村秘境的开拓者，这些民宿所倡导的不仅是一种居住美学，更是对乡村理想生活的追求。当黄河・宿集被成功运营了之后，我们才发现，我们塑造的美好生活与当代年轻人的想象接轨了，所以我们要勇于尝试，尝试不一定会成功，但一定会让乡村多一种思考。作为乡村的先行者，我们应该作出榜样，让年轻人多一种理想生活的选择。

这样的理想生活真的能够实现吗？

我目前很认真地在思考人生的“下半场”是否要在乡村度过。在乡村生活会存在很多现实的问题，有些能克服，有些则很难克服。但正是有这样的一群人，他们花很多的时间去陪伴乡村成长，去改变乡村，他们对乡村的影响是长久的。所以当我真的选择到我的“理想地”的时候，我同样认为它是可以实现的。

很多都市人群像我一样，对自然、对乡野的美好生活方式是有向往的，他们逐渐想要回归自然，回归到一些简单的生活方式。乡村需要一批愿意留在这里生活的人，需要实现人的交换。乡村原住民可能想去都市生活，他们渴望孩子得到都市的教育；也有一部分都市的人群，他们上半辈子在都市，下半辈子想到乡村。我认为应该实现并促成这样的交换，应该把人带到乡村里来，这群人就是乡村的新村民。他们带来需求，激活产业，使文化传承有所依托，从而帮助乡村实现真正的活化。

二、《海峡旅游》：都市外的另一种生活方式

为什么突然想到乡村去生活？有两件事情影响了我。2016 年以前，我从事民航服务业，每天思考和关注的是航空安全与服务问题，精神紧绷是我的日常状态。突然间要我来接手这家传媒公司的时候，我心里是没有底的。我一直都是一个对乡村无感、不热爱运动，也不喜欢下乡的人。

最先改变我的是《海峡旅游》杂志。2016 年，我们决定对杂志进行改版，从

一本旅游杂志转型聚焦关注乡村。因为我们认识到，在乡村振兴的国家战略背景下，《海峡旅游》可以为乡村做得更多。改版后，我们做了“关于乡村的十一个问题”的专题报道，福建省拥有着丰富的乡村资源，福建的许多人文旅游、民俗百工也都建立在乡村的基础之上。所以我们逐渐将重心放在了关注福建及国内外乡村发展的定位上：我们要做一本真正关心乡村的杂志。我们从乡村建设、社区营造、民艺复兴、乡村旅游、规划开发等几个层面，去探讨当下中国乡村建设所面临的问题。后来，我们陆陆续续做了一些与乡村相关的报道，我们关注闽浙交界的木拱廊桥，关注莫干山兴起的民宿热潮，我们探讨“乡野生活家”，探讨都市中产人群是否能够返乡生活的话题。

一次次的下乡采访，不仅是在夯实我们对于乡村的认知，也使得我们不断地进行思考。一方面，我们挖掘乡村真正的精华；另一方面，我们认为要通过一种价值观的输出去影响都市中产人群——乡村是好玩的，也是值得关注的。随着《海峡旅游》杂志对乡村的报道越来越深入，我对乡村的理解也发生了改变。不仅是我，整个团队对于乡村的认识也越来越开阔。对我们来说，《海峡旅游》不仅是一本旅游杂志，更是我们了解乡村的一个窗口，因为我们打开了这扇窗，乡村美好的人与风景才能照了进来，给我们希望，也让我们有信念对乡村做更多的探索。

三、“村跑”：一种可呼吸、可触碰的美好

因为有了《海峡旅游》，才有了“村跑”。

村跑的全称是“最美乡村越野跑”，是《海峡旅游》杂志在2014年年底孵化的一个文体旅融合的自由IP。当时的第一站是武夷山的五夫镇，在一次采访的机缘巧合之下，政府要求我们做一个与众不同的活动，于是我们从城市里组织了一群热爱越野跑的跑友，到乡村办了一场跑步活动，为了便于记忆，我们称呼它为“村跑”（图1、图2），而后来跟着我们走南闯北的这一群人，就成了我们的“村卷”（图3）。我们想做到一种“最土”和“最美”的结合，我们吃得土，玩得土，我们设计出一条“最美乡村”的赛道，穿越田间地头、山林湖海、聚落古建，在最亲近土地的赛道上，让“村卷”们能够深度感受到乡村之美。

图 1 福建省光泽县“村跑”，“村卷”们跑游于茶园

图 2 民宿界知名人士夏雨清、陈长春、何培钧参加安溪县“村跑”

图 3 小“村卷”朱健雄已参加16站“村跑”

从五年前一直到今天，“村跑”已经跑过了将近40站，我们不仅在福建省跑，更跑到了西藏自治区林芝市、内蒙古自治区鄂尔多斯市，甚至跑出了国门，俄罗斯卡累利阿共和国、澳大利亚猎人谷、日本鸟取县都留下了“村卷”们的身影（图4、图5）。“村跑”已经不仅仅是一场赛事，也不仅仅是一场旅行，更是对一种美好生活方式的倡导，而这种生活方式就构建在乡村之上。我们发现美好，同时也连接美好。“村跑”是沟通城市与乡村的一个平台、一座桥梁。

五年之间，我从一个对乡村无感的都市人，不知不觉中变成了一个一天到晚下乡的人，它甚至有可能成为我下半生常态化的生活方式。相信有很多的“村卷”们和我一样，他们来自都市，却以“村跑”的名义去抵达远方，在一站又一站的“村跑”活动中，对乡村的理解越来越深刻，“村卷”也在和“村跑”一同成长。

在《海峡旅游》杂志和“村跑”的两个故事里我们都做了什么？在我看来，这是一种激活。从某种意义上来说，“村跑”也是一个乡村秘境的开拓者，我们让很多原本籍籍无名的乡村，逐渐成为热门旅游目的地，例如日本的鸟取县，第一次去鸟取县的时候，中国大陆一年去鸟取县旅游的人数不超过10人，而在2018年“村跑”举办之后，鸟取县成为当年旅游目的地热搜榜的第一位。每到一处，我们都会收集乡野的风土，也邀请当地的土特产和文创品牌，在“村跑”现场呈现出一场“风物展集”，不仅能让“村卷”将在地好物带回家，也在一定程度上帮助当地村民增加收入。我们还尝试着通过自己的力量，去发掘那些被湮没于山野之间的在地好物，让更多的城市人了解并购买。

为了让“村卷”能够更深入地了解乡村，我们组织了“村跑·陌上客”在地小旅行，精心策划出一条乡野旅行线路，它以文化为触角，深入探寻在地文化与风物，让“村跑”的旅行体验更加丰富多元。我们在多次“村跑”活动中，举办了“乡村发展论坛”，邀请国内一线的专家学者，为乡村的发展献计献策，我们聊乡建，也聊民宿，探讨如何包装乡野好物，也聊乡村文旅地产。好的乡村，需要更多“良质”的注意力聚焦。

同时，为了帮助贫困乡村的教育发展，我们开展了以“背包公益”为名的公益项目，回收每一站“村跑”活动中所发放的赛事包，将赛事包捐献给贫困乡村的儿童。我们希望能够通过媒体的角度、以创意的手法，发现乡村之美、激活

图 4　日本友人参加“村跑”

图 5　日本足利市“村跑”，中国青少年代表与日本旅游从业者友好交流

乡村之美，同时能搭建起城市与乡村之间沟通的桥梁，不仅仅是将城市人带到乡村，更重要的是，我们希望借由“村跑”的力量，实现城市与乡村之美的“双向流通”。

四、以乡村为场景构建乡村美好生活生态圈

还有一个关键词是“连接”。“村跑”已经不仅仅是一个活动，而是一个平台和桥梁。我们做资源的连接，做文化的连接。我们在日本介绍“黄河·宿集”项目，希望通过日本的旅游从业者把日本人带到中国来，通过“村跑”的方式来体验我们中国的乡村。这也是国家文化和旅游部驻日办为什么要邀请“村跑”去日本开展中日青少年友好交流活动的目的之一。在鸟取县举办“村跑”之后，我们给日本的旅游业者留下了深刻的印象，希望在不远的将来，就能带一批日本的“村卷”到中国来参加“村跑”，让他们真正地来了解中国的乡村。所以，无论是乡村与都市之间，还是不同的国界与文化之间，或是乡村不同的行业之间，“村跑”都起到了“激活美好，连接美好”的作用。

“村跑”有一个远大的目标：要成为构建“乡村美好生活方式生态圈”中的一份力量，帮助所有“良质”的注意力聚焦在乡村。因为我们知道，除了“村跑”以外，伴随着中国乡村的发展，有越来越多的组织机构、乡建者、民宿主都投身于乡村建设的大潮中，“村跑”希望未来也能够在其中扮演越来越重要的角色。“村跑”也好，《海峡旅游》杂志也好，我们的力量是非常微小的。要真正地激活乡村，需要所有人一起努力。

我们相信，中国乡村在有志之士的共同努力下，能够构建一个“乡村美好生活方式的生态圈”，让我们的理想生活与乡村相关联。只要这样的人越来越多，乡村终将实现振兴。

注：本文根据“乡村复兴论坛·大埔峰会（2019 年 6 月 22 日）”嘉宾演讲稿整理而成。本文图片由作者提供。

如何用短视频赋能美丽乡村

郭　涌

知宿联合创始人 &CEO

内容摘要：本文针对如何用短视频赋能美丽乡村的问题，探讨了短视频的数据流量、内容调性、传播“套路”等内容。

关 键 词：短视频；传播矩阵；美丽乡村

知宿是通过短视频的方式来传播民宿、传播乡村生活方式，是美丽乡村的传播及提案平台。2017 年年底，知宿平台上线。截至 2018 年年底，我们走遍了全国二百多座村庄，采集了二百多家民宿，全网突破 500 万“粉丝”，我们希望通过美丽乡村来治愈匆忙都市。那么，如何用短视频的方式为美丽乡村添彩？

一、美丽乡村需要短视频

首先说一组数字，4、7、56，背后的概念是什么？ 2017 年，中国移动短视频综合平台活跃用户规模超过 4 亿，每个新媒体用户平均每天都要打开短视频 APP 次数超过 7 次，平均每天会在上面停留大概 56 分钟。这组数字令人吃惊，我们大量的时间正在被手机占据，大量的手机时间中又有大量的时间是在看各种各样的短视频内容，所以说新媒体已经成为影响消费者的一个非常重要的因素，比如大家都知道的“两微一抖”，即微博、微信、抖音。短视频正在“带火”旅游目的地，比如《三分钟》。《三分钟》是在重庆市菜园坝火车站拍摄的，当天就有 1000 万次的点击量。有数据显示，2018 年，抖音的影响非常大，“带火”了三个地方：重庆、西安、成都。有意思的是，在抖音的传播矩阵里，最重要的内容——地方美食、商业景点、城市景观占据了 50% 的传播量，非常强大的一个传播力度。

在制作短视频内容的时候，一定要考虑到用户是谁，谁在看短视频，谁在消费短视频。同时也要考虑旅游，来乡村旅游的人会是谁。可以通过几组数据进行分析，首先，在旅游的分布上，“北上广”三个地区占据了中国旅游消费的半壁江山，大概占 44%，其他地区占 56%。其次，在主体旅游消费用户上，也就是我们期待能够来到乡村消费、体验乡村生活方式的这部分人，学历高、家庭事业稳定、已婚已育的用户占到72.8%，再细分数据，企业普通员工、企业管理人员也占到50%以上。再次，消费者们出行前和出行后，都在通过什么路径来选择进而做决定，并且分享他们的旅游经历？52.5%以上的人选择了网站广告的方式，一个我们曾经可能并不太重视的平台，70%以上的人会通过微信以及QQ来传播他们的旅游感受。

通过以上数据得知，"北上广"高收入人群已经成为旅游度假主力，旅游消费形式正在从观光旅游向度假游深度转化，度假游逐渐成为大众接受的生活方式；用户更倾向于从互联网软硬广、口碑等渠道获得景点资讯；出游地的选择更多为有特色的主题景区；旅行过程中用户乐于在社交媒体上发布旅行经历；旅游用户正在受新媒体和影视内容尤其是短视频的影响。

二、美丽乡村需要有调性的短视频

既然短视频有这么大的影响力，乡村到底需要什么样的短视频呢？要从受众考虑，从消费者考虑。现在的消费者需要什么样的生活？我们提炼了四个关键词。第一是"爱美"，大家对美、对美好事物的追求是消费的一个非常重要的动力。第二是"缺爱"，缺爱的核心是焦虑，因为城市生活压力太大，迫使很多都市人渴望逃离，渴望诗和远方，乡村是都市消费者的刚需。第三是"偷懒"，我相信很多人都有类似经历，在旅游之前做攻略，其目的是在一个地方获得更多的消费体验，所以全域旅游的概念主要是在一处地方能够解决更多消费形态的各种可能。第四是"惜命"，指的是什么？是因为城市里的空气、水、食材等，令大家充满了焦虑，所以才会更希望来到乡村，感受到更多更有安全的依托。

诗和远方不只是情怀。可能我们出于情怀来到了乡村，做了一家民宿，而实际上这正是我们这个阶段的一个刚需，有调性，还具有传播力的可能。什么样的调性或者内容可能会产生比较强大的传播力？第一，有品质的内容。有品质的内容能吸引人，画面一定要美，是乡村的环境，包括好山好水、舒适的床、小时候的味道、清新的空气等，这些内容都可以通过短视频的画面和整体氛围设定呈现出来。第二，有情趣的内容。有情趣、有生活才能被人记住，并且传播，包括慢旅、美食、风物等内容（图1）。第三，有温度的内容。有温度的内容让人有念想，这是让人能留下的一个重要因素。第四，有裂变的内容。有裂变是新媒体非常具有价值的一点，就是通过一个内容的输出，形成无限大的传播可能。这里的传播实际上是通过兴趣的组合，以及像微信 9 张图的分享、发抖音等形式，传播形成更多的裂变，更多的自主二次传播。

当很多碎片化的内容以极其精准的方式传播，并让消费者看到的时候，会对消费者产生强烈的感染力。2018 年 6 月，知宿在隐居乡里拍摄的一条片子在播出之后获得了今日头条、中央人民广播电台“站在潮头看振兴”观众最喜爱的短视频一等奖，当我们拿到这个奖励的时候还是非常兴奋的，我们相信优质的内容一定能对消费者产生非常深远的影响。

三、美丽乡村需要有“套路”的传播

影像内容是一个方面，另外一个很重要的方面是在传播本身，传播本身也是有法可循的。

第一，“两微一抖”肯定是当前传播的主力，其中微信是民宿传播的主力。为什么这么讲？因为微信是社群化的，是朋友圈式的传播方式，只有价值认同才会有朋友圈的概念，在这个层面上，微信会对短视频的内容传播有很大的帮助。

第二，一种玩法不能通吃所有，指的是不能在一个平台上完成所有内容的传播，因为每个平台都有不同的受众和不同的视觉呈现方式。微信是一个圈子文化，微博在娱乐性和话题性上有更大的展开，抖音是个性化、年轻化生活方式的传播，所以三个层面的传播内容、方式和受众都不相同，表现方式自然也就不同，这也是需要我们特别考虑到的。

第三，要爆点也要耕耘。一次论坛吸引了很多的人到场，吸引了很多媒体报道，这是一个非常好的爆点。长期有效的视频宣传、内容传播，能将爆点延续。比如陕西省留坝县，我们做了一年四季视频内容的输出，以消费者的角度来传播留坝一年四季的风土、风情，每一段内容的传播点击率都在千万次以上。再比如福建省霞浦县，以一家民宿为起点，做了吃、住、行、娱各个方面的视频内容（图 2、图 3），并且以民宿为切入点把霞浦的整体风貌完整地展现出来。

图 1　“知宿”创作二十四节气宣传海报

图 2　“知宿”创作“吃掉霞浦”宣传海报

图 3 “知宿”创作“霞浦不是火锅”宣传海报

图 4 “知宿”创作“民宿里的中国”宣传海报

第四，传播需要矩阵。现代社会的传播形式已经不是一家完全包揽所有消费群体，所以各家媒体一定是联合发展，采取不同的方式、不同的渠道，聚合各种资源，将各种消费者流量引进来。因此，在“双 11”的时候，知宿联合了“穷游”和“飞猪”做了一个主题系列活动，把消费端、社群端以及内容端联合在一起，共同向消费者发声，以最有效地传播内容。

2019 年，知宿推出国内首档大型文旅民宿体验节目“民宿里的中国”，节目旨在透过民宿看中国（图 4），让观众感受中国当代乡村的变化与美好。该节目在安徽卫视及长城精品频道面向国内及海外观众播出，并在微信、微博、抖音等 20 多个短视频新媒体平台推出。我们正在通过短视频方式连接城市和乡村，成为美丽乡村与匆忙都市间的信使。

注：本文根据“乡村复兴论坛·永泰庄寨峰会（2018 年 12 月 30 日）”嘉宾演讲稿整理而成。本文图片由“知宿”提供。

跟着民宿回老家

丁牧儿

猪栏酒吧品牌“二代掌门人”
碧山村精酿创始人

内容摘要：本文以碧山村猪栏酒吧的设计、改造、运营为例，探讨了乡村老宅改造、乡村生活方式设计、乡村文化特性融合等内容。

关 键 词：民居改造；乡村文化；乡村生活

我是跟着母亲的脚步，跟着“猪栏酒吧”来到乡村的。很多年前，我还在上海工作，母亲问我能不能到碧山村帮她一年。当时“猪栏酒吧”第三家店正在筹备阶段，需要有人来帮她打理之前的两家店，也顺便让我感受乡村的生活。所以我答应在碧山村待一年，但没想到一待就是六年，我尝到了乡村生活的酸甜苦辣，对乡村和乡建有了全新的深刻体会。

一、与土地最友好的设计

“猪栏酒吧”的每次选址都称得上是一次奇遇，或者说根本没有选址，都是一些机缘巧合。母亲在大学期间曾到西递村创作过诗，徽派建筑在她心里种了一棵草，20 年后母亲放弃城市生活，来到了西递村。当时西递村的旅游业还没有成规模开发，很多村民不会把房子拿出来做商业项目，所以我们选择的物业非常有利，因为当年的这些危房已经不能给人住了，只能给猪住，这就是“猪栏酒吧”品牌名字的来历。

虽然“猪栏酒吧”只有三百多平方米，却花费了我们近两年时间。没有任何供参考的历史资料，每一次的设计和改造都是探索。当我们刚作出这个小客栈的时候，就在当地引起了轰动，他们惊诧于“原来老房子可以变成这么漂亮的样子”。我们说老房子美、老房子好，但为什么村民还去拆老房子、破坏老房子？因为未经改造的老房子不适合现代人居住。通过改造经历，我们也了解到，改造一幢老房子远比重新建造一幢房子更辛苦，投入资金也更大。所以村民不愿意改造老房子也是有原因的，他们需要更多的支持和帮助。当时，“猪栏酒吧”的老房子一经改造就变成了西递村的样板，村民们再也不拆自家的老房子了。以前很多村民会故意把自家的房子变成危房，这样就可以被拆掉，重新建造一个钢混结构的新房子。有了“猪栏酒吧”的示范以后，他们了解到老房子的价值，政府也加强了对老房改造的关注，从这个层面来看，“猪栏酒吧”侧面做了一件好事，保护了古建筑。

随着西递村的旅游业越来越旺，人流量越来越大，我们想找一个不一样的乡村，更原生态、更原始的乡村去打造，于是就发现了藏于田野之间、群山环绕、小溪流淌的一个乡村——碧山村。这个山村的人们过着农耕生活，年轻人外出打工，所有田地都是老人来照顾，非常原生态。与此同时，碧山村有一座老宅子，是当年徽商遗留的一座老宅。我母亲一举谈下了这幢老房子，成为当地第一个改造老房子做旅游的投资人。当地村民非常不理解，他们一度认为：这个老板是不是有问题，不去景区，反而跑到这种“鸟不拉屎”的地方做旅游开发？

老宅经过改造变得大不一样。我们觉得舒适性和实用性也是等同于设计性的，也就是说好的民宿设计与舒适度是并存的。我们在老房子里改造出独立卫生间，每一个房间里面都设有独立卫生间，吸引了很多外国人入住，因为如果让“老外”或者城市人去住只有公用卫生间的房子，他们是无法接受的。因为没有地暖，我们做了西洋化的壁炉，冬天围坐在火炉旁边，喝咖啡、看报纸，非常舒适地度过一个下午。老房子原来的墙已经倒塌了，我们将错就错，用一个大玻璃做成墙，每天清晨都可以在这里享受一个城市人向往的阳光早餐。

二、好的民宿设计应是设计与生活的混合体

在碧山村，我们经常路过村子里被废弃的榨油厂老厂房，里面有车间，有办公室，散步的时候会经常到老厂房里走一圈。后来听说老厂房要被招商引资，由于是工厂用地，我们担心老厂房被拆掉，然后建成一座新厂房，于是我们主动跟当地政府争取，通过一些改造，使这座老厂房焕发活力。当时我们并没想投入太多。实际上，这座老厂房有十几亩地，我们因此花光了所有积蓄，更谈不上改造了。后来通过各种方式，并在朋友的鼓励和帮衬下，我们花了整整四年半的时间

改造这座老厂房（图 1、图 2）。每一幢建筑都是有生命力的，所以在改造的时候，应该结合它的性格进行改造，老厂房则是用厂房所具备的酷、炫的特质去改造，我们没有舍得改变一些公共空间，而是完整保留了以前公共空间的模样，客房完全是利用别的地方重新建造的，老的地方就保留它原始的功能。

“猪栏酒吧”的设计出发点是尊重当地文化，秉持不破坏大自然的理念。我们的民宿没有超过两层楼，全部都隐藏在大树之下。很少有人会感觉这幢老房子是一家民宿。前几年，有很多人投诉“猪栏酒吧”太难找了，很多人路过都以为这就是村子里的一排房子，现在有了 GPS 导航就方便多了。

碧山村“猪栏酒吧”因为地处田野之间，二楼做了阳台，能看到外面的田野，里面的空间做一些展览，很多明星也到这里来度假。现在的游客需要这种代入感，不要把它变得特别旅游、特别商业，每个人都想赚游客们的钱。游客并不愿意每个人都把他们当成游客，他们更多的是想做一天本地人，这才是最佳的旅游体验感。

“猪栏酒吧”的客房没有一滴胶水、一滴油漆，所有的家具全是木质的榫卯结构，每一件摆件都是从世界各地淘来的，包括沙发也是一个老土布翻新的老沙发，所以看上去造型很老，但它又是新的，环保且独具特色，还不可复制。事实上，越多自己创作的东西，被复制的概率就越低。

“猪栏酒吧”在陕西省宝鸡市扶风县做了一个在窑洞里的民宿。陕西有很多优秀的民间艺术品，有剪纸、木雕、陶罐，这些民间艺术是吸引游客的所在，也是当地文化的挖掘点。说到民宿的地域文化，民宿其实是一个地方文化浓缩的精华，为什么？因为你白天可能走不到每一个村子、每一个角落，但是晚上你入住民宿的时候，看到民宿里的每一件装饰、每个物品，还有民宿里的地方特色菜，都是深度地体验当地文化的最佳方式。所以“猪栏酒吧”选用的服务员，包括管家都是本地人，一方面可以给当地解决很多就业岗位，另一方面可以让当地的阿姨们用她们最热情的方式去招呼客人，很有可能她们带着自己的口音会让人感觉特别亲切，其实这些才是乡村旅游的人们所需要的。

图 1　改造完成的“猪栏酒吧”乡村客栈

图 2　“猪栏酒吧”乡村客栈老油厂的原貌

图 3　丁牧儿在酿造碧山村精酿

三、融合当地文化特性，承担文化历史生活的载体

我们在碧山村还做了一个乡村酒吧，它不是一个买醉的地方，而是一个拉近人与人之间距离的场所。酒具有社交功能，大家互相喝一杯之后有些晕乎乎的，自然而然就会打开人与人之间的隔阂，所以外地人与本地人交流的最佳平台应该就是一个酒吧。我们把村口的老房子作为最佳的选址地，30 年前它是一个村民的婚房，20 年前它作为村里唯一的早餐店在卖包子，10 年前因为隔壁盖了非常高的房子，这个房子就被废弃了，于是我们对它进行了改造。

碧山村的乡村酒吧建好之后，很多人问我具体地址在哪里，我说就到村里的最亮处就对了，因为本地村民睡得早，只有乡村酒吧的灯是亮着的。有了这个聚会场所以后，来往的游人也会在这里歇脚。每到节假日我都会布置酒吧，周边的小伙伴们都会赶来一起过节，这个酒吧给碧山村带来了很多欢乐。

碧山村精酿就是缘起于一个外国客人到乡村酒吧，提出想尝碧山村当地的酒水，他问我为什么不自己去酿造啤酒呢？这个插曲给了我启发，我就尝试着从各种渠道学习酿造啤酒（图 3）。第一次酿造的口感并不差，我叫来朋友一起分享，他们说："这个啤酒连酒标都没有，喝了会不会拉肚子？"我说："不会的，你要嫌弃没有酒标可以自己画。"后来他们还真就自己画出来了。这就是碧山村精酿的雏形。

为什么我们会坚持做碧山村精酿啤酒呢？作为碧山村精酿创始人，这是我作为一个二代乡建者献给乡村的礼物，我们想融合当地的文化，承担文化历史社会的载体。承载历史文化的形式有很多，为什么我们会选择啤酒呢？作为一个"90 后"，我觉得乡村并不是落后，而是失去了活力，很多年轻人不愿意回到乡村，他们更愿意跑到城市里打工或者创业。通过什么样的方式才能吸引年轻人回来呢？啤酒文化是一个非常新潮的文化，它听起来就很摇滚、很酷炫，我本人也是一个深度的啤酒爱好者，便顺理成章地发掘了我和同龄人的共同兴趣，打造了碧山村精酿品牌。

碧山村精酿源于乡村，它代表了自然、淳朴、原生态。在日复一日的酿造过程中我慢慢发现，城市里的啤酒厂设备都非常好，也有非常好的酿酒师，但是为什么酿出的啤酒却是千篇一律的味道，而不是各种各样的味道？我想原因就出在

他们不肯用料，不肯花时间。但是我们在乡村里有的是时间，我们酿出的产品有各种各样的味道，口感都不相同（图 4、图 5）。比如“天光小麦啤”，为什么叫“天光”？在当地“天光”是早餐的意思，我觉得非常有诗意；比如“落昏 IPA”，象征着太阳落下来，寓意晚餐的意思；比如“拖拉机皮尔森”，酒标是我本人画的，因为在乡村，拖拉机是非常具有代表性的交通工具，代表乡村的一种交通方式，现在无人化的农业越来越普及，很可能拖拉机会被淘汰，所以我想把它留在啤酒瓶上，让更多年轻人看到原来还有这种交通工具。我在啤酒里混入了新鲜的柚子和苦蜜，苦蜜带有一点苦味，可以让啤酒的口感更有层次。

我们用发布会活动记录了碧山村精酿啤酒的诞生，当时请到了各自的朋友，还有当天的游客以及本地村民来感受精酿啤酒和普通啤酒不一样的感觉。我也邀请了乐队和 DJ，城市的年轻人没见过拖拉机，我就开了一部拖拉机来到现场。当地人没有见过 DJ 和乐队唱歌，所以他们也体验了新鲜感。我们在田野中搭建了一个舞台，大家又唱又跳，非常开心。“五条人”乐队和 White MonkeyS 在碧山村进行了献唱（图 6），活动现场将近五百人，这大概是碧山村建村以来人最多的一天。啤酒就给大家喝，喝到夜里十点多就没有酒了。尝过我们啤酒的人，有很多知名人士，比如老狼、“舌尖上的中国”总导演陈晓卿等。第一场活动结束以后，很多人问来年还有没有。基于大家的热情，我们就把每年七月的最后一个周末定为“碧山精酿之夜”，也是每年的狂欢节，这是碧山村除了春节以外人最多的节日。

在乡村生活代表的是一种生活方式，不一定所有人都有时间和精力到乡村生活，我们作为在乡村生活的示范者，传播了这种生活方式，可能大家就会抽一个周末或者一个星期来感受。乡村旅游现在越来越多，怎么让乡村旅游真正进入良性发展呢？首先，不仅仅是简单地开一家好的客栈，做一家好的餐馆，还需要艺术，需要艺术复兴。将一个非常有设计感的民宿造好，只是完成了民宿的 20%，剩下的 80% 需要通过一些活动或是一种美学，用不同的方式不停地吸引游客。其次，乡村旅游要生态化，因为游客来到乡村不仅只是去住一晚，还得有书店、咖啡馆、乡村小酒吧，这些都是城市人所需要的，也是乡村人以后所需要的场所，

图 4　碧山村精酿系列产品

图 5　碧山村精酿的爆款产品
——荔枝汽水

图 6　“五条人”乐队在“碧山精酿之夜”献唱

虽然村民现在不需要，但是年轻人返乡之后也会需要这些地方。从这个角度而言，乡村不需要刻意规划，所有的生态都是它自然而然生长的。

注：本文根据“乡村复兴论坛·大埔峰会（2019年6月22日）”嘉宾演讲稿整理而成。本文图片由“猪栏酒吧”提供。

第三章 乡村·设计

从地域主义走向真实主义：鄣吴镇的设计实践

贺 勇

浙江大学建筑系教授

内容摘要：本文以浙江省安吉县鄣吴镇的设计实践为例，探讨了体验乡村与现场工作的必要性、乡村建造过程与重塑社会关系的内在联系、场所转变对工作方式与生活态度的影响、建筑作品意识、设计合伙人思维、小微设施与乡村空间激活等内容，提出了从地域主义走向真实主义的乡村更新途径。

关 键 词：设计实践；乡村建设；地域主义

2010 年，我和我的学生开始介入浙江省安吉县鄣吴镇各村落的规划与建设，从村里的各种具体需求入手，着手各项小型公共设施的建设，同时进行公共空间的梳理以及环境的改善，带动产业的转型。从目前的效果看，这是一条乡村更新的适宜途径。公共空间与公共设施的建设和完善对于乡村环境发展以及居民日常生活质量的提高具有重要作用，因为它是在结构性的层面提升乡村居住与生活环境的水平。另外，公共空间与设施的逐步完善，会引导乡村产业的转型，促进社区精神的培育，塑造具有新地方性的建筑风貌，从而带给乡村长远、健康的发展。

一、设计之初，成为那里的人

在乡村里做设计，往往因其任务的琐碎以及多变性，不能简单照搬城市里的方式，只有真正理解了村里的各种资源条件以及村民的生活，方可拿出一个合适的方案。我们一直认为，工作方式在很大程度上决定了工作的质量。所以，设计之初，要真正成为那里的人，这是我们对自己提出的要求。很幸运，我们在鄣吴镇的鄣吴村（图 1、图 2）找到了一处闲置的房子，租下来将其改造后作为我们在村里工作和生活的场所，并将其命名为“鄣吴十二舍”（图 3）。

鄣吴镇位于浙江省北部的安吉县，距离杭州约一个半小时的车程。全镇人口 1.2 万，分布在鄣吴村、玉华村、景坞村等 6 个行政村里，其中鄣吴村规模最大、人口最多，也是镇政府所在地。鄣吴村保留下来的老房子很少，绝大多数房子都

图 1　郭吴村鸟瞰

图 2　郭吴村的街巷

图 3　郭吴十二舍在村里的位置

是最近30年建造的，但是其历史上由“八府九弄十二巷”以及穿村小溪构成的空间格局却相对完整地保留了下来，建筑也维持着高密度的紧凑状态，所以该村依然显示出一种比较强烈的传统风貌。

老屋在改造之前，已经被原来的主人弃用多年，墙体残破倾斜，结构破乱不堪，已然危房的样子（图4）。这栋房子其实并不古老，大约建于1980年，不过采用的依然是传统的木架构与夯土外墙，由主房、辅房和院子构成。主房里原来住着兄弟两户人家，其中一户两个开间，另一户三个开间。辅房是后来搭建的厨房，分为两半，每家一间。厕所建在另外的地方。建设之初，受制于有限的经济条件，木构架的用料都极其简陋。另外，由于居住空间逼仄，主人也对这栋房子进行了多次的改造，那个三开间的人家在入口侧的坡屋顶下居然有着一部分混凝土的楼板，想来那部分原来应该是外廊，后来被主人扩展至房间之内。

改造之初，应各方面的要求，就定下了主房大修、辅房原址重建的计划，其新的功能定位为居住兼办公（图5）。新的布局中，将原来两户的空间整合到一起（但应房子原主人的要求，基本保留了两户之间原有的分隔墙体），根据当下的生活习惯，形成客厅（兼工作）、卧室、卫生间、淋浴、厨房等各功能房间。辅房重建后，作为一个餐厅或讨论室，临近大树的那面墙，开了一个大窗，可以看到窗外的村落和远处起伏的群山。客厅那部分的屋顶原本就矮一点，干脆通高，卧室部分屋顶略高，其阁楼正好可以作为三个小房间。功能调整后的入口处，原本是一个外墙后退形成的凹空间，于是在这里增加了一个外廊，与餐厅挑出的外廊一起，既给建筑的形体添了些层次，也形成了几处半室外的场所，几把竹椅子放在那里，让人随时可以坐着看看院子里的风景。

这个项目的实践，让我们看到对于传统样式的老屋，在保持原本的外墙、结构体系以及形体之下，以较小的投入、通过合理的设计是可以优化内在的空间布局，并完全满足当下居住生活的要求。当然这个房子于我们而言，更重要的是有了一个可以深入体验乡村、现场工作的基地。

图 4　改造之前的郭吴十二舍

图 5　改造之后的郭吴十二舍

二、乡村里的建造过程，也是人与人之间关系的重塑

乡村的建造过程其实也是人与人之间关系重塑的社会过程。首先是与工匠的关系，依托地方工匠、用乡村的方式进行建造，通常是最经济，也是最合理的建造途径。房子的改造当然是需要绘制图纸的，但是实施的过程与质量全在工匠师傅的手上（图6）。我们的图纸是非常粗糙的，一方面是因为对于木结构的传统工法知之甚少，只能画个大概；另一方面是老房子在改造过程中，在掀开一片屋顶或在墙上凿一个洞之前，根本无法知道会出现怎样的状况，往往只能顺势而为，现场设计。十二舍在改造过程中，很幸运地遇到了张师傅，他是本项目的施工负责人。张师傅早年学艺东阳，通晓老房子改造的每个环节，在他手上似乎没有解决不了的问题。张师傅家就在邻近的村里，手下带领的一批工匠也都是本村或附近村的。在施工过程中，张师傅对于各项工种的要求很严格，即使他不在场的时候，各位师傅也依然能尽力地做好自己手头的工作。在楼梯的制作拼装过程中，为了踏步的平整，木工喻师傅和骆师傅反复地用水平仪调整自己的定位模具；切割瓦片的两位师傅，冒着高温和灰尘，动作干净利索，有条不紊；电工向师傅对于开关、插座的位置，比我思考得更加细致周全；院子门口的那块大石板，应该有好几百斤，为了把它放到合适的位置，三四个师傅合力一边调整、一边测量，汗如雨下，辛苦了半天，没有半句怨言。这些师傅们常说，“做工”就是“做生活”，“要对得起东家和这门手艺”，这份朴素的认知应该就是所谓的“工匠精神”吧。在工地现场，看着师傅们忙碌的状态，让人真切地感受到文化传承不是学者写几篇文章、政府恢复几座老房子就可以完成的事情，它是一个由“工匠”“东家”“做生活”等构成的生态系统，缺一不可。只有有工可做、有匠人可寻、有足够的报酬可挣的时候，传统建筑或建造的文化才能够以一种自然、可持续的方式真正传承下去。

十二舍偏安村落的一隅，看起来与周边的邻居似乎没什么瓜葛，但是随着工程的进展，那些隐形矛盾与复杂关系纷纷呈现出来。辅房重建后，邻近大树的山墙屋檐出挑了约60厘米（图7），前面的邻居看到后坚决反对，因为大树下是她家的菜地。我说能否补偿你一些费用呢？邻居说这不是钱的事情，那我说你看屋

图 6　施工中的工匠师傅

图 7　出挑的檐口引发争议

檐可以出挑到哪个位置，邻居拿个杆子指在了约30厘米的地方，并让我保证屋檐的雨水不能排到她家的菜地之上。我说就这么定了。主房里原来没有卫生间，所以决定在西北侧增加两个。刚刚把地沟挖好，准备埋管子的时候，后面的那户邻居不允许继续施工，我问其原因，他说厕所放在这个位置有味道，会影响到他家。听到此语，我和工匠师傅们都很是惊讶，因为他的家距离十二舍至少有10米以上，而且他家门口还有约2米高的院墙。任凭我们怎么解释或尝试弥补，好像都无济于事。其实我们也慢慢明白，这不单是厕所的问题，而是邻里间多年的恩怨在这个节点上的一次爆发。这件事情僵持了很久，最后在村干部的协调下总算平息，施工得以继续。

由于村里还没有污水集中处理的市政管线，所以需要自己建一个化粪池（图8）。从功能的合理性来讲，最理想的位置是餐厅东北角的三角坡地之上（位置A），那里离十二舍的厕所距离短、位置低。经过多方打听，终于搞清楚那块地的主人早已经搬到新村居住，三角地对他而言无甚用处了。与他讲明情况，但他非常礼貌地拒绝了，原因是不想与曾经的老邻居将来有潜在的纠纷。无奈，那就决定埋在院子里吧（位置B）。请一个微型挖土机刚刚挖好了一个大坑，结果房东自己来抗议了……最后，化粪池被迫埋在了院子外面南侧的竹林里（位置C），那里是原来房东家的地，与周边各邻居都相距甚远，只是这里离十二舍的厕所相距较远，而且管线绕了几个大弯，这意味着走管线的沟要挖得更深，管子也更容易堵塞。不过，张师傅也自有应对的办法，在管子的源头留足了通气孔，在管子的中段又接入了部分雨水管，保持对排污管线的经常冲刷，从而使其通畅。这么一番折腾之后，十二舍改造工期和费用都成倍增加。经过这些事情我们发现，村里的很多东西表面上看起来似乎模棱两可，无人在乎，可事实上每块地、每棵树都有其主。平常这种权属关系都是隐藏着的，但是村民之间却都心知肚明。所以在村里造房子不是简单的一项建造工程，它也是邻里间社会关系重塑的过程。不过，也正是在这种相互的博弈与约束之中，维持了乡村肌理与风貌的相对稳定。

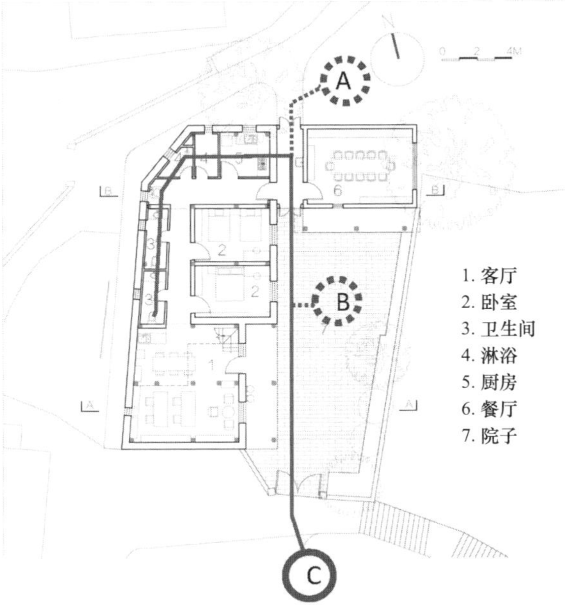

图 8　选择化粪池位置图示

图 9　和学生们在村里采摘茶叶

三、场所的改变，带来不一样的工作与生活方式

经过大半年的施工，曾经濒危的老屋以十二舍的全新面貌重新出现在村里，也正式作为十二舍建筑工作室的现场办公和居住的场所。每当我和我的学生们在街巷里进进出出的时候，许多村民都会站在那里默默地打量我们，一些人也会直接进到我们的院子里，把房子的上上下下看个遍，然后转身离去。附近的一个聋哑人经常来这里，每次他脸上都带着孩子般亲切的笑容，咿咿呀呀的，我不太懂他在表达什么，但我能看出他对这座房子的喜欢。住在县城附近的马经理看了餐厅后，当即在自家的老宅里加建了一个同样的餐厅；来安装窗帘的师傅说，如果他家的老房子还在，也要如此改造一番。

住在村子里，要买菜做饭，交水电费，要请人来安装网络，调整入户电线，要向邻居借一些东西，甚至参与村里的茶叶采摘等劳动（图 9）。于是，在这日常生活中，对于村里的了解也渐渐多了起来，知晓了这家和那家的关系，谁家的孩子在哪里读大学，街角杂货铺的老板来自哪个村。不知不觉中，这种生活方式改变了我的工作方式，甚至改变了我对生活的态度和观念。以前我会讲很多的概念、文化，但现在讲得越来越少，转而专注于解决一个个问题。我们的设计开始从地域主义走向真实主义，关注问题的解决。特别是在我的研究生教学中，我都带着他们进行一定数量的村庄调研，并寻找在乡村中建造一个小房子的机会。从场地的踏勘、测量开始，聆听村民的意见、寻找适宜的建造材料、反复画图与修改、破土动工、与工匠师傅交流、控制造价，让学生们感受设计、建造的每一个环节，以此来理解设计师的角色与任务。设计的目标是满足人的使用需求，而不单是表达建筑师的个人意愿；设计是理解、倾听、包容的过程；解决问题的手段绝不仅仅是概念、空间、形式，还包括建造方式、运营模式；建筑无论大小，都要注入情感，需要一种诗性与智慧……或许，这才是一个建筑师应有的工作态度与方法。2010 年以来，我们在鄣吴镇陆续设计建设了垃圾处理站、公共汽车站、小卖店、书画馆、卫生院、旅游接待中心、村委会、公共厕所等多个项目，这些都是一些规模很小的项目，但是它们极大地完善了当地的公共设施与公共服务，提升了当地人的生活质量。

四、适度忘掉作品意识，建筑方可融入场地

景坞村旅游接待中心是我们在鄣吴镇建成的第一个项目（图 10、图 11），该建筑位于村中心的一个三角地，周边均被道路环绕。设计之初，定位为旅游接待、小卖部等多种功能，但是面对未来经营内容的不确定性，每部分的面积又不太能确定。村里要求建筑面积要小、造价要低。面对这样一个情况，我们设计了两组由几个基本的矩形空间单元彼此连接而成的形体，单元之间可分可合，以满足未来各种灵活的用途。另外，用一个长廊将这组房子与外部的场地连为一体，形成房子、院子、连廊等多种有趣的空间状态。

可事实证明，这只是我们一厢情愿的想法。建成之后，长廊被完全抛弃，因为村里觉得既费钱，又无多大用处；两组小房子倒是建了起来，不过，在原本设计中的干净的“白盒子”的周边，工人师傅自主增加了一个由深色涂料勾出的框架，我问师傅为什么要这样，师傅说这样好看，因为村里的新房几乎都是这样做的；植物搭配原本是几棵高大的无患子，结果零零碎碎种了些低矮的灌木以及竹子。看到如此情景，作为设计师自然是沮丧的，可是在时间稍长一些后，当我以一个旁观者，而不是设计者的身份来看这个房子时，竟然发现了如此调整后的妙处：当建筑原本的“设计感”被降低之后，与场地的环境以及周边的房子却很好地融合在了一起，给人感觉它似乎原本就在那个地方，而不是建筑师刻意设计的结果。现在，这里开设了甜品店、特色商品小卖部、图书阅览室，也举办过书画展，尽管都不如城里那般精致，看起来漫不经心，可似乎正好应和着村里的生活惯性与节奏。或许，这种建造过程与运营状态就是清华大学周榕老师所讲的在地建造要“容易、容变、容错、容陋、容微、容弱”的结果吧。

无蚊村小卖店处于该村中心名叫“月亮湾”的位置，几条溪沟在此汇合。在改造之前，河道里满是滚石、淤泥，景观杂乱不堪。临水边，原有一处村民自建的临时简易棚屋，是一个小卖店，出售一些日常生活用品，在美丽乡村环境整治中被拆除。建设过程之中有两种选择：将场地恢复成绿地景观，或者重新建设一个小卖店，但是产权归村里所有。最后与各方交流意见后，决定选择第二种方式，因为从村民日常生活的角度，需要这样一个商业设施。规划设计中，我们首先对

图 10　景坞村旅游接待中心设计方案

图 11　景坞村旅游接待中心建成实景

三岔口原有的河道景观进行了设计（图 12），依据地形起伏修筑了 3 个低矮的滚水坝，滚水坝由平整的石块砌筑，水小的时候人们能在坝面上行走、浣洗。建筑没有采用通常的“乡土”或“传统”风貌，而是一个非常简洁、现代的清水混凝土的“盒子”，其功能既是小卖部，也是一个供村里人休息、聊天的“亭子”。“小卖店＋凉亭”的组合模式（图 13），成为触发该村乡村生活的“触媒”和“针灸”，使得该设施建成后被村民们高效使用与自主管理。村民们在此搬来了座椅板凳，添置了麻将桌、儿童活动设施等，每天的茶余饭后，很多村民，特别是孩子们来此聚集、嬉戏，使这里成为全村最具活力的场所。建设前的小店位置只是在空间上位于村里的中心，建设后的小卖店却成为村民日常生活的中心（图 14）。

五、乡村里的设计没有甲方，只有设计合伙人

老陈夫妇在鄣吴玉华村租下了一片竹林，作为他们生产竹筒酒的基地。作为竹酒生产的基地，需要一些临时设施用房，用以竹酒的加工、制作，以及展示性体验等功能，我们有幸参与了这个项目的设计。这块场地的特征是非常明显的，所以我们与老陈很快达成了共识：在满足生产功能的前提下，需要让房子很好地融入场地，特别是要充分地利用北面那一片如画的田园风光。当然还有非常重要的一点，建筑的造价要尽可能低，因为老陈的竹酒事业才刚刚起步。

这组竹酒设施用房，我们是它最初的设计者，但是真正的建筑师其实是业主老陈。老陈对于建筑师最初的设计方案，在总图、平面、立面、材料选择、建造方式等方面都进行了较大的调整，特别是他请了做竹建筑的工匠给这个原本是玻璃、钢结构的房子穿上了一件竹子的“外衣”。建设过程中，我每次去项目现场都会很惊讶，但更多是惊喜：形式的意料与意外、工匠的自在与在意、景观的不变与多变（图 15 ～图 17）。我们常说建筑师在乡村里进行设计应是引导而非主导的工作方式，我想这应该是一个很好的案例。引导而非主导的设计策略，要求建筑师放弃通常的“作品”意识，与业主进行充分的沟通，接受场地的各种限制与制约，并适度在材料、空间、形式等多个方面对原设计方案进行调整、妥协。因为在乡村里，相比建筑师，村民和业主无疑更加懂得自己在生产、生活中的需求，村里的工匠也更加知道如何以一种更为经济合理的方式搭建一个空间。建筑师以

图 12 建设前与建设后的无蚊村月亮湾小卖店与河道景观

图 13 月亮湾小卖店里的“凉亭”

图 14 月亮湾小卖店及在此活动的村民

图 15 玉华村竹酒设施用房设计方案

图 16 玉华村竹酒设施用房设计建筑模型

图 17 建成后的玉华村竹酒设施用房

如此的方式进行设计与建造，建筑在空间、形式上的“作品感”肯定会降低，但是建筑往往会以一种更加符合乡村发展需求的方式融入乡村的环境与日常的运营之中，其被使用后的“鲜活”状态赋予了建筑另一种魅力。这个过程也让我们意识到乡村里的设计不要把业主当作一般的“甲方”，而应是设计合伙人。

六、小微设施，激活乡村空间

近几年，玉华村沿着鄣吴溪修建了绿道，这是一个供人步行、骑行的慢行道路设施，尽管鄣吴溪沿线风景优美，但是由于它与几个居住组团的联系不够紧密，所以使用的人并不是很多。于是，如何对村里的交通做进一步的梳理，使其更加安全、顺畅，加强各居住组团的联系成为一个迫切的问题。经过长时间的观察以及和村里的讨论，我们发现如果用一个圆把这几个农居组团圈在一起，那么现在所建玉华人行桥的位置基本就是这个圆的中心，如果在此处建一座桥，就可极大地增强村庄各部分的可达性、环通性；若再辅助一个低矮的滚水坝，那么在桥附近就会形成一个开阔的河道水面，极具景观价值，桥以及河道周边也形成一个极具魅力的公共休闲场所。在多年的乡村调研与实践中，我们一直强调“点激活、微更新”，那么桥所在的位置，就是以针灸的方式解决玉华村目前互联、通达问题的关键“穴位”。

在鄣吴镇完成的众多项目中，这个桥于我个人而言感觉是最具价值和意义的，一方面是这座桥出现在了合适的位置，以很小的介入重塑了整个村子的空间结构与景观风貌（图 18、图 19），让村里的通达得到了极大提升，让更多人感受到了方便。建这座桥的同时，相关的河道疏浚与沿线景观、游步道、夜景灯光等也同步建设，所以当桥完工的时候，配套设施也几乎同时竣工，它们组合起来后，这里成为玉华村最具吸引力的景观与活动场所。黄昏时分，灯光亮起来了，桥上的那几片顶棚晶莹剔透，投射到水面里熠熠生辉，成为村里新的地标。

鄣吴村的实践，让我们相信：合适的设计确实可以点亮生活！

注：本文根据“乡村复兴论坛 · 永泰庄寨峰会（2018 年 12 月 30 日）”嘉宾演讲稿整理而成。本文图片由作者提供。

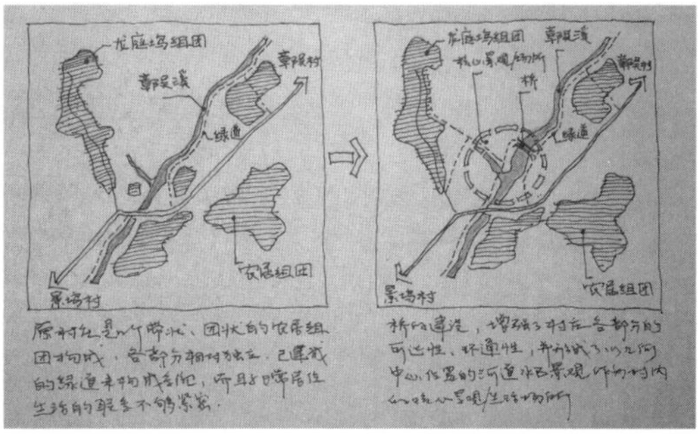

图 18　玉华村人行桥对于乡村空间结构的改变

图 19　玉华村人行桥

从入侵到共生——隐居乡里的乡建之路

金　雷

隐居乡里联合创始人

内容摘要：本文以乡村旅游服务平台“隐居乡里”为例，探讨了乡村建设的困局与解决方案、乡村建设的系统设计、隐居乡里的商业模式等内容，提出了针灸式改变乡村、在地化培训村民、共生式运营发展、严格控制成本边界的乡村工作方法。

关 键 词：乡村建设；系统设计；乡村运营

“隐居乡里”对外宣称是一家高端乡村旅游服务平台。这称号非常吸引人，但是实际上我们做的旅游场景完全不是大家想象的“高、大、上”。通过这么多年的实践，我们对乡村高端旅游有了新的认知。在乡村做设计的重点是我们要理解乡村旅游服务到底是在消费什么，或者说高端旅游消费人群到底消费的是什么，我们觉得最重要的其实是一个真实的乡村生态环境。首先，我们的乡村得是活的，这点非常重要，而人是让乡村活起来的根本要素。村子如果什么人都没了，也就失去了最宝贵的旅游价值（图 1）。

以前我们在乡村搞旅游经常是一个主动创造价值的过程。我们通过所谓高端的设计、高端的策划来创造出一个旅游目的地，然后把客流吸引过来。现在则不同，我们认为，原始的乡村、自然健康的乡村生活本身已经是一个最好的项目，这些东西并不需要设计师去创造，它们的价值一直都在那里，只需要我们去发现和挑选。我们加入的所有新创造的动作都变成了额外的成本，而这些成本很多时候还会对原来真实美好的自然生态形成一种干扰。我们做的其实是希望帮助用户去敏锐地发现乡村真实自然的美，让用户在重新体验真实乡村生活的过程中，感受到乡村本质的美好，而这种有生命的自然生长的消费环境永远不会过时（图 2）。

图 1　真实的北方乡村以及淳朴的村民

图 2　城市居民周末到乡村消费

一、乡村建设的困局

作为建筑师，为什么我们要去做乡村建设？建筑师这个行业与乡村其实是有些矛盾的，因为我们是城市的产物。中国传统的乡村并不出产建筑师，历史上也没有这个行当，乡村只有匠人。我们曾经在村子里转了好多年，结果碰了一鼻子灰，唯一积累下来的就是无数的教训。后来我总结发现了一些问题，参与乡村建设的人可以粗略归纳为四类：一方是设计师，一方是村民，一方是政府，一方是投资人。首先是设计师，设计师是按照时间收费的，乡村项目设计师的时间成本投入巨大（频繁跑现场），但是回报却很低（出不起设计费）。其次，对于村民来说，他们在整个过程中经常是被孤立的状态，收了一笔低廉的租金以后整个生意往往就和他们没关系了。而村民的收益问题其实是非常重要的。为什么我们把很多乡村建设的行为称为“入侵”呢？因为很多乡村开发无非是占用乡村资源，去实现自己的情怀和价值，村民在这个过程中挣不着钱。由于收益分配不均，村民就会有不满情绪。再者是政府，政府有高度的热情搞乡村建设，有动力，有政策，也有资金，但是政府的推进效率是比较低的，而且政府不懂市场，也没有运营管理能力，很多时候盖了一堆漂亮的房子之后就扔在那里没人管。最后是投资人，他们需要的是商业模式可以复制扩张，而不能是每次单体项目的开发都需要投入高昂的设计研发成本。但是对民宿而言恰恰强调的是个性化，这件事情和投资的理念是抵触的，不能说每次都高投入，花很多的钱做非常好的设计，然后每次都探索新模式，这样对投资人来说是一个不能持续的商业模型。这就形成了一个困局，所有参与这件事的人其实都非常不开心。

二、乡村建设要“解放思想，实事求是”

有什么办法能让大家都开心一点？村子最缺的真的是设计吗？或者说最缺的是什么样的设计？当务之急是帮助村民提升审美吗？还是村民觉得居住环境不够时尚？恐怕都不是。村子最缺的还是产业，是实实在在能帮助村民挣到钱的产业。因此，我们的设计更应该关注产业需求和市场需求，想一想来村子里做生意的人需要什么，城市过来的消费者有什么问题需要解决，在此基础上再关注村民的接受度和感情。我们后来就摸索了这样一个解决方案，最初的想法是参考“滴滴”的模式来做乡村：第一，农村有空房，这是闲置资产；第二，农村有很多闲置劳动力，村里很多人进城务工，村里剩下很多老弱病残人员。我们把闲置资源和闲置劳动力绑在一起，就可以做城市人的生意了。因为城市人有高端度假消费的需求，尤其到周末，一线城市的人会到周边郊区消费。我们帮助村民把闲置的农宅升级改造，再培训当地闲置的村民做饭和提供客房服务，结合互联网平台销售和管理，这样村民在自家门口就可以做生意挣钱了（图 3）。

我们的商业模式起初就是这样的，我们希望把这几件事连接起来，我们做我们的，村民做村民的。农村是一个熟人社会，大家有这种信任感，在农村我们可以走得通这个逻辑。我们发现城市人去了农村以后，虽然从视觉方面村子里并不那么光鲜亮丽，但是它非常真实。这就是我们周边的村子，而且很多的活动可以植入进来。之所以开始做民宿或者农家院，就是因为它是一个可以切入农村市场的平台。农村虽然有很多优质资源，但是不容易把精准的消费人群导入进来。这个平台搭建起来之后，就可以植入很多的内容。对农村和消费市场来说，这个资源都是巨大的。

接着我们说设计。我们需要反思自己，作为建筑师，一般来讲我们设计作品总是希望能够得到很多的奖，被更多的媒体关注。但是给农村做设计恰恰要克制这样的冲动，因为很多时候我们这样的冲动带给整个商业链条的是一种伤害。我们做的都是老的村子，如何处理现代与传统的关系是我们总会遇到的一个问题。我们的处理方式总结成一个词就是“平等”，既不要把传统看得太重要，但也得尊重它的价值。因为我们把传统看成是一个活着的进行时，而不是僵死的形式遗存，对待传统的方式也就应该是既不低看，也不高看。在反对个人表演的同时，也得避免把它符号化、炫低技。

最后，我们总结了八个字：解放思想，实事求是。

三、乡建不仅是设计房子，而是设计一个系统

接下来，分享一些我们的改造项目。北京电视台有一个叫《暖暖的新家》的节目，是一个家装改造类节目。其中有一集节目改造的是北京市大兴区庞各庄一个破旧的农村老宅，迟迟都没有室内设计师愿意接手，我们就接了过来。从设计到项目收房大概只有 45 天的时间，因为剪片时间已经定了，播出时间也定了，也没多少钱投入，屋里没水没电，图 4 所显示的就是最初的状态。最终，我们在 45 天之内完成了施工，房子整体效果看着还可以，住进去之后感觉也不错（图 5）。

图3　经过”隐居乡里”平台培训过的当地管家大姐

图4　大兴区庞各庄农宅改造前

图5　大兴区庞各庄农宅改造后建筑外观

在收房前，我策划了一个开放日，招呼一些朋友前去参观，其中就有现在“隐居乡里”的创始人陈长春。他提出想在30天用30万元改造出一个农村旧房，看了我的这个项目觉得特别好，问我愿不愿意合作试试。2015年冬天，我们就以大兴区的一个农宅改造项目为基础，一起合作改造了“隐居乡里”的第一个样板院——山楂小院（图6）。

我们做山楂小院1号院的时候，不仅是想设计一个建筑，而是想做成一个完整的商业系统。在设计方面，我们想的是如何在满足基本运营使用要求的前提下，未来还可以便宜、快速、高效地进行复制，这其实更接近于产品设计的思路。乡村里一个成功的商业模型首先是要能赚钱，还得能持续地赚钱，这样才不会半途被村民轰走。于是我们重新设计了利益分配方式，把传统的契约绑定改成利益绑定，并通过各种方式把村民纳入生意的运转过程里。我们当时不只做了院子的设计和建造，还培训了村民管家，研发了菜品，做了一整套的营销体系，结果推向市场后一下子就火爆了。然后我们就开始按照最初的计划在村子里把这个模式进行商业化复制（图7）。

我们设计的山楂小院，设计感并不像市场上其他网红民宿那样突出，但是我们一个晚上也卖两千块钱。这里就有一个问题：高消费人群去消费的到底是什么？他们其实消费的不仅仅是房子，还有整个村子。我们的设计会帮助游客把所有的注意力都尽量集中到村里真实自然的环境当中，他们消费的是一个鲜活的生态。如果你在村里的口碑不好，消费者去了以后，到处都有村民说你的坏话，这样生意就做不下去了。所以我们的主要工作并不是做几套布景一样的漂亮房子，而是要尽量让村子里的每个人都开心，这样的村子才能形成“隐居乡里”理想中的消费环境。很多刻意的设计往往会分散消费人群对于一些真实的乡村细节的体验，例如很多农家乐自己做的菜品，恨不得烤全羊红烧肉一搞一大桌，客人很难把注意力集中到原产地农产品本来的味道上，而那些才是农村的优势。

后来我们就在村里开始复制这样的商业模式，山楂小院这个村子我们复制了十几套院子。这些院子外观都差不多，成本也控制得差不多。山楂小院实现了30天30万营销收入的业内神话。当时很多人问我后来设计一套院子需要多长时间？我说复制一套标准院落大概设计时间也就20分钟到25分钟，

图 6　山楂小院 1 号院

图 7　下虎叫村中复制的其他院落

图 8　麻麻花的山坡项目

他们都觉得我是在开玩笑。但其实这是建立在施工单位已经形成了与我们之间的高度默契，大部分材料和做法也已经标准化的基础上才能够实现的，我们的工作更多是梳理框架关系，我把这种设计方式称为“类匠人”的建筑设计。山楂小院里所有感人的部分都不是我们设计出来的。乡村原本就很美，我们的院子只是梳理关系，搭建平台，帮助我们的客人去发现这种美，而不是把注意力集中到我们设计的房子上。在村子里，建筑师要退后一步，不要去和大自然抢戏。

现在我们开始尝试着把整个商业模式从北京推广到外地乡村来运作。截至今天，“隐居乡里”已经在全国各地复制开业了一百多家院子，例如涞水的麻麻花的山坡项目（图 8）、保定的青梓树项目、陕西留坝的楼房沟项目等。

培训村民做管家是一个非常艰苦的过程。一开始山楂小院一个管家都没有，我们就派自己的员工做管家，看到收益后村民才慢慢相信了我们，开始加入进来，然后逐渐形成了现在的规模。目前我们签约的管家有几百个，他们都是来自本村的村民大姐（图 9）。

我们说民宿跟酒店不一样，民宿讲究的是主人文化。但首先你要搞清楚谁是主人，在乡村只有村民才是主人，我们只能是客人。你看村里大妈笑得那么开心，这样的笑容非常有感染力，但这一点是培训不出来的，她们是发自内心的笑（图 10）。

“隐居乡里”和村民、政府各司其职，我们负责的是产品、培训、营销、管理这一套内容，政府负责秩序、环卫、保障、应急，管家负责餐饮、接待、清洁、维护，运营主体都是当地村民大姐，每个项目所在村落我们只派两到三个人去做管理和协调工作，具体的运营落地全部交给当地人。

正如前面提到的，“隐居乡里”的商业模式里的关键一点是，我们重新制定了利益分配方案，一个院子 40% 的“流水”作为项目日常运营的成本，“隐居乡里”作为运营商获利 30%，村里分掉剩下的 30%。以山楂小院所在的下虎叫村为例，50 户人家的村庄，运营 6 个度假小院，建设投资共 210 万元，平均房价 2000 元，这个收益的一大半都以各种方式让利给当地人，当地村民成为收益分配的主体。契约绑定变成了利益绑定，“入侵”变成了“共生”，这样的生意才能持续地做下

图 9 “隐居乡里”的大姐们

图 10 村民管家挣到钱后开心的笑容

去，才能真正地帮扶到村民。

我们的工作方法是针灸式改变乡村、在地化培训村民、共生式运营发展、严格控制成本边界，做到能够标准化迅速复制。我们希望“隐居乡里”将来像乡村里的“星巴克”一样，在服务城里客人的同时，有着农家乐的便利和亲情，同时也有着与“星巴克”一样的标准和管理。最后我引用“隐居乡里”创始人陈长春的一句话作为结尾，我觉得他说得挺好：“你们现在体会到的种种，都是最终的显影，每一座废弃的农宅，都是一家人的宫殿。”

注：本文根据“乡村复兴论坛·大埔峰会（2019 年 6 月 21 日）”嘉宾演讲稿整理而成。本文图片由“隐居乡里”提供。

重塑乡村社区活力：百侯影剧院及周边改造设计

范秉乾
北京清华同衡规划设计研究院遗产七所（传统村落保护研究）项目经理
大埔县百侯影剧院项目负责人

内容摘要：本文以大埔县百侯影剧院及周边改造设计为例，探讨了百侯镇文化背景、百侯影剧院改造设计、三十六巷社区营造、百侯影剧院及周边夜景照明等内容，提出了通过综合环境改造、公共场所与景观风貌提升重塑乡村社区活力的乡建路径。
关 键 词：改造设计；社区营造；乡村建设

“重塑”是事物发展中不断调整与优化的状态。所谓“村落社区活力的重塑”，是指通过综合环境改造、公共场所与景观风貌的提升等方式来提升村落的动能，提高本地和外来人口的活跃度，推动乡村社区的发展，焕发乡村新活力的过程。百侯是一个在古村镇基础上，不断丰富其生产生活方式，发展旅游业，带动经济水平提升的新型村镇。本次的村落改造设计是对百侯村落社区活力的再赋能（图 1）。

一、项目缘起

百侯镇位于广东省梅州市大埔县西部，以“中国历史文化名镇”而闻名，镇区核心区位于梅潭河冲积平原上的侯南村与侯北村。梅潭河作为客家下南洋主要的水路交通之一由东向西穿镇而过。百侯也正是依托早期的水路交通逐渐发展起来，镇域内遗存有百侯墟——侯南侯北骑楼老街、三十六巷、大夫第、太史第、一腹三翰林等官厅民居宅院，都反映了百侯的繁荣发展。现如今，百侯有着“全国特色旅游名镇名村”“AAAA 级旅游景区”“陶行知教育思想实践基地”“文化之乡、华侨之乡、人才之乡”“红色革命教育点”“官厅民居群”等诸多名号。基于此，百侯的发展一直受到大埔县的高度关注，在经过多年的风貌整治、景观打造之后，百侯镇的整体风貌得到了有效提升，但旅游业发展仍处于半高不低的状态。

2018 年 6 月，乡村复兴论坛项目组受大埔之邀，经过多次选点，最终确定百侯镇为第八届“乡村复兴论坛 · 大埔峰会”举办地，通过“一场大会，一次乡建”来启动百侯“乡村振兴”之路。其实我们与百侯镇早有渊源，两年前百侯镇侯南村传统村落规划和侯北村第五批传统村落的申报工作都是由我们来承接的，我们对百侯镇的历史、文化、旅游、经济也比较熟悉，尽管这些都是科研保护角度的工作。现在，我们作为乡村建设实施者，更多考虑的是如何解决实际发展困境。

“大而无感，散而不精”是我们再入百侯调研时的感受。村庄的面积较大、历史遗存分布较为分散，使人难以形成对百侯文化的系统性了解。文化空间展示上也缺少峰值体验，无法令人留下深刻印象。反而是一条位于梅潭河旁的未经太多修饰的骑楼老街，让我们感受到了社区的活力。街上各色的商店、漫步的行人、谈笑的声音，既朴实又生动。村落活力的缺失是一个核心问题，如何提升百侯的村落社区活力，营造生活常态，是破除百侯镇发展瓶颈的关键所在。

百侯社区的重塑应围绕村庄活力和生活常态营造双管齐下。首先，建立村庄核心文化生活空间；其次，通过完善内部活动空间，实现景观环境提升和微空间微业态植入；最后，通过村民共建，达到全面激活的状态。我们带着这些思考开始现场调研和选点的工作。

在调研时，我们发现了百侯影剧院。当时它还是一幢满身陈旧、立面上贴满了小广告的家具卖场（图 2）。这样一幢中型的影剧院，有公产权且位于百侯古镇的核心区内，如果能重新利用，一定会利于百侯的发展。在体量上，百侯影剧院既满足论坛会场的需求，又可通过建筑改造、文化植入而成为百侯文化生活的核心。在功能上，剧院既可彰显地方文化，也可改善公共社区环境，起到激活乡村社区活力、引领百侯发展的作用。

于是，我们向大埔县领导提出将百侯影剧院作为乡村复兴论坛的主会场和开幕式场所，并对其进行改造。考虑到作为古镇与 AAAA 级景区的百侯镇，它的文化旅游优势必定是其未来发展的支柱产业之一，我们又做了多次研讨和论证，最终确定百侯影剧院改造设计的主要任务。首先，作为镇未来发展的重要公共建筑，百侯影剧院的改造应符合吸引周边旅游人群的优质体验需求。

其次，百侯影剧院的改造应更多地服务于提升当地社区活力，改善社区公共环境，以百侯影剧院为核心向周边辐射，带动周边社区活力的重塑。再者，百侯影剧院应承载和凸显地方文化。最后，基于以上功能的前提下，改造完成的百侯影剧院在一定程度上给地方提供就业机会，给当地村民带来更多的经济收益。

图 1　百侯影剧院及周边夜景（摄影：梅州日报吴腾江）

图 2　原百侯影剧院立面（摄影：杨茹）

二、百侯影剧院改造设计

在百侯影剧院的改造设计中，我们提出“传统、自由、共享、开放”的原则。首先，百侯影剧院改造应与百侯历史文化相呼应，通过内部展陈讲好百侯历史与文化故事。其次，它的改造迎合当今社会大众现有心理需求，营造自由、共享的使用空间，并提供多维度的人与空间、人与人的互动体验。

百侯影剧院的原有设计给我留下了深刻印象。早期百侯影剧院是为了满足当时村民放电影、话剧表演的需要而建造。但是，作为电影院场所，百侯影剧院更多地需要有自身的设计逻辑，比如说空间流线、管理流线等，所以它会形成一个相对独立的建筑。从我们的设计思路出发，为了贴近现代人的需求，我们在设计中拆除了百侯影剧院内部原有的坡度，以及室外高差，让它形成一个统一的平面，以此提供给人们更加自由的使用空间（图 3）。

在外立面设计上，为了更好地营造对外开放空间，使其与社区形成互动状态，我们增加了正立面的落地窗，放大了侧立面的开窗面积，尽可能提供一、二层与室外的交流。同时，通过利用铝扣板压制成凸起的外框，加强了原建筑立面竖向节奏韵律和美感，增加了外部人流停留的可能性。

在内空间改造上主要有三个核心内容：一是内部加建钢结构的环廊、大阶梯和九宫格营造的共享大厅；二是由三层电影放映间改造的老电影咖啡厅和屋顶花园；三是打造四层的景观咖啡厅（图 4）。

在共享大厅的营造上，我们设计了钢结构环廊，将舞台、大阶梯和展厅进行了有机串联，形成了较为自由的流动空间。同时利用九宫格的框景将人们的活动行为与场景融合，创造了更多交流的场景。在采光上，为了使大厅更为亲近自然，我们增开了天窗，让自然的光线洒入室内。而屋顶空间上通过利用简化的鱼形薄片组成 S 形鱼群造型，与大阶梯和舞台形成呼应。其设计灵感来源于地方鲤鱼灯舞表演，而鱼群与舞台台口形成鲤鱼与龙门之势，烘托出当地“高升与登举”的百侯文化氛围（图 5）。

在屋顶花园与咖啡厅设计上，我们将百侯影剧院的三楼老电影放映间改造为咖啡厅，将原建筑外部露台改造为花园露台。通过设计，咖啡厅、屋顶花园与社

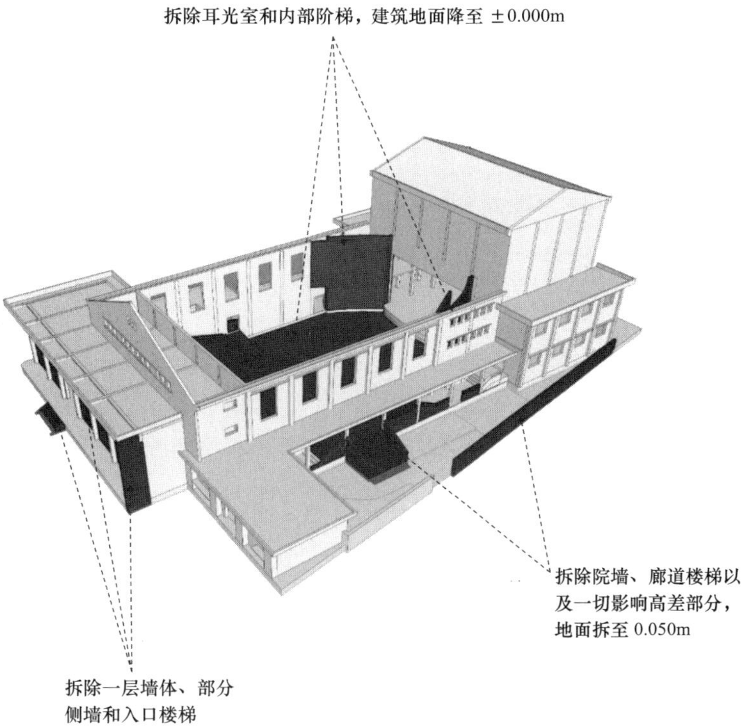

图 3 百侯因剧院拆除示意图（范秉乾 绘）

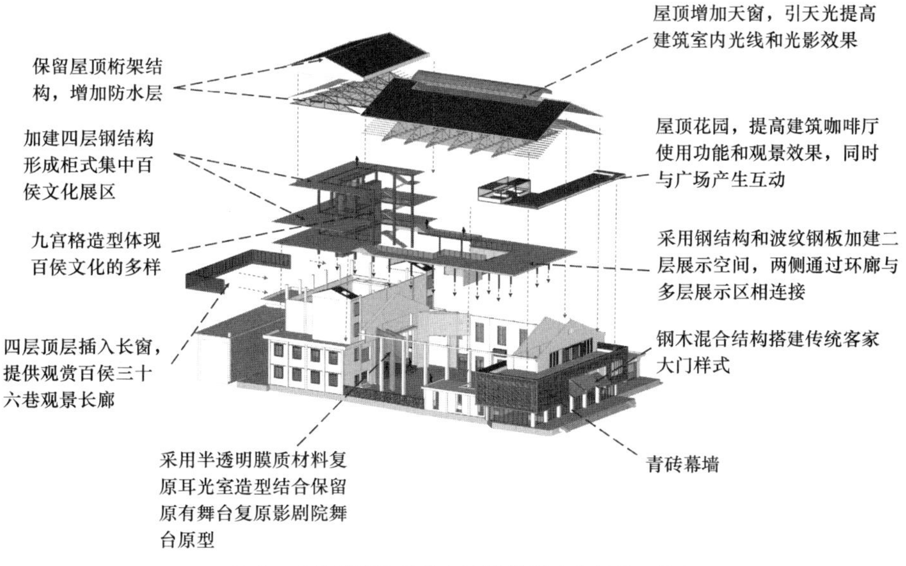

图 4 百侯影剧院设计改造解构图（范秉乾 绘）

区广场有了更多的融通空间关系。此外，我们设计了一些情侣座位区或是观景座位区。无论游览者站着远眺还是坐下欣赏，都可以真切目睹百侯原生态的自然风貌与村落屋宇的魅力。

针对四层景观咖啡厅的改造设计，我们原本希望通过增大背立面的开窗和两侧山墙的角窗，让人们从内外望可以把百侯几乎所有风貌映入眼帘。但由于原建筑结构的限制，咖啡厅最终仅保留背面开窗。虽然视野上有所损失，但不掩盖原有的“观山、览景”的设计目的。

在改造过程中，我们特意保留了原影剧院的一些功能设施，如放映孔、舞台、台口和耳光室的造型。尤其是放映孔，通过对共享大厅的视线分析，形成了“孔中窥景”的趣味设施。游览者可以通过它观赏孔中共享大厅的动态。而在“乡村复兴论坛·大埔峰会”现场，孔洞又成为了一种听会与看会的新方式。

百侯影剧院的展陈设计主要围绕“百侯历史文化”与“百侯影剧院今昔”的主线，共分为序厅、乡景、乡音、乡味、乡情以及百侯影剧院今昔六大内容。我们在展厅里设计了一个沙盘，希望用这个沙盘让人们更加清晰地了解百侯镇的重要文化点，同时对整个百侯镇有一个更具象的概念。

三、三十六巷社区营造

除了改造百侯影剧院之外，我们还针对三十六巷做了微景观营造、微空间植入和乡村夜景照明设计。三十六巷是当地村民的生活区，其改造设计初衷是为了提供更多可供村民使用的生活交流场所。因而，我们没有太多干涉其原有的建筑情况，而是通过小景观物品的点缀烘托它的恬适氛围。同时，在巷道增加一些座椅，让村民有休憩之所，自然而然形成一个具有生活气息的巷景。

在微空间植入上，首先是竹亭，设计当初是希望能搭建一个通透的、与周边融合的竹亭，兼具一定的框景作用。但后来考虑到村民在使用上的多变性，在原有框架上又增加了一些分割和遮阳的竹帘，为村民使用竹亭提供更好的舒适性。

童书馆位于百侯中学不远的巷子内，由兴庆遗芳广场对面的一间店铺改造而成，其目的是为放学后的孩子提供一处学习和交流的场所（图 6）。在设计上，为了提供更多的活动空间，我们将书架、桌椅、黑板沿墙布置，以保证室内空间的最大化。其次，为了提供更多的看书交流，通过垂拔空间，将一层大龄儿童与二层低龄儿童活动区进行串联，形成上下视廊交流互动。我们还对原有窗口进行重新设计，营造建筑与街道的互动（图 7）。

四、百侯影剧院及周边夜景照明

乡村照明设计是村落社区活力提升的重要因素。乡村原本就活力不足，而夜晚的灰暗和公共照明的局部白光，使得村落社区显得更加“苍白寂寞”。乡村照明通过利用原有公共照明，增设景观氛围灯光，以营造村落生活氛围和供人们活动交流的场所。

在百侯三十六巷的照明设计上，主要针对建筑入口、街巷立面、休憩区域、景观小品和历史环境要素进行重点处理。首先，建筑入口增加竹灯笼，通过 LED 灯带与小型的投光灯照亮院落入口和局部重要构件。其次，街巷照明采用洗墙灯和壁灯，以打亮局部重点墙面、景观休息处、景观小品和村落历史环境要素等。最后，对祠堂等重要部分，如门神采用白色洗墙灯强化建筑仪式感（图 8）。

五、乡建的传承与发展

在改造建设期间，我有幸遇到影剧院原主持设计师丘权润先生。听他说起，1985 年初以他为首的梅州市设计院团队接到百侯镇人民政府兴建影剧院的设计任务，时任中共广东省委秘书长杨应彬先生提出“立足当前，着眼未来”的原则，通过影剧院建设为百侯人民提供更好的文化活动场所，以丰富和提升村落社区活力。我们的乡建工作恰好契合当年两位老先生的初衷，这让我们备感欣慰。围绕新发展理念并践行乡村振兴战略，我们的设计切实地以百侯地区文化遗产的优势与实际发展需求为出发点，通过核心建筑改造、文化要素植入、提升社区环境品质等工程，也献给百侯焕然一新的风采，促进百侯村落社区现代活力的重塑，助力百侯成为当地文化遗产型旅游乡村（图 9）。

自改造项目初步落成之时开始，村子逐渐焕发新活力。在百侯影剧院完工前

图 5　上下呼应的鲤鱼灯与大阶梯
（图片由本文作者提供）

图 6　竹亭内看书的孩子（图片由清华同衡遗产七所提供）

图 7　童书馆与室外窗口（摄影：王恒）

图 8 三十六巷夜景照明（图片由清华同衡遗产七所提供）

图 9 新、老设计师合影（左：范秉乾；中：丘权润；右：温镇长；摄影：王恒）

三天，居民自发组织的锣鼓队，连敲三天庆祝。小朋友们在百侯影剧院的共享空间、屋顶花园奔跑玩耍。老人、孩子、年轻人聚在沙盘周围，重新认识百侯全貌，指认自家祠堂，认识本土文化。三十六巷成了村民每天饭前饭后纳凉的主要活动场所。

在工程落定之时，我们记录下了参与者的笑脸（图 10），也希望未来这张笑脸还会不断地增多，见证百侯镇乡村振兴的成长。

图 10 参与百侯镇改造工作人员的笑脸墙（图片由清华同衡遗产七所提供）

注：本文根据“乡村复兴论坛·大埔峰会（2019 年 6 月 22 日）”嘉宾演讲稿整理而成。

人生有起落，乡村也定能复兴

王求安
安哲建筑设计有限公司创始人、主持建筑师

内容摘要：本文以两个整村推进的乡村项目为例，探讨了在项目中解决城乡融合问题、全域城乡实践等内容。
关 键 词：新村设计；村庄改造；城乡融合

通过这五年来在全国已经落地的乡村项目，我们的工作方式归纳为三个主要步骤。第一步是详细调研，这是摸清村里情况最为重要的环节。通过调研我们对村子有了一个基本的了解。最小的村子也会有很多小群体，一般分为三个群体。一部分为支持群体，这部分村民明大理，看到对村子好的事情就会全力支持；一部分为观望群体，这部分村民主见不一致，看情况而做决定；还有少部分为反对群体，因为特殊原因的个人积怨，会设法搅乱导致事情做不成。第二步是以支持群体和观望群体为先，我们带着这两部分村民去考察一些比较适合村子参考发展的项目，激发村民的信心。第三步是定期召集村民开村民大会。村民普遍对规划团队存在不信任的心态，见过太多调研团队和规划文本，从来没见落地过。通过多次村民大会，村民会发现这次和以往不一样，是冲着落地去的。与此同时，也让村民了解外面的乡村改造案例和本村将来的改造设计规划，结合一些建筑模型，方便村民对理解设计意图，以此解决大多数村民读图困难的问题。

为什么传统村落秩序感那么好，而现在的农村却是很无序的？自然植被已经恢复得不错，问题就出在了村民的自建房上。传统村落没有建筑与规划师的参与，她是由回乡官员、乡绅、风水先生共同控制，缓慢自然生长而成的。现在的乡村设计缺乏引导，所以建筑师在这样一个历史时期，应该承担引导的角色，为村民做方向的指引。下面介绍两个乡村项目案例。

一、新建村——洞庭渔村渔民安置房项目

我们做的项目都是跟村民直接对接的，可能跟政府和企业投资的很多项目不太一样，我们在设计建造前要做大量村民的工作。

第一个案例是洞庭渔村渔民安置房项目。随着人口的增长，原有的村庄已经无法满足村民的居住需求，于是政府利用新修省道的机会开辟一片全新的宅基地，解决老村多年面临的居住难题。当地设计院已完成了这个项目的设计：一片沿道路两侧整齐划一的“欧陆风”独栋小别墅。区委领导让我对原设计方案提些建议，我认为这就是典型的图库方案，村庄都是沿道路而发展，国道、省道、高速路两旁逐渐形成了新的村落形式，而这种村庄往往存在很多环境及安全隐患，若仍然按“房屋—道路—房屋”这种模式进行新村规划，那么必然会在“新”村出现“旧”问题。

常德市西湖管理区的居民多为湖南省益阳市柘溪水库修建时迁至此地的移民，是典型的梅山文化居民，崇文尚武，性格直爽彪悍。搬迁到西湖不过四十年的时间，两地交流频繁，故土难离。做方案之前，为了解梅山文化，我们特意前往新化、安化等梅山地区考察，在那里待了数周，对当地的老村和老街进行了调研（图 1），了解村民们的故土情结，希望新村规划设计能加入这些元素，缓解村民们的乡愁（图 2）。

如图 3 所示为当前很多安置村的一个现状。我们在工作过程中也在思考为什么会建成这个样子？其实她是一个妥协的结果。我们的处理措施是把每一户做得有高有低，我们做了三种适应不同用地的户型，连在一起的时候会形成一个丰富村落的形态。我们做了很多的模型研究，希望院子里的书房、天井、堂屋，都能够回到村民的生活里面，而且做了干湿分开的卫生间，就是想改善村民的居住情况。

我们召开村民代表大会，向大家介绍我们的设计方案。一开始村民看到我们做的新村设计方案动画与模型（图 4），觉得很新奇好玩，但马上又开始有疑虑，这不是他们心里所设想的房子，为什么不沿省道两侧建房子？为什么把最好的宅基地做成鱼塘？外墙不贴瓷砖直接刷墙漆显得没有档次，没有刷金漆的石膏罗马柱，青瓦白墙看着亲切但是不习惯。于是我们带领几十位村民代表转了大半个中国，考察了几乎全国的美丽乡村成功项目并且组织村民在多个地方进行了专门的培训学习，村民眼界大开，意识到村子做好了不光能解决住的问题，还能带来一系列经济效益。最终我们与村民一起商讨确定了建房步骤：统一规划，统一购买

图 1　梅山地区民居与街道

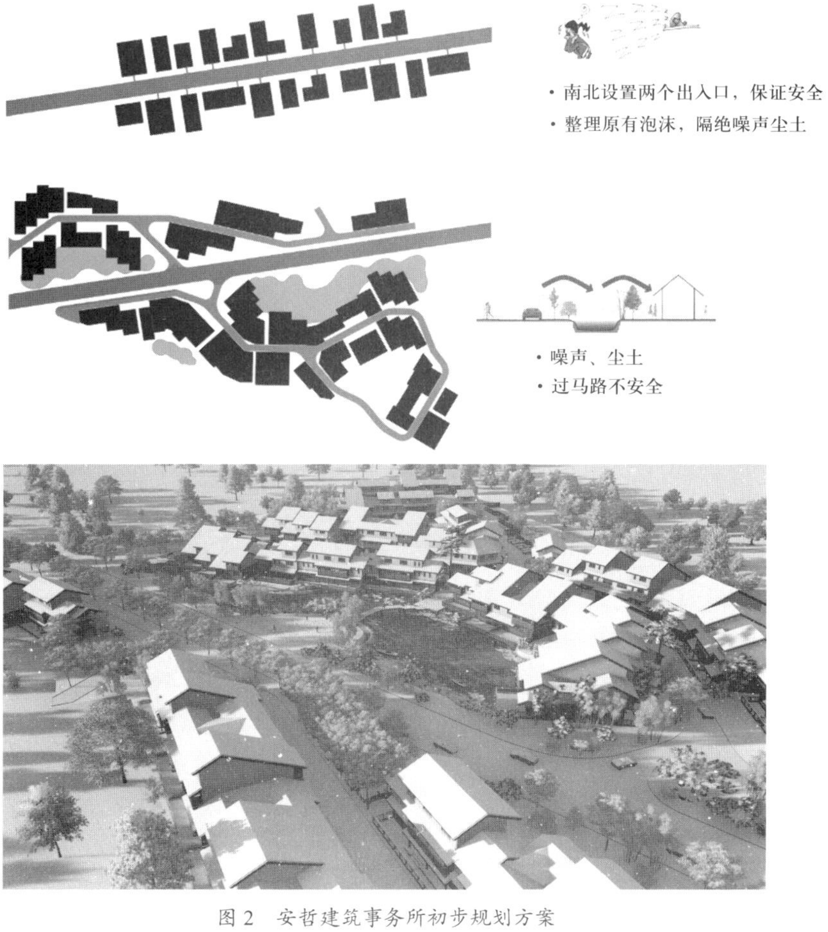

图 2　安哲建筑事务所初步规划方案

图 3　村民原计划建造的当地民居流行式样

图 4　村民初次看到规划方案

图 5　建设中的洞庭渔村渔民安置房项目

建材，统一施工，施工完成后统一抽签分房（图 5）。而且我们把造价控制在村民可接受的范围内，在 2017 年和 2018 年材料价格飞涨的情况下，我们把成本最后控制到了 918 元 / 平方米。

二、改造村 —— 清水村

第二个案例是湖南省邵阳市新邵县坪上镇的老村改造提升项目。因为村里有好几位百岁老人，被 CCTV4《走遍中国》栏目播出以后，村里来了很多奔长寿村而来的客人，一周就去了两万人。每天车从镇上一直堵到他们村里，村民水缸里的水都喝完了，腊肉都卖完了。但去了以后人们发现没地方站，特别泥泞，所以很快就没人去了。村民觉得很可惜，突然来了这么多人，突然又没人来了。这个县是一个贫困县，时任县长（现在是县委书记）觉得每年给村子花几十甚至上百万元，但什么结果都看不到，于是就想集中资源来做一个示范村（图 6、图 7）。前提条件是政府只负责基础设施，村民要自己花钱改造，由我们和村干部一起去说服村民自建。

村里有为数不多的一些老土坯砖房子，城里人或专家可能会认为这样的房子特别具有乡愁。但对这里的人来说，窗户都是用塑料膜，连玻璃都用不起，住这样的房子对他们而言只有自卑，只要稍微有些钱他们就会把老土坯砖房子拆掉。怎么才能留下村里的老土坯砖房子呢？首先是要增加自信。我们利用做一个新的村部的机会，收集旧砖旧瓦旧木头作为建造材料，新建的村部和村里老房子的材料基本一致，村民看到了这种旧材料的美，对老房子慢慢有了信心（图 8、图 9）。通过拆除少数几个杂房让出一个广场，把楼梯都放在外面，村民可以在建筑外围散步。建筑内部空间被释放了，村民下雨天也可以在走廊里活动。因为这里雨水比较多，我们做了多层斜屋顶设计，打造了层层雨水下叠的效果。建筑二楼整体作为一个大的村民活动中心。会议室大部分时间是处于闲置状态，我们就利用它做了一个阅览空间，书柜做成的隔墙是能够打开也能够关上的，使它兼具图书馆的功能。

这栋用破旧的材料做成的建筑，村民很喜欢，感觉有亲切感，也增强了信心。随后我们带着村民进行大量的培训和项目参观，村民就开始想办法建造自己的村

图 6　改造前的清水村

图 7　改造后的清水村

子了。现在政府、企业用很多钱来做乡村改造，往往效果却不好，是因为村民的主体性没有激发出来。我们觉得设计团队应该长期驻场和村民一起解决问题，这样才能真正地做好乡村建设。

三、长期驻场，全域城乡实践

以上两个案例是我们整村推进的两种主要形式。但我们很快发现大多“运动式”的乡村与城市改造，都是孤立地将城市或乡村单点重金打造，而忽略了乡村与城市本来该有的相互联动关系，产业畸形导致最终项目也很难运转正常。于是我们一直尝试在项目中解决城乡融合的问题，把农村建设得更像农村，让城市生活更美好。

五年前进入西湖，这里有实干的干部，有管理区的架构，有七十多平方公里的面积，有城市与乡村的关系，各种条件都特别适合做全域城乡实践的探索。于是我们投入了大量的时间做了一个西湖计划，即西湖乡村振兴＋城市更新计划。我们从洞庭渔村一个农民自建房开始，做了每个村部的设计、乡村庭院设计、公共卫生间设计、所有城市街道立面改造、店面及环境改造设计等。设计了造价低廉但是舒适的菜市场，使之成为民众交流场所，我们也用低廉的造价改造出了像家一样的医院、温情临终关怀的殡仪馆、湖区坟地的集中规划安置等。

如图 10 所示为我们设计的湖南省常德市西湖区食堂，我们当时准备改造整个城区的街道外立面，考虑到湖区建筑只有 40 年的历史，最老的房子就是农场时期的红砖房，我们想将军垦农场风格定位为街区改造的气质。但是当地人已经不太认可这样的房子了，他们觉得红砖房过于低廉，现在更喜欢贴瓷砖的房子。由此我们思考从西湖区食堂开始，建造一个既能体现当地军垦文化又能获得居民认可的红砖房。这栋大约七百平方米的房子打桩打了大概 12 米深，因为地处湖区，所以就算打桩 100 米下面也还是泥，含装修整个造价算下来每平方米不到两千块钱，建造成本低廉，村民和政府觉得能接受，同时觉得房子也挺好看。

红砖房建造好之后，接着我们开始改造整个城区的街道，我们想打造一个以红砖风格为主的城区，改造后变成了一个多样化的街道，我们希望带给当地从里到外的改变。我们做了村里所有的村委会，每一个村委会都有不一样的设计（图 11）。为了获得当地人对我们的认同感，我们先启动一个小的项目来做，例如

图 8 新村部全用当地老材料

图 9 层层叠叠的屋顶

图 10 湖南省常德市西湖区食堂

公共厕所（图 12），让村里人看到低廉的造价也能造出这样一个有趣的房子。我们在做工人文化宫时为村里人做了很多的说服工作，之前政府在县城边上批了 17 亩的建设用地，而我们觉得在水中间建设会更好一点，会对城市景观更有贡献（图 13、图 14）。因为当地没有山，而且村民大多是搬迁过来的，所以我们想造一座山，把老家的渡口、广场元素挪过来，做成一个聚落，缓解一些乡愁。我们觉得设计师只有长期在当地驻场，与村里人进行沟通、互动才能最终取得当地的认同与理解。

图 11　新港村村委会

图 12　黄泥湖村公共厕所

图 13　西湖工人文化宫效果图

图 14　正在火热施工中的西湖工人文化宫

我们的乡村实践才刚刚开始，接下来计划在每一个设计所在地驻场十年以上，三年或者五年做一次总结，看看这样的驻场乡建团队会对一个地方产生什么样的影响。

注：本文根据“乡村复兴论坛·大埔峰会（2019 年 6 月 21 日）”嘉宾演讲稿整理而成。本文图片由作者提供。

基于“建筑针灸”逻辑的松阳照明实践

张　昕
清华大学建筑学院副教授

内容摘要：本文以基于“建筑针灸”逻辑的松阳照明实践为例，探讨了平田农耕馆、大木山茶园景区的竹亭和茶室、红糖工坊、石仓契约博物馆、石门廊桥、黄圩驿站、王景纪念馆等场所的照明设计。
关 键 词：建筑针灸；松阳实践；照明设计

一次偶然的机会，我开始扎根乡村建筑的照明设计。应该是在2014年的某天，罗德胤老师突然把我拉到了浙江省丽水市松阳县的一座山上，跟许懋彦、何崴和徐甜甜等几位建筑师合作。一开始，我认为跟我平时在城市里和这些明星建筑师合作可能没有区别，等真正做起来了，才发现情况是不一样的。在松阳做照明设计对我之后四五年的实践产生了很大的影响。

一、所谓“建筑针灸”

说到建筑针灸，业内人士都知道。徐甜甜老师在松阳做的乡村实践，就属于针灸系列。我也是从她那里第一次得知“建筑针灸”这个词的。

我们的工作始于中央美术学院的实验室，研究灯与阳光板的关系。我们想当然地认为灯应该设在下面、光垂直向上照射，却发现这种照明方式会暴露材料的糙与脏。当把灯转向之后，光垂直于空腔，照明就会变得很高级。经过这个实验，我们确定了灯与阳光板的位置关系，阳光板的厚度是2厘米。按照这样一个逻辑，开始在“爷爷家青年旅社”做建构。我们创造了一种新的半透明性照明，实际上就是在图像上加了一层光栅。当有人靠近这个材料的时候，人挡住了光，人的透明度会提高；而远离这个材料的时候，人的透明度会降低。走进这样一个设计空间，就增添了很多意趣。

我们被视作光艺术家，实际上我们不是艺术家。何崴用半透明的阳光板，做了三个可移动的光盒，以一种“轻盈”的态度“嵌入”了大房子里。其实电是从地板串上来的，每个盒子底下都有一根储线爬到光盒里面，找一根彩色灯管来标识每个光盒的位置关系，不同色调的灯管被安置在房中，灯光开启后，空间变得梦幻。光盒里这些彩色灯管的位置看起来是随机的，但它背后反映的就是在中央美术学院的实验的逻辑。

再回到“建筑针灸”这个词，徐甜甜最大的特点就是把乡村空间理解为经络，在指定的关键位置上插进去一栋房子，或者改造一栋房子，使其具备特定的功能。这栋房子最关键的一点就是为村民而建，故此，设计必须与村民的生活发生交集。村民平时看什么，到这栋房子来看什么，他的眼睛适应情况是必须考虑的。所以，松阳的照明实践是从怎么把这栋房子控制住，怎么“暗下来”开始，到实现“最后的江南秘境”的效果。我理解“暗”是所谓秘境的一个重点，是特别重要的一个特质。还有一个考虑，我们都知道由奢入俭难，应该在早期控制，别让它太亮，所以松阳的这几栋房子都有意地做了亮度控制。我们还设定了一个逻辑，在这些房子里，我们不去把景观和建筑想象成景观，不去照亮景观，不去为了美而设计。

景观被照亮的原因是功能亮了，当景观靠近功能，景观也随之被照亮。这是我为徐甜甜设计的一个照明逻辑，贯穿到了与她合作的七个项目里。当然，在这过程中我们也探讨暗的极值，如何用光表达暗的文脉，以及暗如何去隐喻？

二、平田农耕馆

第一个项目是平田农耕馆，它最大的不同就是能让人迷迷糊糊、不由自主地就走进去。平田农耕馆与村落相交接的是一层农耕展厅，里面陈设的是村民自发捐献的一些农耕用具和生活用品。村子晚上是黑的，所以这座农耕展厅非常暗，每一件农具用一盏三瓦的射灯照亮。这些农具的照明，是介于真实的农宅和美术馆展品中间的一个状态。钻进去以后就被吸引往楼上走，因为改造的美术馆在二层，往上走的过程是一个越来越亮的过程，类似城市或者为游客的功能藏在我们创造的一个过渡区的后面。

平田农耕馆几乎没有改变原屋结构，只对墙面做了一些修复与加固，在两栋联排房子的中间加建天窗，使用了交错排列的明瓦这种传统材料，同时采用特别微弱的低亮度灯管，消除梁下的底边剪影，创造出新鲜的光感。由于它的光是可调的，在晴天深夜，它与乡村的景观以及星空有不同的呼应关系，因此也成为大家热衷于拍摄的一个位置。这个天窗和明瓦也“暴露”了徐甜甜成为明星建筑师的本色。

三、大木山茶园景区的竹亭和茶室

第二个项目是大木山茶园景区的竹亭和茶室。大木山茶园没有电，我们第一次是开车进去的。下车后走几步，打开手电筒，无论什么样的外来光源，只要一开灯，蚊虫就扑面而来，所以徐甜甜设计了一栋暗色混凝土的建筑。建筑内部通过亮与暗的对比关系，把人的视线逼向西侧的茶园和东侧的内院。所以这栋房子要做一个非常暗的空间，室内有限接光。最亮的是喝茶的茶室，亮的茶室下面有暗藏光。但是因为要把村民“逼”到水边才能走过去，让村民不自觉地卷入茶室的流线中。不得已，我们要在水边提供一些光线，这些光是利用树叶的反射光。其实就是在幕墙顶部藏了一些一瓦的灯，照着树叶，然后树叶反射光，为水边的小路提供照明。但循着它的这个方向倒推，仿佛照射的那束光是从室内的茶桌下面出来的，实际上是另有蹊跷，这就是内部的照明逻辑。

当茶室上部是亮的时候，里面有很多暗藏的照明，目的是压一压景况。往外看，如果亮度差太大，外面这个美景会更像灯。当远离茶室，走到景观中去观察月光的反射光是什么样的，会看到淡蓝色的光从底部浮上去照亮树冠的下部，也只有在大木山茶园才能看到这种景象，因为它周围是全黑的。

四、红糖工坊

第三个项目是红糖工坊。有了红糖工坊这栋建筑，松阳县兴村的红糖价钱翻了几倍。红糖工坊为日字形平面，“日”字的每一画又被分成了两道，中间藏了一个熬糖的空间和一个类似于集会的空间。照明的目标是把生产现场营造成一个表演剧场，尤其是在冬季熬糖，人工光源很重要，参观者和游客是一个黑影，就像观众一样，欣赏熬糖，当地的村民田间劳作之余也可以在此休憩。因此，在日字形空间中分的玻璃幕墙顶部隐藏了防眩格栅的线性 LED 灯，暗天花背景与加工时的蒸汽，将照明以“光闸”的形式物化下来，把人、松阳的景色和内部的工艺叠合到分界线上。

人工光与建筑师巧妙借用的天光在同一个方向，都是强调熬糖的过程，但天光的方向一直在变换，只有人工光才能利用照射角度和亮度，将糖物的形态呈现出来，熬糖工人的脸则被底部反射光照亮。借助工坊良好的通风条件，可以看到糖物在一个切片方向上非常剧烈地飘动，闻到一种蔗糖的香味。整个制糖场景以剧场焦点或博物馆展品的方式被呈现出来，熬糖工人和糖物就是参与者和表演者。

当红糖工坊内外的玻璃幕墙上手工白描《山水风景》《田园农耕》《甘蔗种植》《甘蔗运输》《古法红糖》五个篇章的画面后，由于光压的差别，不同时间，看到的景象略有不同。内部的建筑界面与外部的松阳景色、内部的古法红糖生产过程与外部的农民生产生活画面多重叠加，形成一幅动态的乡村长卷，进一步强化了红糖生产的舞台感和表演性。

五、石仓契约博物馆

第四个项目是石仓契约博物馆。石仓契约博物馆是从茶园原有的肌理上延伸出来的，建筑师沿用了松阳当地 60 厘米厚浆砌毛石墙的做法，不同形态的石材和光线亮暗对比相结合，营造有纵深感的空间氛围，展示当地的百年乡土生活。

室内空间布局顺着水渠线性展开，贯穿室内的水渠成为空间里的引导。水渠上方屋顶的排水沟、女儿墙的高度和角度经过设计将直射进入室内的光线控制在正午前后的半小时，一天的大部分时间从天沟进入的都是漫射光，只有在中午才会有阳光直射，垂直落在水渠上，同时开启天窗里隐藏的喷雾装置，这时候就能在室内看到彩虹。

石仓契约博物馆远离村庄，为了将村民吸引过来，在建筑南北两侧形成半围合的庭院，北侧和村庄相连，共同围合出一个小型广场，作为供村民室外活动的开放场地。根据户外空间的需求，我们想到了火把，火把在墙头上自然会照亮火把所围合的空间。所以我们就地埋灯，贴近墙的端头，用强的反射光去照亮。建筑师认同这个想法以后，对建筑和景观平面进行了调整，创造了一些端头围合空间的感觉。调整之后的基于火把的建筑外部空间，更强调人与光的关系——围着火把工作，这看起来很像回到了原始社会，但建筑构件的穿插倾斜等，还是透射了现代建筑的设计思考。

六、石门廊桥

第五个项目是石门廊桥。石门大桥建于 1974 年 6 月，曾是连接松阴溪两岸的石门和石门圩两个村庄的南北交通要道，为无筋无柱混凝土双曲拱桥。由于废弃失修且有安全隐患，当地政府一度考虑拆除这座大桥。2016 年松阴溪景区建设给这座大桥带来了新的可能性。徐甜甜结合松阴溪沿岸绿道的游览路线，提出保留石门大桥，改造为步行廊桥和电瓶车观光游览停留点的策略。新建的廊桥也成为两个村庄村口的共享公共空间，如同过去的风雨桥。

石门廊桥的照明原则是：不在外面做景观照明，而是强调内部照明。内部照明有两个系统，一个配在木桩中间，另一个暗藏在廊桥上部。两个系统，达到两种照明目的。木桩配的光，是为了欣赏松阳美景和千年古堰坝午羊堰，这个是常态。暗藏在廊桥上部的光，是为了照亮人脸，也是为了集会，或者是为了节庆。石门廊桥连接了两个村子，受到了当地村民的喜爱，走上去的人也就越来越多。后来发现人多可以摆摊，人就越聚越多。这座喜闻乐见的老拱桥，通过与带有徐甜甜特点的木廊桥的结合，建构起这个区域独特的自然人文景观。

七、黄圩驿站

第六个项目是黄圩驿站。松阳除了古法红糖以外，还有松树松脂。黄圩驿站夹在两条河的中间，建筑体量沿堤岸展开，轻质木装配结构和松树穿插、交错排列。一开始，我们设想将光像切片一样从建筑插到松树上，但这违背了我们不做景观照明的逻辑，所以就改成了现在所见到的照明效果。

黄圩驿站的光像切片一样往下照射，而不是往上投射，所以在地上能看到线性的光斑。将树照亮的光源，来自建筑高侧窗上暗藏的灯。回顾我与徐甜甜合作的七个松阳项目，其中只有这一个项目能看见灯，其余都是将灯藏起来往上投射，溢出来的光间接提供喝茶休憩的环境照明。

八、王景纪念馆

最后一个项目是王景纪念馆。纪念馆落址于王氏老祠堂对面的一块空地上，被称为新祠堂。纪念馆面对王氏祠堂，以一层的体量沿着长方形场地展开，形成一个城市峡谷地带，它在峡谷中间、被村民的自建所包围，因此建筑师在屋顶设开放平台，提供开阔的视野以及室外活动场地。建筑内部的逻辑是通过“舞台情景剧”的方式，用王景生平来组织空间，将王景跌宕起伏的一生沿时间轴展开，分“家乡—入仕—返乡—复入仕”四个区块，和延续村庄肌理的四个室内空间区块叠加，精妙地设计了天然光。

王景纪念馆项目的难度比较大，难在怎么将人工光精确地卡出展品，需要反复调试才能合适，所以晚上的纪念馆只靠浮雕来组织空间。纪念馆是整个村子里“矮”的中心，最精彩的设计是二层平台，我们的意向是在二层平台做一个火盆，它的光是从天窗里溢出来的光，亮度远远低于远处的民宅亮度，所以它并不扰民，看起来很温暖，我们希望它是村子的精神家园。

注：本文根据“村落保护与乡村振兴学术沙龙暨传统村落所五周年设计展（2018 年 11 月 17 日）”嘉宾演讲稿整理而成。

乡建恨晚之平凡之路

洪金聪

九七华夏设计机构 CEO

内容摘要：本文围绕“把农村建设得更像农村”的话题，探讨了陪伴式乡建、人的乡建是美丽乡村建设的根本、了解村民更在意什么、乡村更需要什么、探索运营前置的乡村振兴方案等内容。

关 键 词：陪伴式乡建；乡村建设；乡村运营

我们是从 2014 年开始从事乡村建设的。在中国乡建院的安排下，我们来到了湖北省武汉市江夏区五里界街童周岭村的小朱湾。也是在那个时候，美丽乡村的概念开始出现，然后越来越多地被提到。在这个村子里，我们做得比较多的是村里的硬件建设，我们一直遵循着保留农村乡土性的设计原则，把农村建设得更像农村，后来小朱湾成为一个很有旅游价值的村庄。在 2014 年、2015 年从事小朱湾乡村建设的过程中，“陪伴式乡建”这个词出现了，从此这个词成为我们团队始终贯彻的乡建方法。我们之所以用“陪伴式乡建”的方式是因为乡村有很多的不确定性，相信后来很多的团队也都是这样在做。

一、陪伴式乡建

2015—2016 年，我们在贵州省遵义市桐梓县茅石镇中关村参与乡村建设，后来我们保持每年做一到两个示范村的节奏往前推进乡建。当时的乡建关键词是“脱贫攻坚”，除了硬件设计，我们会探讨各种理论层面的问题。“陪伴式乡建”要包含更多的内涵，除了硬件建设之外，我觉得更应该引导村民改变内心。我们在做中关村的时候已经逐步开始“不务正业”了。前面说把农村建设得更像农村，绝不只是硬件建设的事情，更重要的内涵在于我们要建立起农村人面对城里人时的那种文化上的自信，包括乡村文化、生活方式、产业布局各方面都应该建立起来。

我们把村里的一个烤烟大棚改造成乡村培训的大讲堂（图 1），把一系列的培训内容传播到乡村里，第二届乡村复兴论坛就是在这个烤烟大棚里召开的（图 2），包括历届乡村复兴论坛的内容村民也都会了解到。

二、人的乡建才是美丽乡村建设的根本

2017—2018 年，我们开展了贵州省黔东南苗族侗族自治州台江县台盘乡阳芳村的乡建工作。阳芳村虽然保留了很多苗寨的传统建筑，但其实村里人非常渴望发展现代化建筑。很多地方的建设都需要大量资金的支持，既要传承本土文化，村子又能继续往前发展，这是很困难的事情。在村庄设计方面，我们从苗族的图腾中提炼图案，点缀在这座村庄的建筑立面上。在硬件建设方面，我们用了很轻的笔墨。在乡村治理方面，我们做了更多的工作，例如给村房的窗户做上窗框，把窗户的材质换成铝合金等。在这个过程中，我们会更加关注乡村产业的发展。对于乡村发展而言，人的建设更加重要。

在中关村的乡村建设中，我们从垃圾处理入手。这个过程重点考察的是人的因素，我们要把村民的积极性调动起来，让村里人能够非常积极地参与乡建。我们一起用一个周末的时间，把全村屋前屋后的垃圾全部收拾干净（图 3）。我们组织村里的小孩到改造中的小庭院里种植物，让他们也参与美丽乡村建设。在乡建过程中，参与者会格外珍惜自己的劳动成果，这是一个简单的道理。例如，我们设计团队利用空闲时间与当地孩子们一起做了一个小的游戏场地，村里的小孩在这里玩“跳房子”时，会先穿着鞋到河边洗个脚，然后脱掉鞋再来这里做游戏（图 4）。

从细微之处放大到整个村庄的建设，其实道理也是相通的，这个村庄的很多硬件建设工作都是由本地村民完成的。在老房改造项目中，我们所做的一项工作就是把这几家住户都召集起来开一个小会，提前准备了一些白纸让村民把改造建议写出来。设计师所做的工作就是把这些意愿用图纸表达出来，因为让村民参与到设计中，他们会非常珍惜最后的设计成果，通过这种方式，基本上就确保了设计与村民需求的一致性（图 5）。

村民才是乡建的主体，首先这个定位一定要正确，而设计师进村的意义有两点：第一，把外面的新理念传递到村里；第二，建立起城市与乡村的连接。在乡建过程中，我们的工作是通过组织召开大量的群众会议进而了解当地村民的需求，并传递给村民新的乡村发展理念。乡村建设的提升，是村民意识的提升。在阳芳村，我们组建了一个叫“阳芳乡建笑脸”的微信群，坚持宣传正能量，努力让村民持久保持着参与乡建和保护乡建成果的积极性（图 6）。

图 1　烤烟大棚改造成乡村培训大讲堂

图 2　在改造过的烤烟大棚里举办第二届乡村复兴论坛

图 3　乡村建设从清理垃圾开始

图 4　设计团队利用硬件建设的空闲时间教小孩画画、玩游戏

图 5　设计团队与当地村民沟通设计方案

图 6　“阳芳乡建笑脸”微信群

之后我们按照这样的合作模式，与村民一起将图书馆、民宿、咖啡厅建立起来，村庄的改变逐渐呈现出来。

三、了解村民更在意什么，乡村更需要什么

中关村的村民曾经说，他们希望生活能够更富裕，能有获得感。换句话说，他们希望当老板，希望有钱花，这是最简单朴素的愿望。乡村建设除了要解决钱从哪里来的问题，还要先让村民有发展的自主性和主动性。由此，我们结合中关村当地的实际情况，量身定做了内置金融合作社，较好地解决了想发展缺资金、想借贷缺抵押、想经营缺理念的发展瓶颈问题。通过“自建自营、分红合营、收储经营”等方式，成功开辟了政府、村两委和村民“三方盈利”的可喜局面。

在阳芳村，我们着力于推动乡村产业的发展。2017 年，村民通过种植五彩米，实现了 81 亩土地 40 多万元的收益（图 7）。

在推动乡村产业发展的同时，我们挖掘当地文化，鼓励当地村民开发各种手工制作品等特色文创产品，然后把这些文创产品对接到城市端。在我们看来，连接城市和乡村非常重要，要把城市的资源与乡村的资源进行有效链接。首先，我们从城市端的平台上推动乡村建设，将资源条件比较好的村庄展示出来，在一些平台上进行项目路演，逐步开展文旅项目。我们在厦门发起了以乡创为主题的联合办公模式，让参与乡村建设的团队聚到一起做交流。其次，我们在清华海峡研究院成立了致力于文旅产业运营的文旅中心，并主持乡村振兴板块，以中心为集约平台，集聚资本、技术、人才、企业等要素资料，为各地的乡村振兴和文旅产

图 7　阳芳村的五彩米种植田

业发展提供顶层设计、政策引导、产业规划及资源导入。我认为乡村振兴工作是一个系统性工作，只在乡村端并不能够持续下去，我们希望可以和更多品牌合作共同参与乡村振兴的工作。

四、探索运营前置的乡村振兴方案

现在，我们继续着原先的“上山下乡”生活，但也增加了一群人员“驻扎”在城市里，因为他们要尝试一个新的乡建策略，那就是“在城市里做乡村”。什么意思呢？简单来说就是联结城与乡，促使城市的资源与乡村的资源进行有效链接。如果只是站在乡村的角度来考虑产业，肯定很难作出来。“钱从哪里来”这一最现实的问题，如果解决不了或解决不好，乡村振兴的美好蓝图就无法绘就或大打折扣。如此高标准地建设广袤的乡村，我们有足够的财力支撑吗？又该如何引导像水流一样趋向投资洼地的资本流向农业农村？很多时候，我们在走村，是在思考如何把城市的资源与乡村的资源进行链接。

接下来，“九七华夏”要开始拓展的，就是城市端的运营管理业务，包括共享农庄、民宿及乡村运营，这些都是需要考虑收益、投资回报的事情，而不是公益。我们建设村庄，不追求外在的漂亮，而更在意村民生活水平的提高、生活方式的转变。我们想把村庄建设得足够有底气面向未来，这样城乡才能共创美好生活。我们不能老是依靠情怀去建设村庄，却又抒发怨妇的哀叹；我们不能老是只做乡村规划与建筑设计、社区营造等智慧输出者，单一的力量解救不了乡村；我们不能老是做被动的、委屈的、弱小的协助方，完全受制于政府，比如一件原本很有意义的事情，政府支持就可以做，政府不支持就只能望洋兴叹。

我们要带着技术和资本双重力量下乡，要在城市里获得强大的造血功能，然后利用我们的乡村建设经验，撬动整个乡村的发展。美丽乡村的硬件建设总会接近尾声，接下来关键就要积极将文化、手工、餐饮、农业种植、养殖、固定房产、土地等全要素发展起来，形成综合产业链，切实将村里的经济发展带动起来。我们尝试解决这些关键问题，在产业发展、生态环境、乡村文化、村庄治理等方面从某些优势点着力，以点带面，撬动乡村整体发展，这才是乡建的正确打开方式，所以很庆幸有乡村复兴论坛这样的平台的出现，来指引我们做一套系统性的乡村建设。

目前制约中国农业发展有三大瓶颈：金融、市场和科技。要实现“五年行动计划”中的农业相关目标，金融与市场两大瓶颈的突破尤为关键。解决好乡村的金融和市场问题，才能奠定农业突破的基础。乡村金融问题的解决，首先要让乡村资源变成资产，才能推动资产运作。其次，借鉴“产融结合”模式，让产业与金融互动提升，螺旋式发展，在这个过程中产业融合与运营十分关键，而且要以运营为先。

不同地方的乡村振兴有不同的内涵，手法也会不一样。以泉州南安市的乡村振兴项目为例，我们认为南安市的乡村振兴模式是要有产业、有生活、有态度、可持续的。南安位于比较发达的沿海地区，连接着厦门市和泉州市，同时，南安市工业基础较好，民间资本充裕，具有良好的产业资本运作基础，在这个过程中，乡村资产增值尤为关键。因此，我们希望通过旅游运营的模式来激活乡村发展，带来乡村价值的提升，之后再通过品牌化的运营，让其可持续化。品牌运营是乡村产业快速扩大规模、丰富体验、提供增值的重要生产性板块。只要村里各个方面的价值提升了，乡村振兴就会在一个稳妥的机制里实现。由此我们提出，通过打造示范村往前推进乡村建设，再由乡村建设推动乡村振兴的发展，通过局部运营推动整体价值的提升，村民也参与其中的相应内容，政府、村民、游客都能从中实现收益。

如今，我们在厦门、北京两地逐步建立运营端，希望整合更多的力量来建设乡村，造福村民。

注：本文根据“乡村复兴论坛・永泰庄寨峰会（2018年12月30日）”嘉宾演讲稿整理而成。本文图片由作者提供。

我们与竹头寨的一年——不完美的成果与完美的历程

李君洁

北京清华同衡规划设计研究院遗产七所（传统村落保护研究）项目经理、所长助理

内容摘要：本文以福建省永泰县竹头寨综合整治建设项目为例，探讨了上寨和铳楼修复改造、村落景观的全面提升、重要节点和基础照明、标识系统等内容。

关 键 词：村庄规划；建筑修复；乡村景观

我今天有一个特殊的身份，作为竹头寨综合整治建设项目的负责人、主创设计师来参加乡村复兴论坛·永泰庄寨峰会。因此在竹头寨演讲是带着一个被检验的心态，演讲内容更多是做一个复盘，想让大家知道这一年里我们到底做了什么。我们有成果也有遗憾，但是更多收获的是继续前进的希望。

一年前，一张美丽的照片吸引我们义无反顾地奔向竹头寨（图 1）。然而到了现场，发现实际上她跟很多其他古村一样破败。经过深入的研究，我们发现这个村子历史文化深厚。像一个小岛一样的小村寨里，竟然有两座庄寨，让我们感觉很有压力，如果做不好我们愧对历史文化，愧对竹头父老，甚至愧对庙里面的五显大帝。

我们正式工作的第一件事是调研摸底和开村民大会，在深入了解村落的资源、问题和村民需求之后，我们迅速确定了工作内容，包含规划、建筑、景观、照明四大板块，并对所有的具体设计进行了选点。

我汇总了一张表，显示竹头寨的工作内容和完成情况。可以看出来，我们基本上完成了最初预想的工作内容，而且也有其他一些设计单位和实施机构同时开展着部分文物修缮、基础设施建设等工作。竹头寨的剧变绝不是一个团队能够完成的，是大家齐心协力的结果。

在工作开展的初期我们先做了一个相对概念化的规划，在此基础上对村落有一个整体的定位和指引，也能够让后续设计与建设工作开展得更有针对性。由于有峰会的时间节点卡着，我们几乎与规划同步开展了具体的设计工作，具体的实施设计有四个主要部分。第一是建筑，第二是景观，第三是照明，第四是标识系统。

一、建筑部分：上寨和铳楼修复改造

针对建筑部分，原计划改造三栋建筑，因为产权关系，只实现了上寨和铳楼。

第一栋建筑是上寨，也就是卧云庄，是乡村复兴论坛・永泰庄寨峰会的会场所在地。她是竹头寨最古老的庄寨，可惜年久失修，我们见到她的时候，已经是一片废墟了。

关于上寨的建筑功能定位，是一个值得探讨的话题。用作会场是这栋建筑一个明确的设计任务。但仅仅一个会场功能是不足以支撑体量如此庞大的庄寨的，最终我们的定位是庄寨文化研究中心（图 2），这并不是一拍脑袋想出来的。首先，她具备供四五百人开会的大空间体量，这样的庄寨已经不可能回归传统的居住功能了；其次，大体量的庄寨的整体商业运营成本很高，短期内难以市场化，文化性功能运营和维护成本相对较低，更容易赢得政府支持和策划活动青睐；再者，结合永泰县庄寨的研究工作及发展阶段，县里需要一个研究中心，有会议空间的上寨很适合开展研究工作。最后，上寨作为永泰县第一个即将重生的废弃庄寨，如果要赋予一个新的功能，文化功能可能是对于古老而威严的庄寨来说最有尊严的一种存在。

卧云庄的具体功能设计为三个分区，入口区两侧可以远观三狮山的风景，所以功能上偏向于接待、茶室、临时展览等文化商业功能；中部区是会场；后部区域主要用于展示、研究、生活。

任何一个建设过程都可能遇到各种各样的困难，比如上寨施工期间我们还经历了一次会场区的结构调整。为了保证大跨度的会场空间，在建组遗产中加入钢结构也是一种比较常见的做法，所以原本的设计是用钢结构的，会场里没有一根柱子。但是后来发现当地的钢结构技术不够成熟，而且上寨位置高，钢结构材料运输难度大，同时工期又紧，之后县领导召集当地工匠研究，改用大跨度的木结构（图 3）。

第二栋建筑是铳楼书吧。村子里有很多废弃的铳楼，铳楼是与庄寨结合的一种防御性附属建筑，历史上曾发挥过重要的作用，现在不需要防御了，也就不需要铳楼了，废弃的铳楼成了村里的消极空间。但上寨旁边的一座铳楼很有意思，

图 1　改造前的竹头寨鸟瞰
（摄影：叶俊忠）

图 2　上寨（卧云庄）改造前后
对比（摄影：陈曦）

她连着一座木楼，铳楼垂直封闭的纵向空间与木楼相对开放的空间形成一种戏剧性的冲突。因此我们把她的功能定位为铳楼书吧（图 4），木楼部分兼具读书和咖啡的功能，铳楼则是更纯粹的藏书楼（图 5、图 6）。具体实施时木楼落架重建了，铳楼被完整保留下来。

这里还有一些小故事，为了让大家了解铳楼，县里联合新浪微博发起捐书活动，征集到近三千册书，没想到装进小小的铳楼书吧，还是显得很空。现在的小书吧，有大容量，也希望她未来能有大能量。

二、景观部分：点、线、面的全面提升

在以往的项目中，我一直提倡传统村落“弱景观”设计，景观接近原生态，就像村子里本来的样子。后来发现这种做法在竹头寨不太合适。庄寨的气质特别高大威猛，同时又是一个很有人文特质的村落载体，原本比较“弱”的设计方法，无法完整表达出庄寨的气质。因此在这一次的景观设计中，我们想突出庄寨的威严感，重点打造仪式空间和人文空间。

具体在操作方式上，基于村里的景观提升需求比较复杂，我们要从点、线、面分别切入做村落景观的全面提升，因此做了四个景观节点、一条特定线路和整村的环境整治。

1. 四个景观节点

在四个景观节点中有三个跟建筑相结合，分别是上寨前台地、下寨前台地和铳楼庭院。在这三个点上，景观都是“甘当绿叶衬红花”的，以最简单的设计，最大限度地衬托出建筑高大，同时提供舒适的景观和观赏点。而中寨区的旱溪花园，则是景观节点中唯一真正的“花儿”。她是沟通了中寨与下寨的带状空间，在规划调整了村落交通系统之后，上寨也能直达这个区，她成了连通上、中、下寨的桥梁和村落的中心景观空间。

前三个节点倾向于创造仪式感，旱溪花园就是庄寨人文情怀的体现。在最初选点时，旱溪花园区的场地很难进入，村民帮助清理杂草后又显露出大量的陈年垃圾，后来施工方仅清理垃圾就清出了 20 车拖拉机的量，才得以正式开工。说起来，村里的每项工程都没有想象中的容易。

图 3 建成后的会场空间
（摄影：覃江义）

图 4 铳楼书吧室外改造前后对比
（上图摄影：陈曦；下图摄影：李君洁）

图 5　改造后的木楼（摄影：陈曦）

图 6　改造后的铳楼藏书楼（摄影：李君洁）

旱溪花园分石瀑布区、旱溪区和水景区三个区。

石瀑布区是旱溪花园最北部的区，也就是旱溪的“水源”区。靠着一张意向图，一张手绘示意图，一堆一块块精挑细选的石材，一个设计师，一群好工匠，我们完成了从垃圾山到石瀑布的蜕变（图 7）。在石瀑布区我们还做了一个亭子，叫待雨轩。因为旱溪本没有水，但是，旱溪花园所在的带状空间，其实是全村下雨时雨水汇聚再排出村外的最主要通道，这才是我们要做旱溪花园真正的原因，平时可休闲、可游赏，关键时刻能满足排水的实际需求（图 8）。所以，待到雨打芭蕉，在待雨轩中，与谁同坐，听溪水潺潺。

在实施过程中，旱溪花园也经历了很多波折。比如水景区，最初的设计中并没有这个区，这里原本是一个陡坡，植被也很好。后来村子贴着外环路砌石挡墙后填出了一大块空地。她的突然出现对我们是一个考验，因为当时景观工程的预算、招投标都已经结束了，最简单、最省钱的做法是种草、种树或者种菜，但是与已有的旱溪花园在设计逻辑上不合拍，旱溪“流”到一块菜地、一块草坪，怎么想都很奇怪。

当时，我们在现场给福建省永泰县政协副主席、古村落古庄寨保护与开发领导小组办公室主任张培奋打电话，问墙砌错了怎么办？他也很为难，墙当然不能拆啊！他问我要怎么办，我说要做水景。他又问我能不能保证效果？我说能。他马上回应：“好，给工程拨钱、拨人，你做吧。”

然而意外远没有结束。施工队已经备好料的 3 号亭，当地村民不同意开工。我们陪着施工方和村里的乡贤一起找村民沟通，他们还是不同意。我索性现场又选了两块地，马上放线，拉着那位村民大姐逐个确认。我想有三块地，总有一块能用吧。最后她在现在的水景区一处松了口。

两个美丽的意外一起成就了中寨入口、旱溪花园收尾处的水景小园林景观（图 9）。在村里做项目的乐趣之一可能就是这种在处理问题的过程中收获的意外惊喜。

2. 一条特定线路

景观中的“一条特定线路”其实也可以算半个意外。

下寨（明官寨）正前方的大片农田，因为新修了一个灌溉明渠，从空中俯拍就像田地里裂开了一条长长的大口子，是很破坏农田景观的。曾经我们想把明渠

图 7　石瀑布区改造前后对比
（摄影：李君洁）

图 8　旱溪区改造前后对比
（上图摄影：汪甜恬；下图摄影：李君洁）

改道，但是没改成。事已至此，我们就利用它做了一个木栈道。栈道不仅缝合了农田的裂痕。更重要的是它成了一条很有仪式感的步道。你会发现从栈道起点慢慢走近下寨，寨子越来越大，威严感和神圣感扑面而来。

为了能在峰会期间给大家呈现一个好的农田景观（图 10），我们的选择是放水呈现水镜面的景观效果。县领导提议做一些粮仓、草垛，虽然这是春秋两季的农田景观元素，但是在一个特定的峰会期间展示了出来，不就预示着如同竹头寨的建设，只有春天努力播种，秋天才会有满满的收获吗？

3. 整村的环境整治

景观的第三类工作是整村的环境整治。这是一个有规律，但没有捷径的工程。所谓的有规律，数起来就是卫生打扫，杂草、杂木修剪（注意不是彻底清除），杂棚拆除或风貌整治，扎篱笆、砌矮墙，加护栏、护坡处理，补充植被等，但是在操作层面，只能是设计师与施工方一起地毯式地、全村一个点位一个点位地整治。这是一个细碎、烦琐、浩大，做了还像没做一样，没做却完全不一样的工程（图 11）。特别要感谢施工方配合，这其中还有很多工人是本村的村民。

三、照明部分：重要节点和基础照明

照明设计主要沿用了我们团队在传统村落中常用的方法，有三个原则，一是要看得见光，看不到灯，尽量减少灯具本身在白天对村落风貌的影响；二是必须看到的灯具，灯具形态要与村落风貌最大限度地融入；三是在满足基本照明需求的前提下，尽可能维持一种静谧感强的夜景暗环境。

照明的设计范围有三大类，重点建筑、重要景观节点和基础交通照明。

在重点建筑上、下寨的立面照明中（图 12），我们只在檐下做加了遮光板的灯带，配合门口的灯笼。虽然有些人或许会提出质疑，为什么不用洗墙灯？为什么不把立面打亮，让庄寨在夜晚更加高大雄伟？而我们的设计意图是：檐下的灯带，提示了庄寨的高度，行进在村中，你依然可以感觉到她的高大。同时，室内的灯光不会被外面强烈的立面照明光掩盖，这种由内而外渗透出来的光，是一种信号——庄寨，不管多高大、多庄严，永远有一盏为你亮的灯，永远是永泰人温暖的家。

在景观节点的照明上，我们依然倾向于藏灯，亭、廊中、座椅下、水边……把

图 9　水景区改造前后对比
（上图摄影：汪甜恬；下图摄影：李君洁）

图 10　峰会期间的下寨前农田
（摄影：李君洁）

图 11　某民居前环境整治对比
（上图摄影：汪甜恬；　下图摄影：李君洁）

图 12　下寨立面照明
（摄影：李君洁）

灯带藏在各种犄角旮旯里，让你看到温暖的光，但是很难找到灯在哪里。在交通照明上，因为竹头寨太小、路太窄，所以设计上没有使用路灯，而是专门设计定制了仿真竹筒草坪灯。我们就灯具的尺寸、组合方式、开口位置和方式、光源的安装位置、各项参数指标等与厂商反复沟通试验，才得到比较好的照明效果（图 13、图 14）。

同时，为减少外露灯具的数量，我们也采用了一些与石墙相结合的“路灯”和与护栏结合的“路灯”。虽然在摄影作品中的夜景是比较亮丽的，还有媒体评价她如同大地上的星河（图 15），但实际上我们用的灯亮度、色温都很低，主要还是比较暖、比较暗的光。这里不是城市，是温暖静谧的古村，我们希望在保证能看清楚脚下道路的同时，抬头还能看见真正的星河。

四、标识系统

标识系统是中后期增加的设计内容。我们希望这套标识简洁且有本村的特色，所以采用了当地最典型的传统材料——石、竹、木，同时使用了石雕、木雕、竹刻的工艺。其间也是与施工方反复对接、实验，确认材料、做法、效果，最后成品的效果还是比较令人满意的（图 16）。

在做标识系统的时候也做了村 LOGO（图 17），这确实本非我们的强项，但经过反复修改、优化，也诞生了一个富有庄寨建筑和竹子意向的成品，去铳楼买明信片所盖的戳就是这个 LOGO。

一个竹头寨，一整年，有太多人付出了太多的艰辛。从衰落破败到浴火重生，有太多要感谢的团队和个人，尤其是事无巨细给我们支持的永泰县古村落古庄寨保护与开发领导小组办公室、不厌其烦地配合我们修改调整各项工程的施工方、间断性配合驻场指导的合作方……大家克服了许多技术上的难题，以及台风等各式各样的困难，最终呈现出峰会这一天的成果（图 18）。最后还要感谢一个特殊的群体：村民以及村子里的乡贤们。如果没有他们的支持、理解与配合，可能再好的设计、再好的施工队，甚至再强有力的政府，项目也有可能推行不下去。

图 13 旱溪景观节点之待雨轩照明
（摄影：张培奋）

图 14 草坪灯及其夜景效果
（上图摄影：汪甜恬； 下图摄影：李君洁）

图 15　整村夜景效果
（摄像：张维汕）

图 16　标识设计成品之标识牌
（摄像：陈曦）

图 17　竹头寨村 LOGO
（绘制：李君洁等）

图 18 竹头寨改造后的鸟瞰照片（摄影：陈曦）

峰会的召开只是标志着第一个集中建设阶段的结束，竹头寨的发展才刚刚开始。“革命尚未成功”，我们还会继续努力！

注：本文根据“乡村复兴论坛·永泰庄寨峰会（2018 年 12 月 30 日）”嘉宾演讲稿整理而成。本文图片分别由作者、清华同衡传统村落所、永泰县村保办提供。

第四章 乡村·运营

让大埔了解世界，让世界知道大埔

李　农

12301 国家智慧旅游公共服务平台首席市场官

内容摘要：本文以 12301 国家智慧旅游公共服务平台为例，探讨了中国旅游业信息化的全面升级、旅游信息化推动大埔旅游业的发展、视觉内容制造与传播等内容。

关 键 词：智慧旅游；大埔旅游；全媒体传播

12301，是一个 7 天 24 小时服务的电话号码，当游客在旅途中遇到问题时，只要拨打 12301 就会得到政府相关人员的服务。12301 的背后连接了 1200 多家旅游质监执法机构，确保游客的诉求得到合理解决。

一、中国旅游业信息化的全面升级

在过去四年里，文旅系统建设了四大国家级平台，这四大平台最重要的作用就是把全国的投诉和紧急救援系统集中起来。游客去国外旅游的话，可以拨打 12308，这是外交部的中国公民领事保护电话号码。当中国公民在境外遇到困境时只要拨打这个电话求助，就可以得到相应的领事保护。所以，只要记住 12301 和 12308 这两个号码，在国内和国外旅游时就堪称无忧了。

文化和旅游部还建设了产业监测和应急指挥平台，把全国 3000 多家景区 12000 多个摄像头连接在一起；建设了全国旅游监管服务平台，可以掌握全国 69 万导游的实时行动轨迹和带团信息，还有游客的电子合同信息，报团出境名单表等；文化和旅游部还把旅游区内星级厕所的信息也整合了进来。中国旅游业的信息化程度相比四年前发生了翻天覆地的变化，现在已将全国的数据进行统一管理。仅仅实现数据收录和集中并不重要，重要的是可以根据这些数据给游客提供不同的服务。当游客在旅游过程中遇到问题的时候，一定会有人响应，随时可以拨打电话 12301，也可以使用高德地图，使用支付宝和微信的旅游服务，全都可以联系到 12301。

比如，这两天我在大埔（图 1），在距离我 3 公里的范围内，我没有找到一位带团的导游，然而我在厦门的时候情况则完全不同，我打开手机搜索发现周围全是红点密布的导游信息，这也许说明了大埔和厦门两地之间旅游现状的差距。今时今日，我们可以自豪地说，旅游业纵向应急联动机制已经完全建立，前两天（2019 年 6 月 18 日）日本海域发生 6.4 级地震，全国旅游监管服务平台立刻会查出在这个时间点日本有多少中国旅游团，以及领队的电话号码，从而为游客出行提供全方位的保护。

图 1　大埔泰安楼（摄影：李农）

12301 平台还汇集了全国主流在线旅游企业（OTA）的实时点评数据，在出发参加乡村复兴论坛·大埔峰会之前，我特意查了广东省景区的口碑情况（图 2），在全国各省的景区口碑总评里上个月（2019 年 5 月）广东省的排名是全国第六。再看酒店（图 3），广东省在整个 5 月份全国酒店质量排名中名列第一位，在过去 12 个月里总计有 1918 万条点评，现在很多管理者都依靠这些数据来分析景区的运营情况。我也翻看了关于梅州景区的游客评论信息，系统会自动列出一个排名。在整个梅州地区，目前景区热度排名最高的是泰安楼客家文化园，她在整个梅州有点评数据的 100 家景区当中名列第 26 位，而百侯古镇的好评率在这 100 家景区当中现居于 52 位。虽然我们做了很多工作，但对老百姓来说，大埔的景区在梅州大概就处在这样的位置，更不要说在广东省和全国的范围内了。

图 2　2019 年 5 月，广东省景区社会化口碑排名

（图片由“12301 国家智慧旅游公共服务平台”提供）

图 3　2019 年 5 月，广东省酒店社会化口碑排名

（图片由“12301 国家智慧旅游公共服务平台”提供）

二、旅游信息化推动大埔旅游业的发展

那么我们应该如何应用资源，让世界更多的人了解大埔呢？

首先，大埔可以利用 12301 搭建的国家智慧旅游公共服务平台，将景区动态信息发布到社会化平台上，比如高德地图、百度地图等，比如是不是人数太多进行了限流，比如道路是不是因为自然灾害进行了关闭。2019 年的“五一”小长假期间，我们将全国 14 家景区限票和限流信息，通过国家智慧旅游公共服务平台，发布到高德地图和百度地图的景区动态栏目中，游客如果使用高德地图或百度地图导航到这个景区，就会接收到提示信息。这样一个信息联通平台，可以提供给大埔景区更多的综合性服务，让大埔与外界的联系更加密切，而且它完全是公益性的，全部免费。

其次，我们可以提供丰富的手机锁屏资源，其中包括手机锁屏界面的景区高清大图，并支持动图、短视频等全媒体全屏显示。用户点击锁屏的图片，还可跳转 H5、网页文章或直达 APP 内页，由此提供了用户与景区的高频互动，锁屏内容是基于用户兴趣个性化推荐的。除此之外，我们在百度地图上做了景区的最佳拍照点功能，把景区最佳拍照点位标记在百度地图上，当游客到达景区，手机上会自动跳出一个浮窗，这个浮窗会显示出最佳拍照点，用户点击浮窗，摄影师在此地的摄影佳作也都会显示出来。百度精细化地图实现了景区图片与所在地图点位的连接、图片与景区坐标相对应的功能。游客根据地图导航，很容易走到最佳拍照点的位置，并可参考专业摄影师拍摄的样片，自行拍照。我们可以连同百度地图，将这样的资源投放在大埔（图 4）。

图 4　大埔张弼士故居（摄影：李农）

三、视觉内容制造与传播

为了达到让外地人更多了解大埔的目的，应该制造一些内容。以台儿庄古城为例，台儿庄古城的旅游资源实际上比大埔差得多，它是完全在运河边平地建造的古城，地处徐州和枣庄之间，交通不便，下高铁至少还要坐一个小时的汽车才能到达。但如今台儿庄古城已然是5A级景区崛起的新秀，这两年旅游业发展火爆，无论是游客还是旅游业内人士对台儿庄古城的评价都很高。2019年元旦，台儿庄古城的领导提出一个想法：将台儿庄古城推向世界，让世界都知道台儿庄古城。那么我们有什么资源可以帮助他们达成这个目标呢？

12301国家智慧旅游公共服务平台有丰富的设计师资源，有全世界最大的摄影师社区，大约1300万人，有全世界最大的交易图库，有全中国最大的平面设计师社区，总共300万人。我们围绕台儿庄古城2019年大庙会新春花灯会亮灯仪式、庙会民俗表演以及台儿庄古城美景等方面，从视觉素材建立、图片故事设计到全媒体传播全方位助力传播“年味台儿庄”的景区形象。我们还通过VCG官网搭建“2019台儿庄古城大庙会”专题，实现图片系统管理及维护，并依托“视觉中国”强大的媒体资源实现大范围自发传播，其后精选优质视觉内容进行图片故事的包装，并借助“视觉中国”国内外强势的媒体进行相关报道，引发国内外媒体高度关注，实现多渠道、全媒体传播及报道。大埔的三十六巷其实有太多的故事是可以传播的，我们也有很多优秀设计师的产品和素材，但“视觉中国”的图库中关于大埔的图片资料非常少。少意味着什么？意味着缺少与世界互动的机会。现在每天全世界有7000多家媒体都在“视觉中国”的图库里找图用于编辑新闻稿。以台儿庄古城为例，在2019年元旦，我们拍摄了一组元旦庆典仪式的照片，将这些图放入“视觉中国”全球图片分发体系里，第一家使用的是英国卫报，他们的全球十大跨年庆祝活动新闻图片，在中国仅选择了台儿庄古城来报道，很多外国人在问，台儿庄古城在哪里？然后是微软的MSN，他们把关于台儿庄古城的图片选为每周的经典图片，全世界的人只要那天打开Windows，屏幕上出现的就是台儿庄古城的动态高清图片，这就是我们的资源。我们进行了统计，传播了这组图片之后，大概有来自全球的上百家媒体相继对台儿庄古城进行了宣传报道。

再举一个关于芜湖的例子。芜湖也是一个旅游资源不算丰富的地方，我们请一个法国摄影师到当地的方特乐园里拍摄芜湖铁画的制作过程。为什么请法国摄影师呢？第一，这个法国摄影师的作品是可以发通稿的。第二，法国人会以不一样的视角来拍摄中国的传统工艺，这本身就是一种文化资源的传播。我们最大的优势，是当一个场景要拍摄的时候，我们知道最适合这个场景拍摄的摄影师在哪里。

在拍摄苏州刺绣的时候，我们特邀国内知名摄影师策划，并拍摄了三组图片故事，全方位展示了苏绣的文化魅力与文化底蕴。其中一组故事在拍摄过程中，摄影师选择了一个做刺绣的帅气男生作为主角。在我们的传统认知中，刺绣工作一般是女性的强项，而秀郎是不多见的，这就成为这组故事拍摄的亮点。当我们包装一个地方、一座城市的时候，要突出它最有特色的内容，会选择最优秀、最适合的摄影师把内容呈现出来，更重要的是把声音传递出去。大埔原本就有很多优质的资源，我们眼中的一汪清水、一座祠堂、一些非常普通的物件，在摄影师、媒体人、传播者的心目中都会呈现不一样的故事。

未来，12301 国家智慧旅游公共服务平台将紧随乡村复兴论坛的步伐，尽可能把一些国际性的会议挪到特色乡村召开，让更多国际友人了解到中国的新农村。我们希望运用“视觉中国”与 12301 国家智慧旅游公共服务平台的数据资源、设计资源与传播资源更多地帮助大埔，让更多的游客、国际友人了解大埔，知道大埔。

注：本文根据“乡村复兴论坛 · 大埔峰会（2019 年 6 月 22 日）”嘉宾演讲稿整理而成。

村民第一：乡村振兴的主体作用

唐孝祥

华南理工大学建筑学院教授、博士生导师
中国建筑学会岭南建筑学术委员会副主任委员兼秘书长

内容摘要：本文从乡村振兴理念、乡村建设的现状与问题、国外乡村建设的经验、乡村振兴战略定位等方面着手，阐述了乡村振兴的第一主体是村民的发展思路。

关 键 词：乡村振兴；国际乡建经验；村民主体；

参加乡村复兴论坛大埔峰会的这两日，分享了很多专家、设计师的乡建思路和探索实践经验。从这么多探索乡村振兴的模式来看，最重要的是明确乡村振兴的主体是谁。在明确村民是第一主体的情况下，乡村振兴应该怎么去落实推进。党的十九大报告明确提出了乡村振兴战略，并指出实施乡村振兴战略是新时代解决“三农”问题的总抓手。所以，我们一定要把握好乡村振兴战略的定位，要认真解读中央提出的乡村振兴战略，一起探索乡村振兴发展的新思路。

一、乡村振兴，时代强音

党的十九大报告提出，要贯彻新发展理念。在 2019 年的两会期间，习近平总书记特别强调了乡村振兴要理念先行。在中共中央国务院关于实施乡村振兴战略的意见当中，一是提到要坚持农民主体定位（这里面用了一个概念叫农民，而我的题目中用了村民一词；这两者是有区别的，所谓的农民是按产业分的，而所谓村民是按隶属关系分的）。二是提到坚持乡村全面振兴的问题，在两会期间，习近平总书记还特别强调要用好深化改革这个法宝。现在全国各地正在探讨这个“用法”的问题，概括起来有三点：

第一，以城乡融合发展打破城乡二元结构。城乡融合发展是一个很新的提法，我认为这是新型城镇化的升级版。之前我们做新型城镇化出了一些问题，因为很多设计方直接把城市规划管理的套路用在农村建设规划中，我们在传统村落保护规划以及历史文化名村名镇保护规划里就出现过这个问题。拿城市的规划技术标准来套到农村去是行不通的。为什么要提城乡融合？所谓城乡融合，即城市是城市，乡村是乡村，但是要把各自的优势发挥出来，要把各自的优势组合起来、融合起来，共同发展，这应该是城乡融合的根本含义。

第二，以完善农村基本经营制度激发内生活力。首先是完善农村承包地“三权分置”制度；其次是深化农村土地制度改革，完善农民闲置宅基地和闲置农房的政策，探索宅基地所有权、资格权、使用权“三权分置”；最后深化农村集体产权制度改革。

第三，以深化农村综合改革推动乡村全面振兴。一提综合就比较难办，因为我们做事情、想问题总是一个一个地来；一提到综合，标准就提高了，要求就更严了。综合振兴是有先后顺序的，这需要我们去研究。如今在乡村振兴的实践中，政界、业界、学界、商界乃至村民五大主体各自为政，还没形成合力，因此，效果不显著。因此，在古村落保护和乡村振兴中应强化村民的第一主体地位，落实依靠村民、为了村民的方针路线。

二、乡村建设的现状与问题

我和乡村复兴论坛主席、清华大学建筑学院罗德胤老师多年来一直投身于住房城乡建设部指导的乡村建设工作，负责中国传统村落的评审和认定工作。2012年12月，住房城乡建设部、文化部、文物局、财政部联合下文公布认定了第一批中国传统村落共646个。2013年8月，住房城乡建设部、文化部、文物局、财政部组织专家评议认定了第二批中国传统村落915个。2014年8月，住房城乡建设部组织“中国传统村落”评审专家委员会评定第三批中国传统村落，共有2000多个传统村落入围专家评审会，共评审认定994个中国传统村落。2016年3月，第四批评审有近7000个村落申报，评出1598个。2018年3月，住房城乡建设部组织第五批“中国传统村落”评审，共有6100多个传统村落入围专家评审会。截至2018年第五批评审后，总计6819个入选中国传统村落。按照当时住房城乡建设部的部署和设想，中国古村落评审认定要力求56个民族全覆盖，后续有些村落是要进行补充的，评审的要求也会更高，而且调查的力度会更广泛。

当前乡村建设面临的问题概括起来有四点。第一是产业结构失衡，特色产业缺失。第二是生态急需修复，人居环境恶化。第三是人才劳动力外流，文化传承断代。第四是法制德治滞后，社会治理松散。由此，我们要明确认识村民是乡村振兴的第一主体。

三、国外乡村建设的经验

罗列国外乡村建设的经验，比如深受汉文化影响的韩国、日本、新加坡，有一些乡建举措是有一定借鉴价值的，因为生活方式、风俗习惯有相似性。从历史文化保护方面来看，法国、德国更值得我们借鉴。当然，完全照搬国外的乡村建设模式来做是不行的，所以党中央一再要求我们要坚定文化自信，要走自信道路，这是有道理的，特别是文化自信。下面具体分析几个国家的乡村建设经验。

第一个，日本。日本的情况总结起来主要是通过整合和开发本地传统资源，形成区域性的经济优势，从而打造富有地方特色的品牌产品。因为土地制度与社会制度的不同，他们的做法在我们这里可能行不通，但是有些方法是可以借鉴的。

(1) 日本政府根据本国的地形特点、自然条件状况，培育独具特色的农产品生产基地，譬如水产品产业基地、香菇产业基地、牛产业基地等。

(2) 为了提升农产品的附加值，政府采取对农、林、牧、副、渔产品实行一次性深加工的策略。

(3) 充分发挥日本综合农协的作用，在农产品的生产、加工、流通和销售环节建立产业链；通过完善教育指导模式，开设各类农业培训班、建立符合农民需求的补习中心，提高农民的综合素质和农业知识。

(4) 政府对农业生产给予大量补贴和投入，支持农村发展。造村运动振兴了日本农村经济，促进了日本农业现代化的实现。

第二个，韩国。韩国的自主协同型模式是在城乡差距十分大的国家或地区非常实用的一种乡村治理模式。

(1) 针对农村基础设施破旧的现状，政府在乡村积极兴建公共道路、地下水管道、乡村交通、河道桥梁，以此整顿农村生活环境，提升农民生活质量。

(2) 通过改变现在的农业生产方式，推广水稻新品种，增种经济类作物，建设专业化农产品生产基地，提高村民的经济收入。

(3) 培育和发展互助合作型的农协，通过对各类农户提供专业服务和生产指导，以此促进城乡实现共赢。

（4）在各个乡镇和农村建立村民会馆，用于开展各类文化活动，激发农民的参与性和积极性。

（5）政府在农村中开展国民精神教育活动，提高乡民的知识文化水平，创造性地让农民自己管理乡村和建设农村。

我认为这些是很值得借鉴的，特别是在一些发展落后的地方，比如典型的客家地区就属于这一类，梅州、闽西、贺州等可以尝试多借鉴韩国的模式来做乡村建设，走自主特色的发展之路。

第三个，德国。德国的循序渐进型模式主要针对经济社会的快速发展，政府需要不断调适现行的乡村治理目标、方式和手段，以求实现农村社会的整体效益，这是一个长期的发展过程。我个人认为，从十九大报告提出的战略来看，我们受这种模式的启发比较大。下一步我们很可能会借鉴这种做法，因为德国与我们有很多相近之处，首先德国的历史文化非常悠久，其次在地理资源方面德国与我国相似，只不过是规模上有差别。德国的村庄更新经过了四个重要的阶段：

（1）1936年，德国政府通过实施《帝国土地改革法》，由此开始对乡村的农地建设、生产用地以及荒废地进行合理规划。

（2）1954年，村庄更新的概念正式被提出，在《土地整理法》中政府将乡村建设和农村公共基础设施完善作为村庄更新的重要任务。在此之后，德国的巴登威滕堡州、巴伐利亚州都陆续出台了村庄更新的发展计划。

（3）1976年，德国在总结原有村庄更新经验的基础上，不仅首次将村庄更新写入修订的《土地整理法》，而且试图保持村庄的地方特色和独具优势来对乡村的社会环境和基础设施进行整顿完善。

（4）20世纪90年代，村庄更新融入了更多的科学生态发展元素，乡村的文化价值、休闲价值和生态价值被提升到与经济价值同等的重要地位，实现了村庄的可持续发展。

我国乡村振兴战略也将经过几个阶段，十九大报告提出之后，这两三年是摸索经验、总结经验的阶段，我们在梅州市大埔县做的全国示范点项目很快就要出报告了，这个报告就是给国家下一步政策的制定提供参考。我们要有一个班子专门研究这个报告，来指导一些经济欠发达但文化底蕴很深厚的地区做乡村振兴，我们要找出这条路来，这就是大埔的贡献，我们的试点就要肩负起这个责任和任务。

第四个，荷兰。荷兰的精简集约型模式是国家在农村资源相对有限的情形下，通过对乡村的精耕细作、多重精简利用的方式，达到规模化和专业化的经济社会效益。

第五个，瑞士。瑞士的生态环境型模式是以绿色、环保理念为依托，强调将乡村社会的生态价值、文化价值、休闲价值、旅游价值以及经济价值相结合，从而改善乡村生活质量，满足地方发展需求。生态环境型模式在工业发达、城市化水平较高以及乡村建设已经达到领先地位的发达国家比较适用，也是农村现代化的样板。

第六个，法国。法国的农村改革，是基于国家整体规划和科学指导，通过有效协同的方式，加强了各部门之间的联系，很好地整合了社会各个部门的优势资源，使其共同致力于推动乡村社会的发展。这种模式非常强调完善的合作机制，以融合和互促的手段建设利益共同体，形成工农共同发展的良性经济循环，加快了农业现代化的实现。

第七个，美国。美国的城乡共生型模式产生于特殊的社会人文环境，多见于经济发展程度较高的发达国家，以农村完善的公共服务体系和发达的城乡交通条件为基础，能够全面提升国家的现代化水平。城乡共生型模式以遵循城乡互惠共生为原则，以城市带动农村、城乡一体化发展等策略来推动乡村社会的发展，最终实现工业与农业、城市与农村的双赢局面。美国在乡村治理过程中，非常推崇通过小城镇建设来实现农村社会的发展。

第八个，加拿大。加拿大的伙伴协作型模式改变了以往政府高高在上的形象，政府通过协调各部门之间的关系，与村民形成了新型的合作伙伴关系，积极帮助农民改善生活，促进农村现代化的快速实现。

（1）通过建立跨部门的农村工作小组支持和解决乡村问题，提高工作效率，降低政府行政成本。

(2) 建立农村对话机制，定期举办农村会议、交流学习、在线讨论等活动，及时掌握社情民意，为民众排忧解难。

(3) 构建农村透镜机制，使各级政府部门官员站在村民立场上，时刻牢记为人民服务的宗旨。

(4) 推动和组织不同主题的农村项目，激发企业和个人到农村创业的激情。

(5) 在欠发达的农村地区建立信息服务系统和电子政务网站，为村民提供信息咨询服务和专家指导建议。通过农村协作计划的实行，政府成了维护村民利益、提高农民生活水平的好伙伴，极大地推动了乡村地区的发展和社会的繁荣。

四、坚持村民是乡村振兴的第一主体

我们应该始终坚持村民是乡村振兴的第一主体。在“五位一体”乡村振兴战略中，产业兴旺是根，文化传承是魂，生态宜居是基，治理有效是本。

1. 产业兴旺是根

乡村由于缺乏活力产业，乡镇青年感到前途迷茫，这是我们要解决的问题。村里引进的产业如何规划落地很重要，乡村规划一定要以产业落地为根基，而不应过度重视建筑外立面的打造。我们应该因地制宜地推动乡村产业发展，积极推进农村一、二、三产业融合发展，创新农业投融资模式，破解产业发展瓶颈，创新体制机制，激发农村产业发展的内生动力，多措并举形成强大合力。

规划师不能在没有充分调研的情况下就在工作室里闭门做设计，这样作出的规划是没有实效性的。我建议今后的规划评审由 7 个不同领域的专家组成，建筑和规划领域的专家只占 2 个，其他 5 个是市场领域、社会学领域、经济学领域、管理学领域、民宿领域的专家，这样才能确保评审结果的公正性与权威性。当然我们有一批优秀的乡村振兴项目，如中国民居建筑大师朱良文教授在云南做的哈尼梯田村落规划，他甚至自己捐出了一大笔款项用于项目推进，将毕生的情感和愿望都奉献其中。还有湘西的十八洞村，创造了精准扶贫、精准脱贫的村级样本。再就是安吉鲁家休闲农业专业合作社。我以住房城乡建设部专家的身份给获奖的十位村支部书记颁发奖牌，现在这些村在社会上产生了很大影响，我们要培养一批这样的乡贤村民。乡村振兴归纳起来有几种方式：一是文旅结合，二是农旅结合，三是休闲农业和康养产业结合。

2. 文化传承是魂

我认为在乡村振兴中最重要的是文化传承，现在有很多空心村，没有生机，没有活力。乡村振兴要保护和重塑乡村文化空间，传承乡村文化，就更需要发挥村民第一主体的作用。首先我们应该加强乡村物质文化遗产和非物质文化遗产的抢救保护；其次应该建设充满生机活力的乡风文明体系；再者要挖掘、整理和展示中华优秀传统文化的当代价值和世界意义，为世界文化培育中国乡村文化的精彩范本和丰富案例。

图 1 是福建屏南厦地村通过引进艺术公益团队打造画家村来实现乡村振兴，村里配备了公益美术课、公益电影院、公益公共图书馆，还定期组织公益活动，激活旧建筑，促进乡村开放。还有东莞的南社村，立足于完整古村落，大力发展旅游产业，以节庆巡游、制作传统糕点等特色活动吸引大批游客。

比如潮汕普宁咸寮村陈氏祖祠崇德堂祭祖庆典歌舞表演。江西省吉安市青原区文陂乡渼陂古村村民利用红色资源和古建筑资源，打造的“红色、绿色、古色”交相辉映的精品文化旅游目的地，形成了保护与利用齐头并进的良性循环机制。佛山市南海区西樵镇松塘村村民以祠堂为载体的孝文化活动，“太公分猪肉”仪式链接了族人长辈与晚辈之间的感情。禺区石楼镇石楼陈氏宗祠善世堂的婚庆仪式以及广东揭阳市的揭西大溪李氏宗祠祭礼（图 2），见证家族延续，传承孝悌文化。

3. 生态宜居是基

首先要从发展理念和发展方式变革入手，坚持以绿色发展理念为引领，走城乡融合发展之路。其次要发挥市场机制的激励和驱动作用，以创新生态补偿机制、产权制度、治理体系为重点，发挥体制机制对治理环境、发展经济的引领和保障作用。优秀生态宜居村镇有河南信阳西河村、深圳宝安航城街道黄麻布传统村落、梅州蕉岭县南礤镇石寨村、黎平肇兴侗寨、贵州黔东南侗族村寨、广西桂林灌阳县传统村落月岭村、广州黄埔莲塘村、广州市海珠区小洲村、佛山市顺德区逢简村等。

图 1　福建屏南厦地村发动画家群体做公益讲座（图片由“艺术中国”提供）

图 2　揭西大溪李氏宗祠祭奠仪式（图片由本文作者提供）

图 3　福建山头村祠堂变身“篝火议事”厅，畅通村民与干部的沟通渠道（图片由“新华网”提供）

4. 治理有效是本

社会治理是本，现在村镇德治、法治滞后，村民自治是根本目标。我们强调加强村制度建设，坚持党领导的第一地位，以德治和法治相结合，乡村治理工作要循序渐进阶段性地来做。培养乡贤、培养新村民是乡村振兴必须要做的工作。人才是第一资源，发展是第一目标，创新是第一动力，具体做法包括以下几点：创新农村社会治理体系；加强农村基层组织建设；提高农村公共服务水平；强化重点人群服务管理；推进社会文明新风建设；积极发挥农村乡贤作用；探索“三治融合”机制。

在创新乡村治理体系方面，江西省横峰县积极发挥乡贤作用和乡村优良民俗功能，在村庄普遍建立互助会、理事会和促进会，将乡风文明与治理有效地、紧密地结合起来，有力地促进了乡村特色休闲旅游业的发展。福建省山头村把祠堂变成“篝火议事”厅，灵活处理村民事务，保证村民知情、建议、监督三权的落实，畅通村民与干部的沟通渠道，提高村民的参与热情（图3）。贵州省从江县往洞乡朝利村侗乡乡民在鼓楼前举行“村规民约”立碑仪式，照风俗杀牛宰羊准备祭品，请寨老占卜吉时，村老念文祈求村寨和谐稳定，村民们纷纷在承诺书上签字、按手印，表明遵守执行新版“村规民约”的决心。新“村规民约”还规定了处罚的三个等级，分别是“三个120”“三个66”“三个12”，即处罚相应的猪肉、大米、米酒数量。

乡村振兴战略是新时代“三农”工作的总抓手。在乡村振兴中，产业兴旺是根，文化传承是魂，生态宜居是基，治理有效是本。乡村振兴的第一主体是村民。产业振兴、人才振兴、文化振兴、生态振兴、组织振兴，目的在于促进农业全面升级、农村全面进步、农民全面发展。乡村振兴，一切为村民，一切靠村民。

注：本文根据“乡村复兴论坛·大埔峰会（2019年6月22日）”嘉宾演讲稿整理而成。

我的黄河，你的宿集

夏雨清
借宿 CEO
“如程”联合创始人

内容摘要：本文围绕“黄河 · 宿集”项目，探讨了项目溯源、引进五个民宿品牌、宿集的融合业态等内容。
关 键 词：民宿品牌；民宿集群；融合业态

下面分享一个黄河边的项目。对民宿界来说，这个叫“黄河 · 宿集”的项目（图 1），将是划时代的，它会是 2019 年中国最佳旅行度假目的地。

我说的是“最佳”，没有“之一”。这个项目完全颠覆了人们对民宿、对旅行度假目的地的想象，因为我们不光只有几个房间，更多的是挖掘在地文化，把地域优势充分发挥出来，把差异化做到极致。

所以黄河是我的，宿集是你们的。

图 1 “黄河 · 宿集”俯瞰

一、开始于一片废墟

黄河在宁夏回族自治区中卫市拐了一个很大的弯，在这片南岸之地，留下了一块绿洲，和一个上千年的古村落，叫大湾。多年以前，此地修水坝，据说村子可能被黄河水淹没，就整体搬迁了，留下一片废墟。这就是“黄河·宿集”项目所在地。

2016年的夏天，在杭州，有个温州煤老板找到我说，他拿下了这个地方，想做一家像安缦一样的野奢酒店，但又心存疑虑：会有人来么？

事情就这样开始了。

中国最有情怀的煤老板，找到了中国最有情怀的一群民宿人，在宁夏中卫这个几乎没有人知道的地方，一个非常偏远的塞外，做一个民宿集群，要把它变成中国顶尖的旅行度假目的地。

是不是很疯狂？

我记得当时，我的同事都不看好：会有人来么？

我们希望谁来？

“宿集”无论落在宁夏还是陕西，黄河还是秦岭，我们从来不局限于一地市场，不会只定位西安、银川的客群，甚至可以说，周边客群对我们可有可无。宁夏几百万人，你以为我在乎？

我们要面向全国，乃至全球的市场。

宁夏是全国的宁夏，黄河是全球的黄河。这是我们的理想。

中卫是宁夏的一个地级市，地方很小，也就一区两县，状元王维在这里写下了那首著名的唐诗：大漠孤烟直，长河落日圆。

2018年8月我出过一本书，叫《世间所有的无眠，都是因为睡错了风景》。在黄河，在宁夏，在中卫，你不可能睡错风景，因为那里的风景绝美，集沙漠、戈壁、黄河、绿洲、长城、古村于一身。

归结起来，就是两个字：惊艳。

就像我当年看到《大话西游》，看到朱茵，又或者看到法国演员伊莎贝拉·阿佳妮，那一瞬间，唯有“惊艳”可以描述。

光惊艳不行，我们还需要一个颠覆性的产品，才能成为旅行度假目的地。

“黄河·宿集”就是这样一个产品。

二、引进了五个民宿品牌

要住得舒服，还要有个性，民宿是最好的选择。所以，“黄河・宿集”邀请了国内最有名的几家民宿品牌，来到这里，按自己的品牌诉求，来设计和运营自己的民宿。

这些品牌，我们做了优选，各有个性，又有互补，没有两家是一样的客群和定位。

我们引进了五个民宿品牌，有一个是西坡。它诞生于莫干山，在2018年中国民宿榜上排名第一，可以说是目前中国服务最好的民宿品牌之一。这是它第三家店，第一家在莫干山，第二家在千岛湖。这次在中卫，西坡营造了很好的摩洛哥风情，为成熟女性所偏好。

媒体把“黄河・宿集”比喻为“中国版的摩洛哥”，就源自西坡的氛围和宿集的风貌。

“黄河・宿集”就像一个不起眼的西北村子，看去都是夯土小院。其实因为消防审批的原因，用了混凝土墙，只是外面抹了一层浙江安吉农民任卫中发明的夯土配方。据说这种材料可以涂在任何墙面上，几十年不会掉，甚至能直接抹在瓷砖上。

宁夏早晚温差大，冬天寒冷，−10 ～ 20℃常有，但是在整个宿集里面非常温暖，所有的民宿都做了地暖。像西坡把床直接放在水磨石地暖台上，当钻进被窝的时候，感觉是非常温暖的。地热升上来，把整个被窝都烘暖了。

有一家是大乐之野，在2018年中国民宿排行榜上排名第三。大乐之野语出《山海经》，意思是被遗忘的美好之地，2013年开创于莫干山，中卫是它的第十家门店。

大乐之野最初出现的时候，就以小文艺、小清新的风格引领了中国民宿的潮流，现在很多的民宿都是在模仿和抄袭大乐之野。

“黄河・宿集”的民宿基本都是一层。在楼顶，每家做了些不一样的东西。大乐之野在楼顶做了一个火塘，冬天烤火，感觉会特别美好。

墟里是来自温州永嘉的民宿品牌，在2017中国民宿排行榜排名第五。和大乐之野那种现代风的夯土小屋不同，墟里完全是在地的院子格局。在模式上，它也延续了在永嘉的传统：整栋出租。你只能订一栋房子，而不能订一间。

墟里总共4栋客房，2间到4间不等。创始人小熊把墟里定义为“亲情民宿”，倡导的是一种家庭概念，墟里就是一个家，你带着一家人来，带着亲戚朋友来，其乐融融。所以，墟里的公共区是最下工夫的。每栋房子里都有厨房，取名叫“爸爸的时间”，意思就是在墟里，爸爸是做饭的，妈妈是跟小孩子玩儿的。

接下来是飞茑集了。飞茑集是一个新锐的民宿品牌，由“借宿”孵化，这是第二家，第一家开在浙江松阳的陈家铺。

松阳成为中国乡建的标杆，和罗德胤教授是分不开的。我跟罗教授最初也是在松阳认识的。松阳早两年诞生过一家非常网红的民宿，叫过云山居，陈家铺就在它后面，800米海拔的山上。

松阳飞茑集的建筑师是孟凡浩，他设计过富阳的最美农民回迁房。松阳飞茑集用了夯土建筑的概念，就是这些夯土房的再造，使孟凡浩已经获了六七个国际建筑大奖。刚刚我看到又被评为2018年度12月中国建筑设计的月度大奖。

但是在中卫，我们改变了飞茑集的形式，当大家都在村里再现西夏风貌时，我们在更接近黄河的林间，放了几个轻盈的“盒子”。这些盒子用中卫飞茑集建筑师、毕业于哈佛大学的戚山山的话来说，它是“用阳光和空气建造的”（图2、图3）。

飞茑集，有着270度景观面，有着最好的黄河视野。除了有一面用板隔离开以外，其他三面全是玻璃。但是在隔离的那一面板上，建筑师也做了一些漏空，用当地的元素，果树、飞鸟来呈现，里面是玻璃。随着阳光的变化，果树和飞鸟的投影在房子里也发生了变化（图4）。

这些房子就像是从地里生长出来一样。

第五家民宿，是业主煤老板的南岸。我们原先要引进另外一个品牌，结果那个品牌出了一些状况，煤老板、华正文旅创始人陈祖品就自己投资了。没想到，这项投资又让他变为成功人士了。

南岸舒适度很高，我前一个礼拜都住在那里。那次我们组织“先享会”，在试营业前，邀请一些媒体和业内好友体验，大家评价也很高。

南岸由几栋建筑围合，中间有个小小的泳池。以后摆摆下午茶，拍拍照，打打卡，可能是一方好地。

图 2　中卫飞茑集外景

图 3　中卫飞茑集

图 4　中卫飞茑集内景

在“黄河·宿集”，几乎每一家民宿，公共区和大一点的房间，都有熊熊燃烧的壁炉。真火壁炉，烧木头，也很环保，每年清理出来的果树枝，正好用来做燃料。

三、宿集的融合业态

作为一个旅行度假目的地，五家民宿远远不够。民宿只是配套，可以让人住下来，要让人留下来，必须有“杀手锏”。

在“黄河·宿集”，我们已经规划了两三家餐厅，现在开业的第一家餐厅叫乡客。宿集到了每个地方，都会挖掘当地的特色和文化，在整个西北地区，我觉得羊肯定是最好的元素。《舌尖上的中国》就说中国羊肉榜，盐池滩羊排第一。最好的盐池滩羊，就生长在中卫黄河戈壁滩。

我很想开一家手抓羊肉铺，每一个到访宁夏、到访中卫、到访“黄河·宿集”的人，一定会来吃一次。按牧民的标准，还一定要现杀，手抓羊肉才会最鲜美。

业主煤老板是温州人，我以前每一次来工地小院，他的员工就会烧温州菜，特别好吃，比大餐厅好吃数倍。所以，我们想合伙开一家温州菜馆，名字也想好了，叫“半温”——我是温岭人，就在温州隔壁。

每个到“黄河·宿集”的人，我想都会停留四天三晚或者三天两晚，羊肉可以吃一次，家常菜可以吃很多次。

“宿集”的好处就是，你可以有好几家餐厅。

宁夏是中国葡萄酒最集中的地方，也是中国葡萄酒品质最高的地方，贺兰山下聚集了一百多家酒庄，这些酒庄都请国外最好的酿酒师来酿造，在国际上得过很多大奖，但是很少人知道，因为贵，也很难卖出去。我们想做一个贺兰山葡萄酒体验馆，再加上旅行线路“贺兰山葡萄酒庄寻访之旅”，这就有意思了。

过去一年，我们卖掉的贺兰山葡萄酒也许超过 1 万瓶了。

“宿集”每到一个地方都会有一家书店。书店是一个精神的象征，可以不用赚钱。中卫的书店，现在跟文创结合在一起，叫风石湾。不过，我希望有一家纯粹的书店，可以有侧重，每到一个地方，都有自己的主题。

同样，“宿集”落地之处，也会做一家美术馆。美术馆既是专业的，也是多功能的，有多种用途，比如可以开场一两百人的会，这也刚好是“宿集”的接待体量。

这里的美术馆，叫“梨 · 美术馆”。因为美术馆的中间有一棵几百年的梨树，边门还有一棵，用鲁迅的话来说，屋后有两棵树，一棵是梨树，另一棵也是梨树，叫“梨 · 美术馆”天经地义。在陕西留坝的秦岭深处，一个不到五万人县域的深山里，我们营造了“秦岭 · 宿集”，也有个美术馆，叫“山 · 美术馆”，因为它就在大山之中。

命名也可以是很任性的。

“宿集”的融合业态，有些是民宿带来的。一个旅行度假目的地，咖啡馆肯定少不了，“野有咖”是大乐之野的衍生品牌，就开在自己的大堂里。西坡带来了小黑面包坊，各家民宿和客人需要面包，都由他们来提供。

我觉得在中卫，在黄河边上，我们呈现得最好的一点，可能会是旅行线路。“宿集”面朝黄河和腾格里沙漠，这是我们的宝藏。

腾格里沙漠有无限的可能性，比如你用两小时抵达沙漠深处，那里有一处湖泊，等待你的，将是一顿惊艳的星光晚餐。夕阳西下，银河几乎就在你的头顶，好像跳一下就可以触摸到。没有任何灯光，连烛光也没有，只有星光，点亮了你们。我们叫星光沙漠晚餐，我相信每一个人到了那里，一辈子都会忘不了，那会是人生一次不可错过的体验（图 5）。

要是晕车，不去沙漠也可以，在宿集里，你依然有野奢的体验。一般的度假酒店，你只能在餐厅里吃饭。中卫气候很好，4 月到 11 月这一段时间，几乎全天候都可以在户外用餐，什么早餐、午餐、晚餐以及下午茶，都放在户外。

在户外有很多种方式，比如院子里，树下，黄河边，怎么美怎么来。随便一摆，就会“秒杀”朋友圈。

昨天晚上，我们跟罗德胤教授一起在做中国乡村榜的评选，我看到候选名单里有一个宁夏的村落——南长滩。那是西夏党项族一直延续的村落，古树都是几百年上千年的。在黄河南岸和北岸，各有一个长滩村，一个南长滩，一个北长滩，北长滩偌大的村子，只有十几个老人留守，大量的房子都已经废弃了。

我觉得中国的乡村，衰败的速度远远超过全球其他任何地方。所以，我们想带大家沿着戈壁滩，沿着黄河去寻访这些古村落，寻找那些遗存的历史时光，寻访中卫大麦地的岩画。当你累了渴了想回程时，忽然发现管家已经搭好帐篷，煮好咖啡，摆好下午茶，你会有怎样的惊喜呢？

图 5 沙漠聚餐

“黄河·宿集”边上有大片的林子和草地，我们会建一个牧场，既是牧民放牧的牧场，也是亲子体验的牧场。牧场里有很多的小羊，我们会做个“绵羊幼儿园”，和孩子互动。小孩子喜欢一切小的动物，一个牧场就可以玩个一两天了。而每天的早餐，也会有新鲜的羊奶。

牧场的边上，会有农场、蔬菜集，所有的蔬菜都是直接从田头到餐桌。

没有来过西北的人，也许只听说过乡村的贫穷。没有见过冬天的黄河，也许你会相信“跳到黄河洗不清”这句话。没有到过沙漠的人，也许只能想象城市的沙尘暴。

“黄河·宿集”的美好，需要亲临才能领略。

一家民宿也许就能带动一个村落的小小复兴。

一个“宿集”也许能带动一地乡村的振兴。

这才是民宿或者“宿集”最有意思的地方：我们慢慢改变乡村，让远方充满诗意。

“宿集”，让小而美不再孤单上路。

注：本文根据“乡村复兴论坛·永泰庄寨峰会（2018 年 12 月 29 日）”嘉宾演讲稿整理而成。本文图片由“借宿”提供。

从民宿到小镇——山里寒舍的跨越升级

殷文欢

寒舍旅游投资管理集团创始人 & 总裁

内容摘要：本文针对怎么设定乡建商业模式的问题，以“寒舍”品牌的发展历程为例，探讨了做民宿的合作对象、合作模式以及要解决的几个问题等内容。

关 键 词：商业模式；民宿；合作共赢

“寒舍”的第一个民宿项目叫“山里逸居”，做了两三年以后发现结果还不错。有失有得，其实民宿盈利很有限，但它是一个聚拢的平台。民宿的发展道路很曲折，很多人会中途退场。十年前我们约好一起做民宿的，今天留下的不多了。我每天会收到 n 个民宿小伙伴的信息，主要内容是“大哥，把我收了吧，我实在坚持不下去了。”“二八定律”在民宿界特别明显，留下来的都是精品，大多数都经历过非常困惑的艰难阶段。但我们坚信，民宿是进入乡村的一个窗口，30 年前乡下人想进入城市，未来 30 年是城市人想进入乡村。

通过一种什么方式能够快速、稳健、规模化地进入全国的乡村？这是我一直思考的问题。“寒舍”只是一个牵头人，把商业模式设定好，给政府以及想从事民宿运营的小伙伴们提供一个氛围、一个平台，让他们运用优势做好乡建。

一、从民宿到文旅小镇，坚持最重要

2008 年，我开始做民宿。2010 年，我想开发一个村，于是我个人投资八千万元，在北京做了一个“山里寒舍”。整个村一万亩地，是一个空心村。当时我也是一户一户地谈，看能不能与所有村民谈成合作。后来发现这是很难的，我们就跟当地政府谈，政府想办法把宅基地，包括果树、自留地等所有资产，全部流转给村里，然后村里通过村民代表大会再转给我们。我们成立一个合作公司，这样可以规避 20 年使用权限的问题。由此来看，做乡建还是要跟政府协作，将很多难题以及在发展过程中可能遇到的关键问题，都交由政府解决，才是进入乡村的开始。

现在，我想尝试更大体量的项目——一个文旅小镇，而不仅仅局限于做民宿。民宿是有温度的，要让那些有情怀、能够 24 小时待在里面工作和生活的人一起来做。我们把整个架构、条件创造好，各自扮演好最适合的角色。我一直在说："后天特别美好，就怕有的人坚持不到明天。做农村的事一定是朝阳的，谁能走下去就一定是胜利的。"

二、这是一个合作的时代，先合作再共赢

这是一个"快"的时代，更是一个合作的时代，谁会合作，谁就有优势。

我在北京做了100个帐篷，是目前国内最大的帐篷酒店，2018年"十一"期间开业。前面提到与政府合作是进入乡村的开始，如果不获得政府支持，那么这个项目就叫违章项目，是要被拆除的。所以在北京，很多的个人、合伙人投资的所谓房车、帐篷、集装箱都被拆除了。我们为什么能留下来？就是因为我们的项目得到了政府认可，可以点缀式地开发。这个项目一经推出，市场反应特别好，因为现在的城市人不是没有时间，而是没有空间，没有更好的产品用于亲子体验。帐篷酒店有足够体量，可以跟国内、国际的一些学校合作举办活动。我们还做了一些配套的运动设施，在一万亩的山地上打造了一条赛车道，能玩得很刺激。我们更注重产品的差异化，民宿能有的我们尽量规避。

"山里寒舍"建成以后，很多带狗来的人都被拒绝了。这些人跟狗很亲密，既然不让狗进来，他们也不进来了。这是很大的客户群，尤其在北京、上海等大城市。于是我们单独成立了一个山里遛狗的公司，我参股60%，让年轻人运作。他们调取了宠物医院的大数据，根据狗的品种做不同的活动。我们给养狗的人一棵果树，等狗离开的时候可以安葬在果树下，不收费，也不认领，他们可以全家的人来怀念曾经陪伴过他们的狗。

现在的餐饮市场，要么做最洋的，要么做最土的，不能做得不伦不类。洋的，我们做日餐、泰餐；土的，我们做本地的精品餐，把当地的特色菜，用最传统的方法、最原始的工具实现。这才是吸引消费者的卖点。"十一"期间，大批游客来了以后，我们做自助餐，大家可以烧烤、做烧饼，反正都是本地的，也很容易。十年来，我们发现厨师真的很难管理，越忙的时候越要求涨工资，不答应他就辞职，不仅自己走，还带别人走，所以我们得研究别的方法规避风险。

"寒舍"的项目从直投到托管越来越多。我一直在担心，做乡建的投资人最顾

虑的就是没有客人。民宿圈有一些人夸口入住率 75%、85%、95%，我说我没有，我根本达不到，全年才 27%。怎么解决这个问题？怎么突破？为什么不能把“寒舍”的这些住宿和托管打包起来，变成一个大产品卖给一些机构呢？后来我们找到了光大银行、招商银行、人寿保险，结果对方说你不用找，我们正在找你们，找能跟会员增加黏性的好产品。互相了解之后，他们觉得“山里寒舍”特别符合需求。我们需要人流、人气，他们需要产品，于是合作就达成了。我估计未来能签约大概 100 家大型机构，每家机构都有几万客户量，而且都采用一万间客房以上的买断形式。采用这种商业模式一定要有足够体量的全国各地的项目才行得通，如果只是一两个项目或者在某一个区域，确实有些难度。

“寒舍”起步比较早，身为北京“老炮儿”，我做事情会考虑得多一些，比如怎么保证在未来进程中跨越各种困境，所以我们一起步就找合作。市场销售方面，2015 年我们跟首旅集团合作成立了“首旅寒舍”，因为首旅有大数据和客户群。资金保障方面，我们找到了全国 52 家央企之一的中国东方资产管理股份有限公司提供资金支持。另外，我们还想做一个基金项目，发展到全国，为我们做一些资金的配合。教育培训方面，我们跟首都经济贸易大学合作，还跟瑞士洛桑酒店管理学院合作了一个实训学校。我还是中国饭店协会民宿客栈专业委员会的理事长，跟政府谈完项目以后，可以邀请专委会的成员单位来参与经营。

三、做民宿要解决的几个问题

做民宿有几个最大的问题。第一，要有一笔改造资金。第二，要有房租。第三，我是反对开连锁民宿的，做民宿还是要亲力亲为，带着员工一起服务好客人。后来“寒舍”更多地发展轻资产的输出，跟政府合作，做文旅小镇的托管、运营。政府也很认可我们，因为我们在北京、上海、海南、广东有很多的项目案例；我们有大数据，自带流量，自带客户；我们有资金，有央企的背书。设想一下，如果每天有三千客流量，那一定是只要客人有要求，我们就能服务好。

“寒舍”与政府签约的第一个项目是在第一批特色小镇的辉南县，成立了“龙湾寒舍”。在阜平县，我们与京东商城创始人刘强东一起合作成立了“京东寒舍”。“京东”要做一些扶贫工作，但不是给资金，而是给流量，给平台。刘强东用自己的名字注册了“村长刘”，授权“寒舍”使用，“寒舍”开发的产品都可以用“村长刘”在平台销售，实现销售的3%再拿去作扶贫资金，用于帮扶当地的老百姓置业，这又是一种模式。

“寒舍”有了一定规模之后，就加大力度与100家大型企业谈客户导流，进而稳步迈入一个“快”的时代，一个合作的时代。

注：本文根据“乡村复兴论坛·永泰庄寨峰会（2018年12月30日）”嘉宾演讲稿整理而成。

创造一个世界级的民宿

柏　昆

沙溪戏台会馆、大理沙溪银杏旅游服务有限公司创始人

内容摘要：本文笔者站在一个久居中国的外国人的角度来看乡村振兴，针对乡村振兴、村落遗产保护中的“人的塑造”，探讨了文化的保护与传承比遗产建筑的保护更重要、培养当地员工是做民宿最重要的工作、民宿的管理经验与发展模式、沙溪戏台会馆与企业理念等内容。

关 键 词：村落保护；乡村振兴；民宿模式

我在中国已经做了 18 年的民宿，站在一个久居中国的外国人的角度来看乡村振兴这个问题，可能与大家有一些不一样的思考。乡村建设中的建筑、规划、设计固然重要，但我觉得村里人的建设是更重要的，乡村建设一定要以人为本。乡村振兴、村落遗产保护有两方面的内涵，一方面是硬件设施的建设，另一方面是人的塑造。我想针对后者做一个详细的解读，因为后者更重要。

一、文化遗产保护：文化的保护与传承比遗产建筑的保护更重要

我引用孔子的一句话“近者悦，远者来”来总结我在中国做的民宿和乡村旅游项目。我们做乡村文化遗产保护，除了做遗产建筑的保护与修缮外，更重要的是对当地传统文化的保护与传承。我们做的沙溪戏台会馆，会请当地的老先生们演奏洞经古乐，这项技艺已经濒临失传，这些老先生们是最后一代，当前最为紧迫的任务就是要培养下一代传承人，如果再无动于衷，洞经古乐就彻底失传了（图 1）。

在我看来，我们做民宿的任务不是做老板，而是做保管。我们不能只是长期投资于乡村遗产建筑的保护上，而应该更注重对当地人的培养，要保留住当地的传统文化、尊重当地的传统信仰。沙溪戏台会馆其实是一个老庙修复项目，在做这个项目时，我会偶尔住在慈荫庵里，我当成是一种还愿。慈荫庵本是一个佛教学校，里面有佛教、道教，通过这个项目我了解到很多当地白族人的习俗和传统。我们还在庙里做了一个素菜馆，这个素菜馆除了能给当地人带来一定的收益之外，还给当地人提供了一些就业机会，如果这个庙一直闲置着很快就会破败甚至被遗弃，所以我们经常在这里组织活动，类似于拜佛仪式等活动。

遗产保护的根本是要保留本地人特有的故事，这些故事才是最能吸引外地人的，才是本地文化的根本。如果没有这些故事，只有冷冰冰的建筑，或者当地人也不熟悉自己的文化、历史，那整个村子就像博物馆一样，没有任何的活力。

二、做民宿，培养当地员工是最重要的工作

硬件是建筑物和土地等实物资产，软件是当地人的习俗、思维方式和能力。在硬件设施设计上，我们要通过传统设计的核心元素来平衡居住的舒适性和便利性。沙溪戏台会馆的硬件设施都不是本地的，凳子是我自己做的，桌子是广东的，柜子是山西的，屏风是福建的。但我保留了建筑原本的泥砖构造，我觉得这是这栋建筑的核心部分，它体现了当地的特点，所以这些核心部分我没有改变（图 2）。

硬件设施完善之后，自然也会带动软件方面的提升。我们宾馆有一个意大利餐厅，我请了意大利厨师培养一个当地的年轻厨师。聘用这个年轻人的时候，我提出了一个要求，不需要他有厨师经验，需要的是他积极工作和学习的态度。为了态度招聘，为了技能培训，这是我做民宿的原则。因为真诚的笑脸是培训不出来的，而这些当地人恰恰具有这种积极质朴的态度，所以我特别喜欢这群人。

或许有很多人听说过闻名阳朔的“瓷娃娃”赵春丽的故事（图 3）。春丽是个“瓷娃娃”，家住桂林市阳朔县兴坪镇渔村，一出生就患了脆骨症，成了永远长不大的小女孩，她无法行走，没上过学也没有朋友，只能长期生活在自家的阁楼上，但是这个人性格非常开朗，也很健谈，我第一次见到她的时候，她才 18 岁。春丽是我聘请的第一个员工，她是一个特别聪明的人，不过一年，她就可以说一口流利的英语。很多英语不好的法国人、德国人，可能与我交流起来都有点吃力，但春丽可以毫无障碍地与他们沟通。她还自学了财务知识，兼任了民宿的出纳。有客人瞧不起她，说这个姑娘就是个小孩子，说话还奶声奶气，一点儿威慑力都没有。他们在客厅抽烟，根本不听春丽的劝阻。有时我在民宿，客人找我告状，问我是不是这里的老板，我就直接了当地回复说春丽才是这里的老板。这是村里人的家乡，他们才是这里真正的主人。之后春丽的妈妈也来民宿负责卫生工作，客人对她的印象也很好，她在我们这边工作了 14 年。后来，克林顿三次邀请春丽到

图 1　当地老人在慈荫庵演奏洞经古乐

图 2　沙溪戏台会馆内景

图 3　克林顿邀请赵春丽参加基金会活动

美国参加他的基金会活动，还有一系列的讲座活动。我分享这个故事的目的在于，尽管春丽没有任何教育背景，而且还有很严重的残疾，但是她也能做明星，她就是村里人的典范。

培养员工是我最重要的任务。在阳朔，我一共招聘了40多个当地人，我从不插手他们的工作，只是把价值观传递给他们，而价值观、使命的传递是我的重要工作之一。每年，只要达到制定的目标，我就会带所有员工去旅游，如马来西亚、泰国，以及中国台湾、香港等地，而且所有人都要去，不管是前台还是后厨，不管是客房保洁还是厨房洗碗，所有岗位的员工都一起去。事实证明，我们这样做是可以得到大家认可的。

三、民宿的管理经验与发展模式

根据我做的民宿案例，总结了四点成功经验。第一，分享利润。每年我们会设定一个利润目标，然后每个月每个人会分享到一部分的效益提成，这是一个客观的、系统化的制度，不是根据我的意愿来分配的。第二，作为一个外国人来中国乡村做民宿，最大的价值就是可以跟当地人打交道，可以了解当地人的故事，可以了解当地的文化与传统，我希望员工能自己去和客人分享他们的家乡，分享他们的骄傲，而不是过来听我一个“老外”告诉他们中国的文化。第三，提供给村民个人发展的机会，除了英语和专业技能的培训，我会带员工去国外参观，开拓视野，学习外地优秀民宿的运作经验。第四，开发当地供应商渠道。

我们的发展模式很简单，一共有四个方面，我总结为愿景、现实、道德和原则这四个词。这四个词其实是两两相矛盾的，两两之间也存在着一种张力。首先是愿景和现实，愿景是基于行动的，没有行动的愿景是空想；而愿景是行动的动力，没有愿景的行动就像无头苍蝇一般蛮干，两者之间是一种互补的阴阳关系。所以要根据愿景来制定具体的行动任务，再根据具体情况把任务指标细化到每一个阶段，然后要有严格、客观、系统的奖惩制度来监督每个阶段任务的完成，坚持这样去做，愿景才终会变成现实。其次是道德和原则，道德是为人民服务的意愿，但有时这种意愿会有一定的盲目性，我们不可能为了达成一件所谓的好事而屈服于一些不合理的要求，面对这些不合理的要求，我们要坚持正确的价值观，勇敢地拒绝，这就是原则。我们要把矛盾的两方面结合起来去做，做企业首先要树立为人民服务的宗旨，然后确定企业的价值观、营业结构，约束员工严格按照正确的价值观为人民服务，这样员工才能正确认识做事的界限，才能保证公司健康、平稳地运作。

四、沙溪戏台会馆与企业理念

我花了三年时间修复慈荫庵，沙溪戏台便是起点。为了吸引更多年轻人回来，发展当地旅游业，2012 年，我决定将戏台变成民宿，“沙溪戏台会馆”由此而来。古戏台建于乾隆年间，已有 230 多年历史，位于沙溪古镇的制高点，对村民而言，它就像一个保护神，古老而神圣。在沙溪的 5 个戏台中，段家登古戏台最具有代表性，建筑风格也沿袭着白族传统，粉墙石刻，檐角木雕栩栩如生，戏台对面楼房便是民宿的主体（图 4）。

图 4　沙溪戏台会馆与民宿外景

一楼为前台与餐厅，保留建筑原始格局，全采光的设计，使人抬头可餐风景，低头可品饕餮。二楼是客房与公共休息区，木柱、藤椅、雕花窗，一切都秉承修旧如旧的原则，中华文化的精髓在这小小客栈里体现得淋漓尽致。五个房间各有特色，每间房都有专属主题，时而古朴庄重，时而华丽大气，时而活泼俏皮。我还在民宿的院落开辟了一方小天地，放置了石桌与藤编椅，门前稻田与山峦一目了然。民宿提供了三餐，所有食材均取自自家农场，以沙溪风味素食为主，更有自制曲奇饼、清茶，就着午后的阳光供人消遣。

为什么选择“银杏”作为企业名称，我总结了四个点。一是长寿，众所周知，长期饮食银杏对身体健康很有帮助，作为投资运营者，我希望为当地人创造持久的价值，像银杏一样长期造福于民。二是适应性，银杏这种树的适应性很强，在恶劣的环境中也能生长，而且它是地球上最古老的树种之一，我们也会像银杏一样，因地制宜，牢牢扎根于当地，持续地造福于当地百姓，帮助不同的人一起成功。三是健康，我们会营造绿色健康的生态环境，传递给人们健康积极的生活方式。四是智慧，传说长期饮食银杏会提高智力，我们采取个人与社区协同发展的策略，通过启迪个人发展，带给当地人智慧，从而达到与当地人共同促进当地发展的目的。

文化遗产是一种货币，可以用于投资，也可能永久遗失，我们做民宿的人有责任引导人们一起做好文化遗产的保护工作。

注：本文根据“乡村复兴论坛·永泰庄寨峰会（2018 年 12 月 29 日）”嘉宾演讲稿整理而成。本文图片由作者提供。

探索乡村教育，培养有灵魂的乡村青少年

李　旸

榕树根儿童教育公益机构创始人

内容摘要：本文围绕乡村教育问题，以榕树根儿童教育公益机构为例，探讨了榕树根之家的起源与初衷、乡村教育的困境、教育服务于生活、景颇社区的发展困境、如何做到教育公平等内容。

关 键 词：乡村教育；教育公平；景颇社区

在乡村复兴论坛·大埔峰会举办的三天前，我在深圳参加了“第三届LIFE教育创新峰会”，峰会主题是“创新让教育回归本质”。教育的本质是什么？教育的本质是生活，也就是上一届教育峰会的主题——“为生活重塑教育”，为生活重塑教育对乡村的振兴同样非常关键。教育是横亘在乡村与城市间最大的鸿沟，因为两者在物质方面虽然有差距，但是差距在逐渐缩小，可是教育、思想、观念，其实才是阻碍乡村年轻人进步和发展的最大障碍。但同时，教育也是乡村复兴最大的机遇，因为教育提供的是人的思维转变，人的思维转变才是乡村复兴的根本。教育的本质是育人，是以青少年为核心，而不是以考试为核心。乡村振兴最终的长久发展，靠的也是当地人，是村民。我相信，有灵魂的乡村青少年，会是乡村发展最持久的内在力量。

一、榕树根之家的起源与初衷

“榕树根”是扎根在中国边境地区，陪伴留守儿童成长的公益组织。这十年来，我和我的先生做的事就是日复一日陪伴着200多个来自极端困境家庭的孩子一起成长，用各种各样的活动和课程，去关心、理解他们，帮助他们找寻自我。中国乡村的孩子需要什么样的教育？这是我们十年来不断探索的事情，我们要为他们量身定制教育。一路摸索过来，回望来时路，我们是在以心智素养和品格培养为核心，以面向乡村的职业教育为工具，培养有灵魂的乡村青少年。

我的先生乐安东（Dr.Anton Lustig）是荷兰莱顿大学汉藏语系博士，自1991年首次到滇缅边境地区做研究，就开始了今生与景颇族的不解之缘。这些年里，他行走在云南德宏的景颇山寨间，以十年磨一剑的严谨，在那里长期生活并深入

开展语言文化研究，是第一个全面、系统、详细记录和描述景颇族载瓦语的学者，著有1700页的《载瓦语语法和词汇》，让鲜为人知的中国景颇族载瓦语，在全世界高等学府和语言学研究机构的图书馆藏中占有了一席之地。2007年，我们在北京荷兰大使馆的活动上相遇，后来我们结为夫妻并一起创办了榕树根儿童教育公益机构。

我毕业于北京外交学院国际法系，原本在一家跨国IT公司任公司律师。2005年辞职，到WWF（世界自然基金会）做环保志愿者，希望想清楚什么才是自己真正想要的。没想到，一发不可收拾，志愿者很快变成了独立负责项目的媒体官、品牌经理，就这样在可持续发展领域找到了让自己充满激情的职业方向，成了一名公益领域的传播人。我们的教育背景可以说都跟乡村建设领域相差甚远，跨度极大。我是一个土生土长的北京丫头，搬到云南居住和生活，在地域上跨度也很大，但我们很享受现在的状态，尽管在这过程中我们走过了很多艰难的历程。

图1是我们和建筑师姚健俊老师一起设计建造的一个房子，2011年年底破土动工。这里有爱、有尊重，有音乐和色彩，没有过多的评判，却有共情和接纳。这座房子是图书馆也是电影院，还是孩子们的宿舍，“榕树根”的孩子们渐渐地把这里当成他们心灵的港湾和学习的乐园，我们最早叫它儿童活动中心，后来孩子们自己捡了破木板制作了一个牌子挂在门口，叫榕树根之家（图2）。榕树根之家7天24小时永不关门，孩子随时可以进来，自己做饭吃，自己铺床，跟小伙伴生活在一起，或者与老师谈谈心、聊聊天（图3）。榕树根之家有200个性格各异的景颇族小孩子，我们会邀请来自世界各地的小伙伴来这里与当地孩子们共度夏令营。这些孩子在我们设计的各种各样的活动里会逐渐发现自己的特长，找到自己的兴趣点。10年过去了，在这里成长起来的年龄最大的一批孩子已经20岁左右了，其中有些孩子从我们的职业教育行前训练营毕业，已经从事着各行各业的工作，其中许多人可能会通过我们未来的乡村创业支持，返回家乡，反哺乡村。

二、乡村教育的困境

“榕树根”十年的探索经历折射了中国乡村教育的困境。我认为，能用钱解决

图 1　榕树根之家的大活动室（© 榕树根 / 摄影：志愿者李卫平）

图 2　孩子们自己制作的牌匾（© 榕树根 / 摄影：志愿者张维凯）

图 3　孩子们在榕树根之家做活动（© 榕树根 / 摄影：志愿者张维凯）

的问题，其实都不能称为真正的困境，“困境”是短期内无解的那些难题，比如留守儿童问题，这是经济结构决定的。背井离乡的乡村父母并不想远离自己的孩子，因为乡村缺乏就业机会和生存途径，他们被迫在外漂泊。乡村基础教育薄弱，大量缺乏专业技术和适应能力的乡村青年到了城市，被封存在城市底层做打工者，处在尴尬的地位，融不入城市，回不去故乡。

村里小学、初中阶段就辍学的孩子有很多，无论怎么资助，他们都拒绝选择上学，孩子们觉得老师讲课没意思，在学校简直像在监狱一样不自由。乡村教师大多数没走出过乡村，都是考不上高中才考师专，毕业后留在偏远山区的小学里教书。他们对教书缺乏热情，而且体罚普遍严重，因此孩子们对学习是非常恐惧的，更重要的是他们看不到希望。

一些偏远乡村地区有着对儿童极不友好的社会环境，教育观念落后、医疗资源缺乏、家庭暴力、儿童营养不良等情况非常普遍。我这里讲到的每一个词汇背后，都是一个个“榕树根”孩子家庭伤痛的真实故事。那么乡村孩子迫切需要的什么？不只是学习、升学，最基础的部分是需要安全感，需要心理健康成长。用什么支撑？“榕树根”就是用有效的亲情陪伴，给孩子们极强大和充盈的内心，让他们有梦想、有目标、有勇气，才能抵御周边不良的诱惑，才能闯出一条属于自己的路。

三、探索出路，陪伴成长，让教育服务于生活

“榕树根”探索的教育方式是陪伴式教育，为孩子们量身定制课程。我们不要先紧盯孩子的短板，而是先看这个孩子在哪方面做得好。比如景颇族的孩子们，他们在绘画色彩感和歌舞方面很有天赋，同时他们善于观察自然，身体也非常灵活，运动能力极强，他们都是景颇大山里的小猎人，我们发现了这些孩子优秀的特质。生活即教育，教育无处不在。比如，很多偏远地区的留守儿童因为没有父母陪伴在身边，缺乏基本的家庭教育，景颇人信仰万物有灵，我们就发明了用废旧物品做的“厨房神”挂在厨房，用“厨房神的旨意”告诉孩子们在厨房要遵守规则、按时吃饭、不浪费粮食、营养均衡等。这种自然的、接近生活的学习方式，有效地消除了孩子们对学习的恐惧，更贴近孩子们的实际生活需求，因为对于偏

远地区的孩子来说，你让他知道饭前便后要洗手，远比让他记住长江长度的公里数更实际。

我们通过观察孩子们的生活状态，研究他们的爱好和特点，从而给孩子们设计寓教于乐的教育活动，让他们在完成任务或创造性的行动中学习。几年之后，我参加教育论坛才知道这种教育方式叫项目式教学，其实我们之前已经在做了，比如引导孩子们自己策划生日宴会，自己管理预算，自己设计菜品、邀请村寨的宾客，最后摆出来一台完全由孩子们自己张罗的景颇族传统的长桌宴。

“榕树根”还采取了分布式课堂的教育模式，有时带孩子们远途游学，有时则是到附近的县城，了解离家不远的地方有不错的资源，走访健身房、咖啡屋、烘焙店等各种工作室，拜访他们崇拜的“传奇人物”。榜样的力量是巨大的，他们会觉得在一两小时车程之外的县城，就有完全不一样的生活，自己以后是不是也可以这样生活。我们也带他们去北京、上海这样的大城市，打破村里的信息封闭，让他们打开眼界，有更多的想法。同时，我们用家庭式大混龄的学习方式，哥哥姐姐带弟弟妹妹，不以年龄一刀切，因为孩子的认知水平不一定是与年龄挂钩的。

十年来，我们的课程内容每年都有不同的重点，一直随着孩子们的长大而变化。七八岁的孩子，开设自然艺术夏令营，呵护他们的想象力、创造力，找回学习的乐趣和信心，发掘自己的艺术天分。英语营的目的不是记住单词和句型，而是用趣味英语作载体，让孩子们永远记得这七天里努力做到了不可能的事情，未来不要自我设限，只要努力都可以做到。

孩子们再长大一些的时候，我们发现孩子和外界的交流非常重要，他们要走出去，跨文化交流。我们与海内外十多个不同的学校合作，组织各个国家的小伙伴和景颇山寨的小孩一起生活，教外国小伙伴赶集、做景颇菜，一起完成登山任务，一起为村寨做些事情等。他们多年来都保持着联系，感情非常深厚。

之后，“可怕”的青春期来了，特别闹的孩子开始惹事。因此街舞队应运而生，为他们过剩的精力找到了出口。他们去过北京、成都的大舞台，应各个村寨邀请去为乡亲们演出。他们用街舞在家乡父老面前赢回了尊严（图 4）。再长大的时候，我们组织登山队，因为将来走出大山去到城市后，纪律和规则会显得非常重要，登山活动训练的是整理装备的条理性、时间观念以及团队的配合和不离不弃。再后来，我们要为他们的出行做准备，我们做了职业教育的行前训练营，培训人际交往的界限、尺度在哪里，防骗和安全常识，亲密关系处理和性教育，以及如何面对学业和工作中的挫折等。2016 年，我们启动了云南山村少年职业教育计划。“榕树根”便把他们送到了昆明，同时在昆明租了一套单元房作为据点，相当于昆明的“榕树根”，始终陪伴他们，不断给他们鼓励和支持，克服了不可预测的困难。我非常开心地告诉大家，他们中的老学员已经成为出色的厨师、美发师、健身教练、平面设计师、汽修师、幼儿教师、化妆师、导游等，在全国各地工作。职业教育的闭环最终是要回到家乡，反哺乡村。我们想帮助孩子实现返乡创业，给更多的弟弟妹妹创造机会，或者带着他们出去进行职业教育。

我分享给大家几个我们大家庭中优秀孩子的案例。孙珈枫是一个古灵精怪的小女孩，从小就特别能干，但在青春期她走了很多弯路。她在爸爸妈妈面前也非常逆反，经历了被学校开除的风险和转学的一波三折。为了能让珈枫面对真实的问题，重新振作起来，我们给珈枫提供了很多平台，包括让她做舞蹈队长，当发现她喜欢做服装的时候发给她缝纫机和彩布。我们经常会坐在一起谈心。

渐渐地，珈枫就从自己善于做的事情中找回了自信，她选定了绘画作为未来的专业（图 5），这在农村的小女孩中是不可思议的，现在珈枫考上了云南艺术学院附中，就读于昆明。珈枫还因为执着地追求艺术梦想和带领家乡贫困女孩开办景颇服装工作室的公益创想，获得了联合国妇女署颁发的女童行动奖。现在珈枫除了帮助“榕树根”的老师做事，还经常到其他公益组织做志愿者，将“榕树根”的艺术活动和“无条件的爱与接纳”理念播撒给其他的留守儿童，坦诚分享自己的亲身经历，启发更多的乡村孩子，为他们带来力量和鼓励。

还有一个叫邓社言的孩子，家里有 12 个兄弟姐妹。他小学五年级就辍学了，不得不回家帮助父母照顾弟弟妹妹。他的愿望是成为健身教练。起初他的母亲坚决反对，后来在我们的鼓励和引导下，邓社言经历了很多的曲折，终于凭借着自己的坚持与努力取得了健身教练的职业资格证。现在他是一名优秀的健身教练，并且在进修拳击教练的培训课程。我们还会资助他继续学习。

排爱衎在初中的时候迷上了对宇宙太空的研究，他在网上看了很多的科普视频，非常崇拜霍金。他在学校和老师、同学交流相关知识时，没有人对他说的内

图 4 榕树根的街舞队参加世界街舞大赛中国赛区的团体演出［©BOTY（中国）图片由本文作者提供］

图 5 孙珈枫 17 岁时的作品（图片由本文作者提供）

容感兴趣。于是，他把自己学到的宇宙学知识写成了一本科普读物分享给学校的小伙伴们，慢慢地同学们对他写的内容产生了兴趣，主动与他进行讨论。我觉得呵护他对科学的热情比提高考试分数更重要，不管能不能考上理想的大学，只要他们能对自己的专业保持足够的热情并为之持续付出努力，终将会在自己热爱的专业领域取得一定的成就。

四、景颇社区的发展困境

作为一个土生土长的北京人，当来到景颇社区的时候，我被震撼到了。原来在当今 21 世纪还有这样原始生活状态的地方存在，而且就在我们的中国。看到当地老爷爷老奶奶的时候，我非常感动，他们是中国千百年的历史文化传承者。我跟这些老人聊天的时候会感受到他们的智慧，可是我跟中年人、青年人聊天的时候，却感觉他们非常迷茫。

在过去的 60 年里，从火塘、织锦到现在的智能手机，景颇族就像电视剧快进播放一样，经历了快速发展历程。年轻人的心理遭受了很大的挑战，现代社会进不去，传统生活也回不去。人在特别失望沮丧又失恋、失学、失业的时候，如果生活环境正好是靠近缅甸边境，有廉价毒品，这种时候就特别容易作出愚蠢的选择。不光是毒品，还有酒精、赌博这些东西。正是这种迷茫感让景颇社区陷入了困境。

五、如何做到教育公平

苹果 CEO 库克在回应公众对人工智能的担忧时说过：“我不担心机器像人一样思考，我担心人像机器一样思考。”面向未来的教育长什么样？人工智能时代我们不需要人掌握熟练的技能，机器比我们做得更好，连会计、律师和翻译都可以被取代了，面向未来的教育，我们需要把孩子教育成什么样呢？还有当我们在谈论教育公平的时候，我们在谈论什么？我们谈论教育公平的时候不是在谈论绝对公平，没有人追求绝对公平；也不是说物质、条件、机会公平，是说每个人生而为人，都有平等追求更美好生活的权利，教育公平应该因地制宜，让每一个乡村的孩子和城市的孩子一样拥有追求更好自我的能力。所以我认为好的教育要帮助孩子实现拥有自我和自由的灵魂，主宰自己，同时他们要对生活有掌控感，而不是严重的迷失感。这种好的教育一定要给到孩子的，这不是充分条件，却是必要条件。

六、榕树根十年发展的思考与展望

我们在村寨生活的这些年会感觉到做公益的艰难，有时会特别沮丧和绝望，但是更多时候我感觉到的是希望和鼓舞。这里有一个创造吉尼斯世界纪录的民族节日，叫“目瑙纵歌”。在每年的正月十五日前后，上万人会自发地组织聚集在一起，盛装出行，载歌载舞，活动会持续很多天（图 6）。我每次看到这样的场景都会被震撼到，上万人和着统一的鼓点，踏着同样的步调，这个民族是多么有凝聚力和感染力，他们乡村的内在力量是一定可以被挖掘和发挥出来的。

好的乡村教育不是把乡村孩子的棱角都磨平，驯化成如一个模子里刻出来一般，没有个性的“乖孩子”，我认为乡村教育要尊重不同地区孩子的特质（比如景颇孩子们身上那种大山之子的自由和野性），帮助村里孩子发现自己的长处，并陪伴着他们成为更好的人（图 7）。

“榕树根”发展十年，我们不得不回望和思考下一步的转变。我们用十年时间守护了一批特别的景颇族孩子，现在我们有机会做点什么了。每年都有很多找我们做游学合作的国际学校，未来我们想帮助“榕树根”的孩子们注册一家公司，提供别具一格的游学体验服务，这是孩子们以后自己的公司和工作。越来越多公益组织找我们做培训，乡村孩子、留守儿童的陪伴成长，特别是精神、心理的关爱，是非常重要的部分，国内这方面的经验很少。在一次次的培训中，我觉得效率太低，所以接下来的几年我们想做网课，把给乡村孩子设计的有趣课程，包括和同行分享经验教训，用线上的方式去分享。

做乡村振兴很不容易，做教育也是非常漫长的过程。但景颇族孩子们教给我一个道理：在过江时没有竹筏也没关系，他们会用刀现砍竹子做竹筏，没有竹筏可以作出来。我们做创建的时候也是这样，没有工具和途径我们可以自己创造。

我们十年培养 200 个孩子，其实效率很低，为什么不用其他方法覆盖更多呢？

图 6　创造吉尼斯世界纪录的景颇族“目瑙纵歌”万人舞（© 榕树根 / 摄影：志愿者毛虫）

图 7　“榕树根”大家庭陪伴孩子们一起成长（© 榕树根 / 摄影：志愿者董林杰）

可能是我们太笨，没有发现这样快速又确保有效的方法。在绿色的景颇山之巅，赞叹山谷间流淌着大河的美景时，我体会到一个道理：亿万年来雕刻地球面貌的不只是剧烈的火山喷发和地震，还有长年无声的流水和始终如一的潮汐。

注：本文根据“乡村复兴论坛·大埔峰会（2019 年 6 月 22 日）”嘉宾演讲稿整理而成。

消费升级人群的进阶之路

陈宝金
寺库集团生活方式事业部市场总监

内容摘要：本文围绕消费升级人群的大数据，探讨了寺库的商业模式、消费升级人群的消费分析、用户理想生活的时间入口等内容。
关 键 词：大数据；消费升级；用户分析

现在，越来越多的人做民宿。民宿的受众是消费升级的客户，这些客户到底是哪些人群？他们到底在想什么？他们的消费习惯是什么？我们能为这些人群提供什么服务？寺库大数据可以带来一些参考。

一、寺库的商业模式

寺库成立于2008年，至今已十年，寺库集团是中国最大的线上线下精品生活方式的平台。寺库集团拥有完整的高端商业生态，包括寺库商业、寺库鉴定、寺库金融、寺库智能和寺库社群五大板块，打造了完整的精品商业圈。

寺库现在已拥有2000万高端注册会员，平均客单价高达3500元，携手3000多个高端合作品牌，为会员提供时尚精品、高端旅行、珍馐、乐享、艺术品、中国精品、豪车、私人飞机等数十品类与来自全球超过30万件的精品和服务。作为奢侈品电商，我们是中国直签奢侈品品牌最多的线上销售服务平台。

首先，着重介绍寺库的线上产品“名物”。2016年上线的寺库名物，致力于扶持和推动中国原创力量，将弘扬中国传统手工艺和推介中国原创设计师提升到战略高度。通过传统工艺与时尚的融合，打造出别具特色的本土化精品。现与超过500个各具特色、极具品质的品牌合作，包含手工艺大师、工坊、成熟的商业品牌、设计师品牌、音乐家、艺术家等。2018年10月，寺库携手751D·PARK，打造了首届中国名物节。

其次，要介绍的是寺库的生活方式事业部。寺库生活方式旨在满足当下中国高端人群对于品质生活更高阶的精神拓展与美学感知的需求，涵盖了高端旅行、精品生活、教育、健康管理等核心板块。通过集结最具品质的意见领袖、高端产品与行业资源，打造寺库标准的独特体验，带领用户探索世界之美、生活之美，为中国人的日常生活赋予更多质感。寺库现与多国旅游局、政府等官方机构联合打造旅行产品。“48 小时”是寺库生活方式的重点产品，旨在用一个周末的时间为客户打造美好生活的样本（图 1）。

作为一个奢侈品商，很多人第一次见到我的时候会问我们卖的奢侈品是不是真品。我会负责任地说我们的奢侈品全部是真品，真品保障是我们十年发展的核心竞争力之一。为了解决消费者的痛点，寺库开展了奢侈品鉴定养护服务，拥有专业的奢侈品鉴定团队，还有规模排行全球前列的奢侈品养护工厂，为消费者及寺库会员提供无微不至的专业售后养护服务。

围绕新一代用户的消费需求，我们开发了寺库金融业务。寺库金融致力于为高端会员和核心供应商提供定制化的金融信息与资金财富管理服务。在寺库金融的业务中，有两个重要产品。一个是库支票，一个是库分析，旨在为千万级白领用户提供在寺库商城、线下跨境体验店“先消费、后付款、实时审批、随心分期”的优质消费体验。全方位覆盖消费金融场景，服务信用付款用户群，助力年轻一族体验精品生活方式。同时，我们有寺库智能服务，赋能生态云是这一服务板块最重要的内容，下面的数据都是来自赋能生态云的一些解决方案。赋能生态云就是最大化利用线上线下高端数据库的资源，用大数据的解决方案赋能业务部门，同时也赋能到品牌合作伙伴（图 2）。

二、消费升级人群的消费分析

寺库每年会出《中国奢侈品网络消费白皮书》，与腾讯合作，展现中国高端消费者的用户画像、消费习惯。在寺库 2000 万线上注册用户中：

（1）有一半是男性甚至男性用户更多。

（2）超过 60% 是本科以上学历背景。

（3）总体在 25 岁到 45 岁的年龄段，但 90 后的消费能力在逐渐增强。

（4）“北上广”是最稳定、最成熟的客户群地区，但从整个城市的分布来看，四川省达到了一个非常高的用户数。另外五线以下的城市消费的频次和消费能力在逐渐增强。

图 1　寺库“48 小时”产品

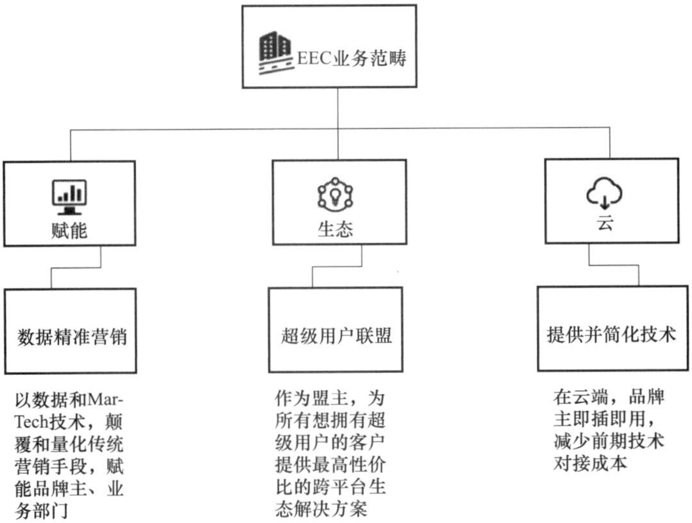

图 2　赋能生态云

（5）越来越多的小众品牌在线上销售得越来越好，绝大部分用户愿意为定制化的需求付出额外的费用。

（6）大部分消费升级的用户对于品牌还是非常执着的，但对于品牌的选择变得越来越多。怎么能够在越来越多的品牌中，保持自己的用户对于自己品牌的专业性，它变成了一个长期的话题。

通过对用户的消费偏好分析，发现了三个现象。

第一是“小众的大众化”，随着潮流文化的逐渐细分，消费者对小众品牌的追随日益上升，一方面体现了时尚潮流文化的专业化，另一方面也满足了消费者独特的个人化需求。比如随着中国嘻哈文化从地下逐渐转到地上，越来越多的年轻人认识了 SUPREME 这样的潮牌并成为其拥趸。他们对于个性化产品的追求将推动更多垂直领域的小众品牌蓬勃发展。另外，个性化的定制产品也符合大多数奢侈品消费者的意愿，即便需要付出额外的费用。

第二是“专业型 KOL”对消费者的影响越来远大，年轻一代的消费者在决策时考虑的因素更全面，对他们而言，产品仅仅具有独特性还远远不够，价值最大化才是长期的追求，款式、质量、价格以及购物的综合搭配是他们决定购买的重要条件。在决策影响方面，作为时尚潮流的倡导者，品牌方具有绝对的决策影响力，尤其在中国，大部分消费者会搜索品牌官方网站或者品牌旗舰店发布的信息。其次，名人及关键意见领袖（Key Opinion Leader，KOL）对于奢侈品潮流的演绎也有力地推动了消费者的购买欲望。值得一提的是，随着小众潮流的发展，以往明星、名流对奢侈品的影响力已经下降到 4.4%，KOL 的影响力大幅提升，这些人或者团体本身可能并不是很知名，但其凭借极致的专业知识和对潮流的准确把握获得了越来越多崇尚小众文化的年轻人的关注和认可。

第三是“多品牌忠诚”，总体而言，这群消费者对品牌的忠诚度比较高，接近 60% 的人会认准少数几个品牌进行购买，约 35% 的人会在很多品牌中挑选。中国市场成熟度日益提升，消费者的品牌选择也越来越多，对于品牌来说挑战也在提升，如何能够提高消费者的忠实度是一个不变的长期战略话题。品牌精湛的品质及独特的产品是让消费者始终追崇的主要原因。另一方面，这一代年轻人有了更多对社会责任感的关注，品牌本身的社会可持续性与道德标准也是消费者看重的因素。

奢侈品的消费不仅限于精致的产品层面，还是消费者的个性与精神追求的体现，品牌需要打造可持续的生活理念以及回馈社会的良好形象，形成与消费者之间长期的连接。

三、为用户提供理想生活的时间入口

作为一个精品生活方式平台，通过这十年对于消费者的理解，我们开始在线下延伸，做体验式和服务式产品，这就是我们的寺库生活方式服务。我们跟用户可以建立最近的交流时间的维度，是每个周末的 48 小时。在 48 小时里，我们想提供给用户的体验是让人能抽离日常的生活，回归到乡野，去享受一个宁静的瞬间，或者是一些特殊的体验，能给用户带来心灵上的愉悦，让生活发光。我们说我们记不住日子，只能回味瞬间，这些美好的瞬间就是“48 小时”产品给用户带来的价值。

“48 小时”其实是一个理念，“48 小时”不是一定要提供给大家一个完整的周末，也可能是周末中的一些片段，甚至可以是很多个 48 小时。例如石榴酿酒的体验就是“48 小时”提供给寺库用户的一个周末片段，我们每个季节都会带着用户来做这样的体验。初夏的季节，在故宫旁边的一个小院子里，酿酒师会带着寺库用户用最适合入料的日本进口三得利烧酒和深山里 30 年梅树最当季的果子，制成一杯清新的青梅酒。“48 小时”还与 RideNow 骑行俱乐部创始人 KEN 一起为用户设计一场“48 小时”的安吉自然逃离，骑进李安的电影美学，为用户带来一次特别的春日踏青回忆。“48 小时”的时间设计师中，还有世居后海的“老炮儿”与青年艺术家，他们会带领寺库用户打开什刹海的隐藏大门，用 48 小时，走近老街坊的生活，用刷爆朋友圈的方法吃一口“非物质文化遗产”烤肉，在后海一起聊聊心目中北京最美的画面，或是骑着三轮车，带着用户去体验北京的胡同文化。2018 年，寺库生活与斯里兰卡旅游局达成战略合作，联合推出“爱在锡兰”系列旅游，寺库带领用户一起解读斯里兰卡文化。2018 年 6 月，我们还做了一系列的亲子活动，提供给孩子更优质的家庭陪伴。

“48 小时”的品牌标语是为用户提供理想生活的时间入口，我们倡导高收入人群的消费形式不仅要只专注“购买”与“享受”，同时也专注于自我独特的生活质感，以及特别场景的生活体验。

其实每一个“48 小时”用户体验背后都是一个时间的解决方案，我们帮助用户有收获感地度过这一段时间。每一个时间解决方案的背后，有一个设计师，我们称为时间设计师。在供应链端，我们的时间设计师可以是个品牌，我们会把时间设计师的爱好、兴趣、产品介绍等信息发布到线上，用户可以根据自己的需求来选择相应的时间设计师（图 3）。

图 3　“48 小时”背后的时间设计师

“48 小时”已经成立半年了，现在很多品牌运营商开始用我们的时间解决方案来维护客户，比如奔驰、宝马等汽车品牌，还有一些房地产品牌，甚至一些国际学校也与我们建立起合作关系，我们会把 48 小时美好的体验带给他们的用户。还有一些生活方式的品牌，比如博洛尼，他们利用“48 小时”产品，做成了他们事件营销的场景，例如新品的发布会等活动。2018 年，寺库还与凯撒旅游一起打造了寺库旅游节。

最后，希望寺库能够得到更多合作伙伴的支持，让我们一起为大家创造更美好的生活。

注：本文根据“乡村复兴论坛·永泰庄寨峰会（2018 年 12 月 29 日）”嘉宾演讲稿整理而成。本文图片由作者提供。

共同缔造院前发展之路

陈俊雄
院前济生缘合作社理事长

内容摘要：本文以青礁村院前社为例，探讨了青礁村院前社面临的五大困境、串联村庄资源、多方参与共治共享、院前社的运营机制等内容。
关 键 词：社区营造；乡村振兴；共同缔造

厦门市海沧区青礁村院前社具有良好的地理位置优势，距离厦门市内只有半个小时的车程。院前社的文化底蕴非常深厚，有慈济东宫文化节和火把节等传统节庆，还有 39 栋清代中后期古民居。这里还被誉为“厦门的菜篮子”，农地约有 300 多亩，80% 的村民种菜。常住人口 700 多人，流动人口 200 多人，人口以 50 ～ 80 岁为主，种菜以老年人居多，年轻人以务工为生。

一、青礁村院前社面临的五大问题

青礁村院前社曾经面临五大问题，一是拆迁，二是老人孤单无依，三是年轻人外流，四是留村青年游手好闲，五是环境脏、乱、差，垃圾满地，污水横流。不甘被困于脏乱差的环境，我们不断学习政策，2013 年依据“美丽厦门战略规划”，抓住机遇，建立群众参与机制，在政府政策的支持下，共建制度，以奖代补，共同缔造了院前社。2014 年 3 月 8 日，院前社正式启动。截至 2014 年 12 月底，居民让出的鸡舍、鸽舍、猪舍、厕所等场所共计 56 户、62 处场所，面积约 10000 平方米。投工投劳达 1000 多人次，清理垃圾约 500 吨。

二、串联村庄固有人力资源，让多方参与共治共享

自初中二年级辍学，我就开启了打工生涯，16 岁开始闯荡社会，20 岁在家乡经营铁件加工事业。当我看到儿时玩伴们还在村里游手好闲、不思进取、苦于没有发展方向之时，我就想是否能找到一件可以与他们共同发展的事，由此聚合村庄固有的人力资源，让多方参与，共治共享。

我们召集村民聚在一起开了一个说明会。在农村都是老人说了算，尤其是村里的老会长、老书记等德高望重的人。开说明会的目的就是让村里的年轻人参与

实践乡村治理的政策，当时我非常担心在场的老人不支持我的提议，所以我们采用谈判的方式来进行，老年人坐在一边，年轻人坐在另一边。之后我发现我的担心是多余的，老人们非常赞同我的提议，因为他们很高兴看到村里年轻人有意愿回村参与乡村建设（图 1）。

图 1　说明会上，村里老人们纷纷表达自己的观点

取得了老人的支持后，我就开始号召村里这些游手好闲的年轻人投工投劳。之前他们的生活没有规律，早上睡觉，晚上聚众打牌喝酒。因为青礁村院前社被列入拆迁范围内，村里人大多都变成了啃老族，想靠着拆迁款来度日。我召集他们聚在一起并表达了一些想法，我想和他们一起治理乡村环境，共同探索出一条发展的道路。他们很支持我的想法，也很愿意参与其中为乡村治理出一份力。其实，之前他们是因为苦于没有找到发展方向，才陷入了迷茫。之后他们从每天睡懒觉到清早六七点钟就在为村庄环境提升义务投工投劳，这是一个很大的改变。

我们创办了一个食堂，大家一起工作、共食、共议，吃饭的过程中大家聚到一起聊一聊接下来的工作该如何开展。因为每个人负责的任务不同，大家相互直言，共同出谋划策，就把问题合理地解决了。关键的一点就是，在食堂讨论问题，解决了村民参会不守时的问题，一般十二点吃饭，大家十一点五十就到了。通过我们的努力，村庄环境开始慢慢地好转起来了，原先脏乱差的违章搭盖经过拆除后，整个古村落的面貌就展现了出来，原先进村时有一个两三千平方米的违章搭盖，我们将其拆除之后作为停车场来使用。我们的理念是通山移水，让农民们参与到整个设计中来。当时老一辈跟我们说，原先我们村里有一条水系贯穿村里，但这几年被破坏了，问我们能不能把水系恢复起来（图 2）。

因此，我们找到山上的水源，用管接的方式引了三公里，引到了我们村，活化了整个村的水系，这些都是村里环境慢慢好转的迹象。

通过一年的努力，长辈们对村里年轻人的看法有所改观，慢慢地就接纳了他们（图 3）。

问题轻年的转变造就了今天的院前社。正如我们说的一句话："我们变了，村庄就变了。"我们以资金和土地入股的方式成立合作社，由经商乡贤、村内无业青年、在外就业人员以及返乡大学生组成。院前济生缘，寓意着慈济、生态的发展之路，我们大家聚在一起也是一种缘分。城市菜地租赁是农村发展的一个契机，我们以土地规划 20 平方米为一个单位，向外招租，一年 2400 元。原先种植一亩地收入 2 万元，现在通过租赁方式则提升到 8 万元，其中还不包括周末亲子游的收入。当城市菜地租赁制度一提出，就吸引了几百人到村庄来租赁菜地。

发展产业必须优先服务于村中老人，2014 年 10 月 2 日的重阳节，我们在村里举办了一次百老宴，我们请老人们吃饭，告诉他们我们回乡创业的目的就是照顾他们，满足他们的生活需求（图 4）。

看到老人们脸上洋溢的笑脸，我们觉得这项公益事业要持续做一辈子，甚至几代人都这样做下去。我们投入大量的资金做公益，找一座古厝修缮成敬老院，而修复古厝和善待老人是同样的道理。我们同时搭建起老有所依的平台，让老人们走出来，教小朋友们制作传统美食，让传统文化传承下去。

三、院前社的运营机制

农村不是商业区。为了把人留住，院前社的产业打造的都是 DIY 体验，没有很好的服务，只有更好的体验。院前社打造的不是一个景点，而是一个没有围墙的自然学堂。每个农村只要提到乡村振兴，都说要发展乡村旅游，我个人觉得不一定非要这样，农村能有什么资源吸引人流？中国最不缺乏的就是好山好水，所以我们提倡的是让旅游变成一种学习，让每一个人都能在村里真正体验到耕读的乐趣。

院前济生缘合作社已经发展了 17 个产业，从 2015 年开始到现在，我们接待的游客量已经超过了 70 万人，70 万人对各大景点来讲，并不是一个惊人的数字，

图 2　村庄水系治理前的样貌

图 3　村庄水系治理后的样貌

图 4　2014 年 10 月 2 日的重阳节，院前济生缘合作社为青礁村的老人们举办百老宴

但是对一个曾经面临拆迁、环境脏乱差、年轻人外流的村子来说，70 万的游客量的确证实了我们努力的成效（图 5）。

在短短一年里，我们迎来了四位国家级领导人的参观指导。到目前为止，到我们村庄考察的领导，部厅级以上的多达 200 多位。中央电视台对我们进行了多次报道，中文国际频道的《记住乡愁》栏目组把我们的事迹拍成了纪录片，这个纪录片是厦门市节目组进入村庄拍摄的题材。

这些年院前济生缘合作社获得的荣誉有：2014“美丽厦门共同缔造”先进单位、2014 厦门“最美街区”、2014 美丽厦门新 24 景、2014 省内首个闽台生态文化村、2015 海峡两岸青年创业基地、2015“银团合作”示范基地、2016 福建省青年农民合作社优秀示范社、2016 省级休闲农业示范点、2016 福建省四星级乡村旅游经营单位、2016 福建省青年创业创新大赛一等奖、2017 全国乡村旅游创客示范基地、2017 福建省二十佳旅游特色村、2018 厦门市新型职业农民培育示范基地、2018 第十五届福建省五四青年奖章集体标兵、2019 年住房城乡建设部关于全国开展美好环境与幸福生活共同缔造活动第一批精选试点村。

作为院前济生缘合作社理事长，我个人获得的荣誉有：2014 年度“美丽厦门共同缔造”先进个人、2015 年厦门市基层“最美农民”、2015 年厦门青年五四奖章、2016 年福建省“向上向善好青年”、2016 年福建省青年五四奖章、2016 年福建省青年致富带头人（标兵）、2017 年度厦门市劳动模范、2017 年全国青年致富带头人、2019 年全国乡村文化和旅游能人。

院前济生缘合作社的运营机制是先造人，再造物，再寻求发展，把村里的年轻人、妇女们培育成有理想、有担当、有责任的人。我们应该用正确的态度看待中央政策，对中央政策应该是自下而上地去落实，主动积极，转变思维。院前社就是自下而上争取，将共同缔造政策落地到青礁村院前社。政策很好，机会是平等的，如何把握是关键，进而产生社会自主的模式。我们愿意善待老人，愿意辅导年轻人回乡创业，愿意做到垃圾不落地，变成一个社会治理的模式。

我们现在共同缔造的是模式输出、资源共享，帮助全国各地正在发展的乡村，指导他们如何实现先有组织后发展。我们把它作为一个分享课程来进

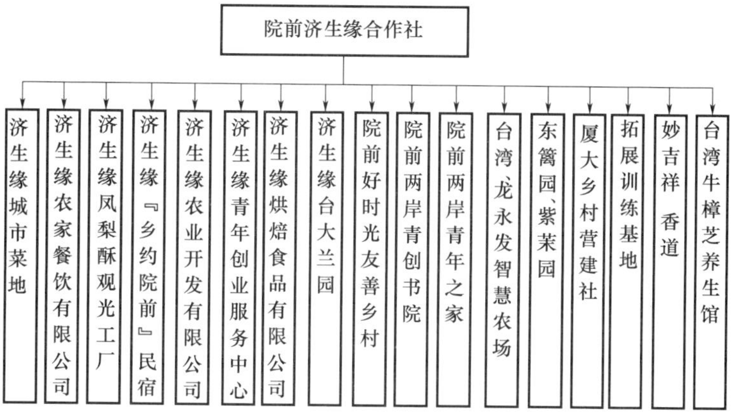

图 5　院前济生缘合作社的产业布局

图 6　“一带一路”沿线 42 个国家创业青年造访院前济生缘合作社

行，我们已经吸引了全国各地以及部分“一带一路”沿线国家的创业青年进入村庄，了解合作社的发展过程。到目前为止，走进我们村庄的国家多达四十二个（图 6）。

我们说，对脚下的土地投入情感有多深，路就能走多长。

注：本文根据“乡村复兴论坛·永泰庄寨峰会（2018 年 12 月 30 日）”嘉宾演讲稿整理而成。本文图片由作者提供。

第五章 乡村·社区

乡村振兴——美好环境与幸福生活共同缔造

李　郇

中山大学中国区域协调发展与乡村建设研究院院长

嘉应学院粤东北区域协调与乡村建设研究院顾问

内容摘要：本文探讨了乡村振兴共同缔造的理念、梅州乡村振兴实践等内容，阐述了多方共同助力乡村发展、以城带乡多产融合发展、吸引更多村民参与的乡村共同缔造理念。

关 键 词：乡村振兴；多元主体；共同缔造

十九大报告提出乡村振兴战略，打造共建共治共享的社会治理格局，按照产业兴旺、生态宜居、乡风文明、治理有效、生活富裕的总要求建立健全城乡融合发展体制机制和政策体系。

习近平总书记对广东省的发展高度重视，寄望广东实现“四个走在全国前列”，当好“两个重要窗口”，加快推动乡村振兴，加快形成区域协调发展新格局。广东省委省政府对乡村振兴提出了新的要求，梅州作为老区苏区，要把农村作为推动苏区振兴发展的主战场，把乡村振兴摆在重中之重的位置，在推动“五个振兴”、解决城乡二元结构问题上取得新突破。省委书记李希在《广东省推动老区苏区振兴发展工作现场会上的讲话》指出，推动广东省老区苏区振兴发展，必须坚定践行新发展理念，结合构建“一核一带一区”区域发展格局，针对老区苏区的资源禀赋、功能定位，找到优势所在、潜力所在、后劲所在，把高质量发展之路走对、走实、走好。

一、乡村振兴共同缔造的理念

乡村振兴包括产业振兴、生态振兴、文化振兴、组织振兴和人才振兴。吴良镛先生提出人居环境建设的核心是以人为本、人与人之间和谐共处、美好人居环境与社会理想应共同发展。城市和乡村的变化，也促使美好环境共同缔造的提出，共同缔造是一个以空间和环境为平台，基于人的社会变化、社会需求，通过对美好人居环境的寻求，提升未来的愿景和改变现状的决心，其核心是共同价值。

乡村振兴美好环境与幸福生活共同缔造活动，是以自然村为基本单元，以改善村民身边、房前屋后人居环境的实事、小事为切入点，以建立和完善全覆盖的基层党组织为核心，通过共谋、共建、共管、共评、共享，组织村民积极发展产业与建设美好家园（图 1）。具体来说，我们可以把共同缔造作为乡村基础建设的一个抓手。习近平总书记提出需要通过基层组织建设确保乡村社会充满活力、安定有序。社会活力的形成有赖于各种基层组织发挥不同的作用，共商地区发展事务，包括党的组织、基层治理组织、群团组织、社会组织、社区组织等五类组织，还包括以上提到的市场的各类组织，这些组织在乡村建设中要发挥各个乡村的协调作用，发挥各自的长处，通过多元议事平台，召开议事会。

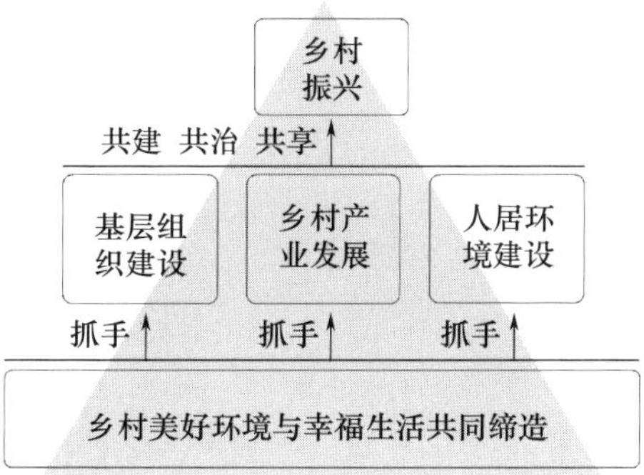

图 1　乡村美好环境与幸福生活共同缔造理念

乡村振兴战略首先要建立在现代农业产业体系、生态体系、经营体系上面，找到产业发展的问题，挖掘乡村产业发展的需求，各方共同参与，也就是说我们从问题导向，激发大家参与的积极性。通过本地人的智慧把乡村发展起来，因为真正了解乡村的不是外来人，而是祖祖辈辈生活在乡村里面的人。同时，共同缔造也是人居环境建设的抓手，从房前屋后做起，从街头巷尾做起，从群众关心的小事做起，把群众组织起来，调动各方积极性，共同改善乡村人居环境（图 2）。

图 2　沈阳长河村成立合作社，共建乡村产业

如何做好美好环境与幸福生活共同缔造，有几条基本的原则。第一，核心在党建，也就是说党委领导是农村发展最重要的核心。坚持党管农村工作，扩大党的组织和工作在农村基层的有效覆盖，加强行政村大党委（党总支）对村民小组工作的全面领导。第二，基础在自然村，自然村是共同缔造的基本单元，以自然村为基础能够更好地调动广大村民参与社会治理、乡村振兴的积极性；同时通过自然村能够将基层治理覆盖到各个家户，提高基层社会治理水平。第三，村民是主体，只有生活在本地的村民，才最能体会自己生活中存在的问题，才清楚有哪些紧迫的需要。让村民自己管理自己，改善村庄环境，提升生活质量，才能真正符合村民对美好生活的向往目标，通过共同缔造满足村民对美好生活的不断需求(图 3)。第四，参与是关键，参与是共同缔造的重要内涵，需要以“共同”的理念和方法来开展社会治理，搭建多种参与平台，让村民充分发挥其主体作用，践行党的群众路线，变政府唱主角为村民唱主角，变为民做主为由民做主。第五，制度做保障，通过制度建设彰显乡村传统文化，形成乡风淳朴的社会风尚。村规民约对村民具有更强的约束力，也是村民认同感的体现。

具体来说，在党委的领导下打造纵向到底、横向到边、协商共治的社会治理体系，打造共建共治共享的社会治理格局。纵向到底是指党的领导纵向到底，政府的服务纵向到底；横向到边是把每个村民都纳入村庄社会组织，让每个社会组织都参与村庄治理。协商共治是以协商民主的方式方法、制度机制，推进村民的决策共谋、发展共建、建设共管、效果共评、成果共享，把村民的主体作用发挥出来。

共谋、共建、共管、共评、共享的关系是什么？要把这样的工作方法贯彻乡村振兴全程，这也是让村民参与共同缔造的最基本的方法。只有大家一起讨论某件事情，共同参与规划、建设后，才会对自己的成果有更多的爱惜，才会觉得是自己的事情，之后才愿意管理这件事情。这也能降低政府在乡村振兴里后续的一些资金，管理好这个事情以后，大家才能享受共同缔造的过程，评价共同缔造，这是公共事务。因此“共谋、共建、共管、共评、共享”是前后工作的顺序，“五共”的过程具有相互因果关系，要在规划中达成共识，在建设中形成共建（图4、图5）。我们通过共同的生态文明建设，处理好村民与自然、人与人的关系，以农民为主体，将村民组织起来，在生态文明建设中发展乡村产业，构建有序的社会关系、制度和治理机制，推进乡村“五位一体”发展，实现产业兴旺、生态宜居、乡风文明、治理有效、生活富裕的乡村愿景。

实际上，我们通过寻找问题，通过合作社的组织以及大家共同的协商、共同的创造，能够达到一个很好的乡村振兴的效果。举一个例子，厦门市院前社当时是很落后的一个村，政府的资金也下放不到那里，甚至要面临拆迁。但是村民乡村振兴的愿望很强，主动组织起来，建立党委党支部，成立了院前合作社，有个小伙子把村里的年轻人组织起来，建设了城市菜地、科普教育基地、院前济生缘民宿、农家乐、凤梨酥工厂、农家集市等一系列的村集体经济项目，把产业的发展和房前屋后结合起来，使村民能够让利来建设，同工同劳参与到乡村振兴中。合作社相互融合，再加上政府出台的一系列政策，搭建平台，为村民提供了优美的生活和创业空间，切实提高了村民收入。村庄的发展得到了老人、小孩的认可，合作社经常在节庆开展活动，邀请村民一起参加游玩、聚会，乡村重新展现熟人社会的风采（图6）。

乡村建设最重要的成果，不仅是景观变美了，更重要的是外出的村民回来了，很多的年轻人回来创业了，而且本村的人也加入到产业的发展中去了。

二、梅州乡村振兴实践

梅州也有很多共同缔造的例子。通过村与村不同的景观、不同的产业、不同

图 3　村民认养认管房前屋后绿地

图 4　发展共建，凝聚民力（黑城村村民出工出力，共建村史馆）

图 5　成果共享，凝聚民心（院前社共享美好环境）

的发展，形成“党建＋绿色产业、党建＋红色经典旅游、党建＋古色乡村旅游、党建＋党员教育基地”的发展格局，推行“支部＋产业合作社＋贫困户”样本，引进富民兴村产业，拓宽群众增收渠道，助力精准扶贫，实现民富村兴。在“三清三拆三整治”的时候，党员、党支部示范带头也发挥了很重要的作用，人居环境得到了彻底改善。

我们在大埔县大麻镇大留村共建了耕读文化的园区（图 7）。共建村庄产业，通过村民流转土地形成规模，村里有从事房地产的乡贤，积极回报村庄，组织村民共同改善住房环境。事实上，不仅仅是有钱的人是乡贤，外出打工的任何一个人都是我们村庄的乡贤，我们要把每一个乡贤的力量都发挥出来。

大埔县大麻镇坑尾村是以国家森林公园为核心发展的一座村庄，这也是在党支部的领导下做的；大埔县西河镇北塘村是各方力量共同打造有文化的民宿为主体的村庄，吸引了珠三角，还有福建大量的客流来这个地方；大埔县百侯镇是文化之乡、华侨之乡、干部之乡，形成了政府、村民、企业共同缔造的案例（图 8、图 9）。

三、总结

共同缔造事实上要强化统筹力量，发挥职能部门和村民建设的合力（图 10）。政府在里面主要是搭建平台、对接资源，做好功能上的统筹，实施以奖代补的激励政策，激发他们的积极性，这样才能形成可持续的发展动力。同时，政府在开展农村美好环境与幸福生活共同缔造的活动中，需要因地制宜，考虑不同村庄特色，拟定差异化的指标考核体系。村与村是不同的，地区与地区也是不同的，差异化的考核指标能够形成长远发展的激励体制。

在乡村振兴过程中，规划师起什么作用？规划师在共同缔造中扮演一个组织者、协调者、引导者的角色，起到联结政府、公众、社区 / 社区组织等多元主体的作用。具体来说，有五点。第一，共寻发展问题。规划师要能够带领村民，不仅仅是画一张图，而应该是带领村民寻找问题，找到问题导向，有问题导向以后，村民才有积极性，解决身边的问题。第二，挖掘乡村资源。乡村资源包含自然、人才、资本、文化等诸多要素，是乡村发展的有力支持，也是乡村的特质所在。

图 6　厦门院前社共享和睦邻里

图 7　共建耕读文化园

图 8　油菜花与村居

图 9　公祠活化为游客中心，引入名镇旅游开发公司

图 10　乡村美好环境与幸福生活共同缔造宣传图

规划师结合实地调研与反馈信息，充分挖掘乡村资源，以此整合发展要素，引导乡村结合发展实际，探索适宜的特色化发展道路。第三，发动与组织群众。共同缔造的核心是群众参与，但群众参与并非依托群众自愿或规划师单方努力即可实现，需要规划师通过多样的讨论、咨询会议，丰富的参与活动发动与组织群众，实现共同参与。第四，担当政府与群众的媒介。规划师要起到媒介的作用，组织群众，发动群众，充当政府和群众之间的媒介，共同缔造自上而下与自下而上的结合。在此过程中，规划师应充分发挥引导、联系与协调作用，通过多方交流会议与活动的开展，搭建政府与群众、社会组织的互动桥梁，促成多方共识与合作。第五，培育基层规划力量。通过共同缔造工作坊的参与，促使一批热心于社区事务的规划师在潜移默化中掌握一定的规划常识。规划师通过课程培训、项目指导等方式，培育乡村规划师，形成可持续的基层规划力量。

因此，乡村振兴需要村民、村集体、政府等多元主体共同谋划，把握乡土特色，防止盲目用城市规划方式开展乡村振兴，防止景观城市化，防止穿衣戴帽的形式主义，防止过度商业化，避免变相卖地搞房地产和盲目大兴基建。单靠乡村自身实现造血是很困难的，需要多方共同助力乡村发展，通过共同缔造，以城带乡，实现一、二、三产融合发展，促使村民创收，吸引更多村民参与乡村的共同缔造。只有把村民动员起来了，村民的主体作用发挥起来了，才能真正地实现造血功能，推动乡村振兴。

注：本文根据“乡村复兴论坛·大埔峰会（2019 年 6 月 21 日）”嘉宾演讲稿整理而成。本文图片由作者提供。

古城维护与扶贫工作——会昌县的挣扎与抉择

杨维桢

上海中建建筑设计院设计总监

内容摘要：本文以江西省赣州市会昌县古城改造项目为例，探讨了乡愁与乡建、会昌古城保护等内容，提出了扶贫和乡建的工作重点是吸引外出村民回乡建设。

关 键 词：乡愁；古城保护；乡村建设

我是中国台湾人，第一次参加乡村复兴论坛。为什么来参加这场活动呢？首先得感谢罗德胤教授。我在江西省赣州市会昌县从事古城改造的工作（图 1、图 2），有机会与罗教授一起讨论他所从事的乡村工作，于是就有了来永泰的契机。

永泰给我的感受是什么？首先就是干净，其次是条件非常好，为什么？所有的空间环境都很完整，不需要做太多工作，自然就很好。所以说乡村复兴到底在复兴什么？为什么要复兴？本来就很美好的乡村还要去复兴什么呢？我是做设计工作的，很深层次的问题我不懂，但有一点感受，谈乡村复兴是很高尚的，而且她还是文化带动，文化、生活为主，另外还有一个主题就是乡愁。

一、乡愁，愁不愁

在台湾曾经经历过相当长一段时间的乡土运动，这个运动在文化、经济，甚至政治上的巨大影响可能我们未来都会遇到。首先是乡愁，愁不愁？这是我这次想讲的一个主题。乡愁到底会不会愁？乡愁是不是不用愁？乡愁到底是什么？我们现在所做的乡村复兴工作，最重要的是“制药”。为什么叫“制药”？很多人到城市里，发现压力非常大，很不舒服，他心中的梦想是回到乡村里，哪怕是短暂的时间回到乡村，他也能得到心灵上的满足。所以我们乡建所做的很多工作对城市而言实际上是一个重大的互补工作。城市人要回到乡村，不仅心灵舒服了，还能带动乡村经济，所以是不是一种药？乡建在我看来是一种药，是一丹良药。大部分美丽乡村都恢复好，就是跟城市之间一个很重要的平衡，两者之间不会产生巨大的反差，互相和谐。这样的话，乡村的建设工作可以满足一点，就是解决乡愁。谁都有乡愁，对我们台湾人而言，乡愁就是祖国大陆，这是广义的乡愁。对

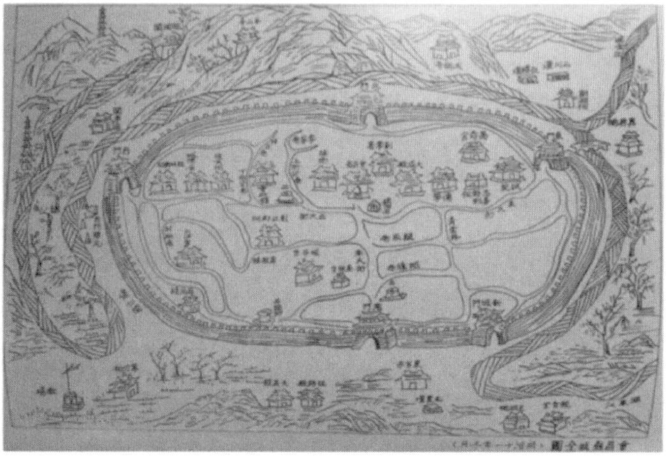

图 1　会昌县古地图

图 2　会昌县规划模型

于永泰而言，乡愁是什么？乡愁是永泰出去的人想要回乡。这个乡愁的意义很大，大家都想回来，为什么？因为原来的地方存在于我们的血液之中。

我今年61岁，从小父亲就告诉我，台湾不是你的老家，你的老家在祖国大陆。我父亲是1949年到台湾的，后来一直没办法回家，他一辈子的乡愁就留在心里，通过基因、血液传递到我身上，这实际上是每一个民族、每一个人都有的。

回到家乡，是家乡建设很重要的一部分，尤其是农村。现在中国的农村空心化问题很严重，如果再不振兴乡村的话，城市跟农村之间的差距就太大了。连田都不想种，更不要说待在村里，所有农村的子弟都想跑到城市里去生活。等到20年之后，各方面都取得了成就又不得不回来，为什么？情感的依恋让他很想回到家乡，因为城市最终不是他的归宿。要说叶落归根，或者说想回家看看父母，看看出生的土地，事实上这是一种很重要的血缘上的、感情上的联系，是把大家带回到乡村建设的一个重要力量。

我的感觉是：一个乡村最缺乏的不是钱，乡村建设缺乏的不是钱，而是人。只有钱没有人一点用都没有，最关键还是人。我在会昌县工作，会昌是一个贫困县，比永泰差太多了，它现在还在脱贫的过程里痛苦地挣扎。我跟县委书记聊，我说现在政府到底想做什么？是招商引资还是其他什么？他说政府现在想做的就是发挥服务的职能，好好地为回乡的企业家、工作者或是投资商等服务。他把重点放在会昌出去的子弟身上，试想如果家乡的人都不想回来，还想要别人来吗？可能性不大。连自己都不喜欢家乡，还能让别人回来吗？连自己都觉得家乡没有投资希望了，还想叫别人来投资吗？这不可能的。所以先把家乡的子弟安排好，想办法让他们回来，这一点就是他最想做的。

不管想做什么，不能好高骛远。比如永泰有很多漂亮的房子，而且都修复好了。你不要花太多钱，就做一个小小的咖啡店，激活这个地方的人气就足矣。我觉得这就是最高明的设计，这也是我很佩服罗教授的地方。

二、会昌，古城保护

会昌是一个小县，人口只有60万。事实上在汉代的时候就已经建县了，它的城墙拥有900年的历史，还有很多保护情况不乐观的老房子。这个地方的传统建筑是斜屋顶的房子，平屋顶的建筑是改革开放以来建造的，密密麻麻，像火柴盒一样排列着，实际上它下面就是城墙。会昌县的城墙大概是赣南城里少数保留下来的有古城气息的一个区域，很有价值。会昌县人口大部分都是客家人，原来是码头文化，与山、水之间的联系非常强。到了民国时期，码头文化不存在了，水的资源没有了，交通资源没有了，经济来源随之没落，这也是我们看到很多水边的乡村或者城镇没落的一个原因。但是会昌的资源还是很丰富，有巨大的五六百年的古树，有各个时期建造的许多老房子。这里给人的感觉是苍老和茫然，因为年轻人大都离开了，都去其他地方谋发展了。

我们的设计意图是将对这个城市有影响的冲击力过大的建筑拆除，重新恢复古城（图 3 ～图 5）。我们运气很好，从城市设计到建筑设计全都完成了，目前正在新建。这里牵扯几个问题。第一个问题是钱从哪里来，拆迁完了以后建设经费从哪里来？建设经费最后采取的是 PPP 模式，费用有了，第二个问题是谁来建？后来是一家古建公司来承建的。第三个问题是谁来经营？这么多房子，经营状况如果事先不考虑的话，很可能就乱七八糟了，必须要统一经营，PPP 的用途也体现在这里。

会昌要呈现什么？实际上就是我们怎样植入适当的内容，表达她的特色。古城、古镇，或者古村，她真正要植入的，不仅仅是硬件的建设，更关键的是软件部分，尽量把文化植入。我们引入了表演工作坊赖声川先生的戏剧团体，赖先生的家乡就在会昌，所以当地的县委书记花了很大力气把这位艺术大师的舞台植入会昌。传统的中国戏剧以及引入戏剧的团体到这边常驻，经常表演，对当地的居民产生了很大的影响，随后长期培训当地人管理戏剧表演人才。通过这种方式，文化就不是只在城市里生存，而是给当地居民一种新的对艺术环境的认识。后来这件事引起了从会昌走出去的经济学家王明夫先生的响应，并应邀回到会昌来搞建设，一下子引入了将近十亿的资金。

所有扶贫和建设的工作，重点不是在经济上怎么让大家赚很多钱，而是能让出去的子弟回来，想尽各种方法，能够吸引他们的子孙或者吸引他本人回乡建设，我认为这是乡村振兴的另外一条出路。

注：本文根据“乡村复兴论坛·永泰庄寨峰会（2018 年 12 月 30 日）”嘉宾演讲稿整理而成。本文图片由作者提供。

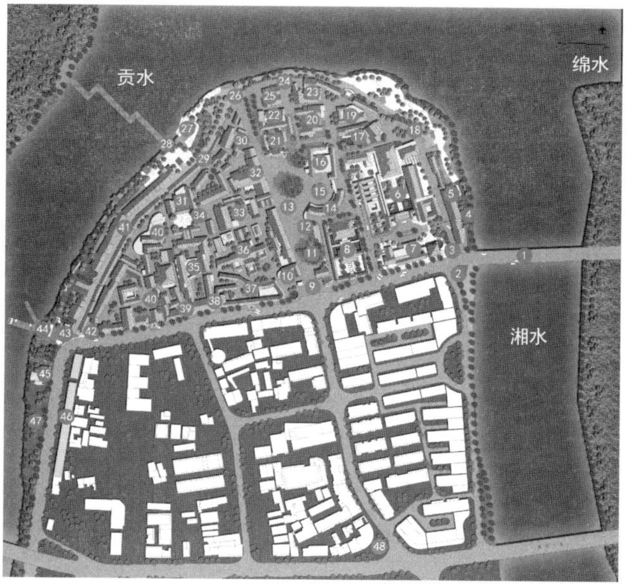

图 3　会昌县规划区内建筑业态分布图

图 4　会昌县白天鸟瞰图

图 5　古宅古巷道现状照片

乡村振兴与社区治理

郭　虹
四川省社会科学院研究员
四川省委省政府决策咨询委员会委员

内容摘要：本文探讨了产业振兴、人才振兴、文化振兴、生态振兴、组织振兴等内容，提出了“社区发展治理五大行动”就是乡村振兴的创新途径。
关 键 词：乡村振兴；社区发展；社区治理

无论是硬件的建设，区域的规划改造，还是人才的培养等，所有这些最终都要有一个落脚点。落在哪里？落在社区。乡村振兴是一个当今时代的命题，也是国家解决“三农”问题的一个总抓手。习近平总书记在十九大报告中特别提到乡村振兴应该怎么做，他提出“抓重点、补短板、强弱项”，我想这三句话实际上是给每一个地方指出，大到一个省，小到一个乡、一个村，我们到底应该怎么振兴乡村，应该看到重点是什么，短板在哪里，弱项是什么。整个乡村振兴的总目标是农业全面升级，农村全面进步，村民全面发展。

为什么会谈到社区？“三农”问题是国家的重中之重，按照党的十九大报告要求，要坚持农业农村优先发展，按照产业兴旺、生态宜居、乡风文明、治理有效、生活富裕的总要求，建立健全城乡融合发展体制机制和政策体系，加快推进农业农村现代化。成都市的“社区发展治理五大行动”就是乡村振兴的创新途径。

一、产业振兴是社区治理的前提

产业振兴是社区治理的前提，没有经济基础难以进行社区治理。党的十九大报告中把社区治理放在一个什么位置呢？定位在社会治理的最基础工程。国家治理包括三个重要的领域，第一是政府治理，第二是市场治理，第三就是社会治理。在社会治理方面，党的十九大报告提出了很多具体的任务，从公共安全到公众心理的援助，然而所有社会秩序当中最基础的是社区治理。为什么强调社区治理？这就是大家常讲的一句话，“基础不牢、地动山摇”。中国的很多问题实际上发生在社区，真正要解决的问题也在社区。解决乡村振兴的一个重要天平同样是：村里到底怎么做。

产业振兴就是要农村的各项产业均得到发展，这也是乡村振兴的重点。成都市从2017年开始在全市推行城乡社区发展治理，要求各村努力发掘本辖区的“人、文、地、产、景”等社区资源，形成本社区的特色产业。乡村产业兴旺的具体指标就是本社区的产业发展能够保障本地居民充分就业。成都市在做社区治理的时候，任何产业的发展，特别是社区的产业发展，一定要保证本地居民的充分就业，满足社区居民的生产、生活的现实需求和发展需求。

成都市有一个村，七八年前就有社会组织在推广生态化种植，最后只有两户农民坚持下来。为什么这么多农民都不愿意做生态种植？最简单的原因是它的劳动强度很大。后来有食堂专门把生态蔬菜全部包下来，还带动更多的村民开始一分地、两分地去做生态种植，生产队把它作为本地的资源以后，在村里又专门划了一百亩地，用来扩大有机种植的面积。通过有机种植，不但发挥了本地有机种植的传统和特色，同时也使得全村居民都从中受益，比如做旅游的，做农家乐的，都可以从村里购买有机产品，也使得农家乐的水平有所提高。通过这个案例可以看到，乡村振兴的前提是产业振兴，如果没有产业振兴，乡村的发展是没有基础的。

二、人才振兴是社区治理的核心

乡村振兴，人才振兴是关键。要通过政策鼓励和项目支持，在乡村造就“人才成长环境”，培育、鼓励、支持各类人才在社区就业创业，“八仙过海、各显神通”。

要积极培养本土人才，鼓励外出能人返乡创业，鼓励大学生村官扎根基层，为乡村振兴提供人才保障。

社区发展治理的核心是“人”。社区营造等行动通过大量的培训和项目支持，给想干事、能干事的人，特别是农村妇女、返乡人员提供了参与社区公共事务和公益事业的机会。在成都市的社区营造中已经涌现出数以百计的各类人才。

三、文化振兴是社区治理的灵魂

文化振兴就是加强农村思想道德建设和公共文化建设，以社会主义核心价值观为引领，深入挖掘优秀传统农耕文化蕴含的思想观念、人文精神、道德规范，培育挖掘乡土文化人才，弘扬主旋律和社会正气，培育鼓励文明乡风、良好家风、淳朴民风，改善农民精神面貌，提高乡村社会文明程度，焕发乡村文明新气象。

成都市特别强调社区文化的建设。为什么要建设社区文化？每个社区通过自身的村文化的提炼和打造，形成村的凝聚力，提升社区的创造力，同时形成各具特色的乡村文化。比如郫县安德镇先锋村，有一个自己的品牌叫农夫记忆，他们就是用这种生态种植把全村的传统农作、农耕和很多文化的内容都凝聚起来，以“生活＋生态教育”为主输入乡村新文化，改变农民生活方式和生活习惯，这是乡村教育的一个特点。乡村教育和城市教育最大的一个区别在于，她永远在现实生态中开展。这里提到的教育不仅仅针对孩子，有很多乡村开设了各种各样的书院或者是学堂。比如明月村，他们就有一个明月讲堂，还有一个明月夜校，这个明月夜校是专门针对村民的，通过对于村民的教育形成社区的文化认知。

社区营造行动强调社区文化建设，从增强社区凝聚力到提升社区创造力，各具特色的社区文化为本社区可持续发展提供了思想动力和文化底蕴。

四、生态振兴是社区治理的基础

生态振兴要坚持绿色发展，加强农村突出环境问题的综合治理。“青山绿水就是金山银山”，生态是1，后边都是0，生产发展得再好，钱挣得再多，但是如果生态污染了，水不能喝了，土地不能种庄稼了，这个时候就是0。成都市计划要用三年的行动来推进厕所革命，同时整合社区的力量和资源，因地制宜地打造生态宜居的生活共同体。

老旧院落的改造也是一个很重要的目标，同时也倡导城市和农村公共空间的打造，小游园微绿地主要是针对城镇、林盘聚落保护、改厕改厨等行动主要是针对农村。通过农村环境的改造，打造宜居宜业的社区环境，营造安居乐业的美丽家园。

五、组织振兴是社区治理的关键

前面提到的产业振兴也好、文化振兴也好、生态振兴也好，有一个非常重要的关键因素就是人。所以我们说组织振兴是乡村治理的关键，如果没有组织振兴，乡村治理实际上是很难的。老百姓经常讲“一盘散沙”，很多过去凝聚中国人的东西，比如说家族、宗教，实际上已经逐渐淡化或者说弱化了。改革开放以后，单位体制开始弱化，在农村最明显的表现就是生产队对于人的控制越来越少，或者说几乎没有控制。过去农村对于村民的管理主要是通过生产队的管理，实行家庭联产承包责任制以后，集体劳动变成了家庭劳动，所以农村这种“一盘散沙”的情况越来越突出。而在乡村振兴或者说在社区治理当中，我们会看到组织振兴是解决目前农村“一盘散沙”或者是村民动员难等一些问题的良方。那么这个良方应该怎么做？按照成都市的经验，要求培养社区发展的内生动力，让居民组织起来，改变目前社区的疏离状态。要推动乡村组织振兴，打造千千万万个坚强的农村基层党组织，培养千千万万名优秀的农村基层党组织书记，深化村民自治实践，发展农民合作经济组织。成都市 2012 年就开始大力发展社会组织，从 2017 年开始要求社会组织到农村去。

现在我们看到在成都市已经形成了“一核多元”的乡村治理格局，以党支部为核心，在这个党支部以外，还有社区内自治组织、经济组织、合作经济组织，各类社会服务组织、志愿者等，形成“一核多元”的社区治理。

成都市社区发展治理行动有一个总体目标，其与乡村治理是联系在一起的。首先要解决与人们生活和品质提升密切相关的问题，要从人、文、地、产、景五个方面找到乡村的短板和弱项，找到乡村的重点在哪里。其次让居住的环境更加美观，街区特质更加彰显，社区服务更加高效，基层社会更加和谐。成都市关于社区发展的很多文件都是城乡社区一体要求，不会专门对城市社区和农村社区做区别化对待。我们提到的社区包括农村社区，也包括城市社区，我觉得成都市更具有的人文关怀精神还提到了社区居住舒适度、人文感知度、生活便捷度、公共安全度。

注：本文根据“乡村复兴论坛·大埔峰会（2019 年 6 月 22 日）”嘉宾演讲稿整理而成。

中国公益的乡村探索之道

张皓博
中国扶贫基金会百美村宿项目办公室助理主任

内容摘要：本文针对中国扶贫基金会关注怎样用旅游的方式解决中国贫困乡村的问题，探讨了乡村振兴的痛点、旅游扶贫的探索、百美村宿的模式等内容。
关 键 词：乡村振兴；旅游扶贫；百美村宿

过去六年，中国以每年超过一千万人口的速度去消除贫困，2018 年的中央农村工作会议和全国扶贫开发会议提到，2019 年中国要再消灭一千万以上的贫困人口。在这个时候，中国扶贫基金会关注怎样用旅游的方式解决中国贫困乡村的问题。

一、乡村振兴的痛点

中国扶贫基金会自 1989 年成立以来，执行的项目始终离不开生计发展。谈到生计，谈到乡村，我们会发现现在的乡村，年轻人回不去，村里基本都是老年人。在乡村基础设施投入方面，乡村道路交通发展得越来越好，私家车普及程度也越来越高，但很多城市的人到乡村去，只是看一看、拍张照就走了，很多村里可能连餐饮都无法提供，更别说住宿了。现在资本投资乡村的兴趣也很大，但资本想进入乡村，没有找到切入乡村的一个基本点，因为他们不了解乡村，乡村有其独特的意识规则。还有就是政府，我们的政府是大政府，擅长去投基础设施，擅长做大规划，但是真正修完之后谁来运营？怎么管理？

我们思考这些痛点怎么去解决？中国扶贫基金会希望村民充分地加入社区，回归乡村社区去做一些事情（图 1 ～图 3）。社会层面，我们希望把村民组织起来，形成一个新型的村庄集体经济组织，然后给乡村社区居民赋能，让游客在乡村能够享受到乡村原住民提供的最优质的服务。

二、旅游扶贫的探索

说到资本，以往的小农经济在与资本对接的时候，对资本不放心，而资本对村民也不放心，我们现在组建新型的村庄集体经济合作组织，用这个平台对外和资本对接。更多时候中国扶贫基金会扮演的是“拐棍”的职责，负责把平台搭起来，更好地链接资源，然后守好位，不越权。所以我们就发起了一个乡村旅游扶贫项目——百美村宿，我们希望通过旅游扶贫来解决目前贫困村庄发展过程中的一些问题。

在介绍百美村宿之前，有必要先了解中国扶贫基金会。中国扶贫基金会成立于 1989 年，属于国务院扶贫办主管的全国性公益扶贫组织，主要关注健康扶贫、教育扶贫、生计扶贫和救灾扶贫。从 2004 年开始直到 2013 年，中国扶贫基金会因生计扶贫关注乡村，在四川的大凉山地区，在四川的民乐村，做了很多有关生计方面的扶贫项目。可是花了很多钱以后，却发现效果并不明显。路虽然修好了，房子也修好了，但大多数村民却不会回来。他们回来干什么呢？创造不了就业岗位，投资又很大，发展产业市场又不稳定。我们一直思考怎么破解这个难题。2012 年，基金会的秘书长带领我们团队去学习，遇到孙君老师在郝堂村，了解到他们在前期投入很少，注重理念上把乡村做得更像乡村，让乡村回到自然。后来我们邀请了北京绿十字一起在雅安合作了两个村庄，我们梳理了当地的建筑形态，在保留原始乡村风貌的基础上，解决了室内居住舒适性的问题，村庄建设完成之后给村民赋能培训，现在村民们基本上在家门口就挣到钱了。从 2013 年开始，我们在河北、贵州、四川、湖南更多地去复制这种模式，希望用市场化的方式与合作社的这种新型组织形式结合起来，从而增加其内生动力，振兴乡村。

三、百美村宿的模式

经过五六年的打磨，在旅游扶贫板块有了一些实践成果（图 4 ~图 6），形成了现在百美村宿的模式。百美村宿指的是我们设想在全国相对贫困地区、自然风光优美地区做 100 个乡村案例（截至 2019 年年底，已经实现了 20 个）。我们的做法是通过四块来实现。第一块是搭建平台，邀请国内排名前列的乡建队伍，知道乡村、爱乡村、懂乡村的团队，联合我们一起进入乡村，一起向乡村学习，去了解她以前有什么，以后要怎么做，她想要什么。第二块是引导村民合作，我们希望村民做乡村的主人，村民怎么做？自从农业税免了以后，村干部没有钱了，我们经常叫大家开会都是八点通知九点到，十点才能开大会，所以我们在村里组建

图 1　白岩村牧云涧民宿

图 2　碧峰村云上听水民宿

图 3　雪山村雪山人家民宿

了一个团队，中国扶贫基金会的工作人员在一个乡村最少待三年时间，三年时间干什么？给大家“洗脑”，开展大大小小的培训工作。第三块是多产业融合，是不是以民宿的形式就能够激活乡村？很多人在讲民宿不赚钱，或者说民宿其实赚不了快钱，因为它投资很大，回报周期又很长，在乡村做民宿又面临着很多不稳定性因素。那我们怎么做？中国扶贫基金会选定村子以后会捐一笔钱，这笔钱属于全村所有人，我们成立合作社，由合作社来做民宿，民宿作为基础业态，陆续启动乡村其他业态的发展，比如农产品、餐饮等。单靠民宿让一个村发生翻天覆地的变化，可能性不大，必须要有其他业态的支持。第四块就是反哺二次分配机制，第一步是让村民跟着合作社干，让他们相信跟着合作社能赚钱，赚钱了怎么样分配更难。这一块我们将精准扶贫机制嵌入合作社的股权设计中，分红权按照村民每人 1 股，建档立卡贫困户每人 2 股的方式进行股权设计，动态管理。贫困户能做到“不出家门口，三薪挣到手”（三薪：一份房租、一份工资、一份分红）。在合作社的利润分配上，50% 用于全体村民分红；30% 用于合作社发展基金；10% 用于乡村公共事业或帮扶弱势群体；最后 10% 作为公益传导基金，捐赠给中国扶贫基金会用于帮扶其他乡村。

进入乡村的人群中，设计师占绝大多数，我本身也是学设计的。但在乡村时间久了就不会做设计了，因为每一个村都有她独有的美学体系。怎么办？去找村里最破的房子，看它原来是什么样子，然后因地制宜。比如说湖南的项目，它原来是一座石头房子，外观保留且修缮成原来的样子，室内解决保温问题；再比如河南台前的一个项目，都是夯土老屋，也是保留原来的样子。我们希望合作的团队，一定要学会向乡村学习，用好乡村原来的东西和它本身的东西。有些村可能房子也没什么特色，怎么办？我们找它的农产品，像河北的山楂汁，山楂在当地是最常见的，我们去以前没人要，因此与运营团队一起商量怎么办？我们以一块钱一斤的山楂收购价把这些山楂收购回来，一斤可以熬两瓶山楂汁，每瓶加上包装卖五十块钱。我们还做了很多民宿，民宿消费其实是比较高的，很多消费群体觉得只要产品好，没有添加剂，他们愿意为了健康买单。

另外，我们一直讲给村民们“洗脑”，具体怎么洗？不是说我们一直给他们讲，而是首先通过资源梳理、愿景描绘、考察学习、社区动员等方式，重塑村庄

图 4　韩徐庄村豫北荷乡民宿

图 5　姜庄村台前姜子牙的渡口民宿

图 6　拉毫村拉拉毫的石屋民宿

价值。先吸引一批在村子里有影响力、愿意尝试、有意向发展的能人志士，扶助其成立自组织。通过引入“能人带穷”的模式，提供高效、有力的项目干预。中国扶贫基金会陪伴项目推进，下绣花工夫进行管理，细致化推行“五户联助、三级联动”“村民公约”“财务制度”“会议及公示”“能人筛选”“协会培育”等制度，培养本土化人才，带动更多村民致富。同时通过制度约束，培养村庄集体经济高效运转习惯，采用“三级联动、五户联助”的管理模式，团结凝聚更多村民，实现了村民互通有无、互相帮助，为后续实施的“五户联保”打下了坚实基础，为全村共享的集体经济提供有力保障。通过三年或更长时间培养固化成果，使村庄能够可持续发展。

目前一个项目村，中国扶贫基金会大概会捐赠一千万元，作为村庄的公共发展资金。这一千万到底属于谁？要成立全村全民所有制的合作社或者旅游管理公司，村里的每一个人都属于它的股东，但是村里不能每个人都来决策，怎么办？就靠我们的管理机制了，五户联助、三级联动，五户选一个代表，代表组成村民代表大会，村民代表大会选举产生合作社的理事会和监事会，什么事该理事会和监事会定？什么事该村民代表大会定？把相应的规则和制度制定出来。最后就是一个原则，过去很多扶贫项目，尤其是在极度贫困地区做的扶贫项目，发钱的、发肉的、发种牛种兔的，最后才发现刚发头牛说好好养，来年好卖钱，结果第二天人家就宰着吃了。这种看着像是在扶贫，在做好事，但实际上是帮忙了又添乱了。

在我们的设计中，坚持“一个基本、三个原则”。“一个基本”是什么？全民共享。就是我们会对全村所有人量化股权，量化股权之后会给他一个股权证，每年到年底参与分红。比如现在已经运营的村庄，只要是这个村里的人，每人年底会得到一千块钱的基本分配。“三个原则”是什么？首先，帮扶贫困。贫困户在制度设计中会加倍，像我们已经运营的河北项目，贫困户在年底的时候大概有两千块钱的收入。其次，多劳多得。再者，多投多得。这是市场经济的基本规律，我们也要顾及。其实合作社管理无非就是收、支、控，对内收心，对外收钱；支就是做好分配和透明；控是制度管人用人管事。我们的会基本上 365 天天天在开，就是跟大家讲我们要怎么做，可能第一年或者前半年是我们讲，后半年村干部讲，因为村干部已经知道应该怎么做了。之后是管理精细化，精确到每一户，强化他们的这种归属感。

前面提到的一瓶山楂汁卖 50 块钱的那个村，原本是个贫困村，2014 年全村 258 户 644 人中有建档立卡贫困户 175 户 436 人，贫困发生率 67.7%，人均纯收入不足 2000 元。2016 年依然有建档立卡贫困户 59 户 103 人，是太行山贫困区的一个贫困村。全国类似这样毗邻景区的贫困村还有很多，针对这类贫困村的脱贫问题，国务院扶贫办提出了“景区带村、能人带户”的发展理念，与国家旅游局共同推出了旅游扶贫工程。在国务院扶贫办的具体指导下，中国扶贫基金会募集社会捐赠资金解剖“麻雀”，在南峪村进行了一些具体的实践探索。通过 2015—2017 年三年整体帮扶，截至 2017 年年底，南峪村 223 户 662 人中仅有贫困户 4 户 9 人。

十余年来，中国扶贫基金会致力于农村贫困地区的农村发展，一直探索“村庄经济合作社模式”，以“村庄内部造血”为核心，充分发挥村庄本地人才的作用，把村民组织起来“抱团取暖”。“十三五”期间，中国扶贫基金会在国务院扶贫办的指导下，将在全国适合开展乡村旅游的贫困村继续实践“乡村旅游扶贫＋”模式。同时也积极分享项目模式和理念，与社会各界一同让旅游扶贫惠及更多贫困群众。

注：本文根据“乡村复兴论坛·永泰庄寨峰会（2018 年 12 月 30 日）”嘉宾演讲稿整理而成。本文图片由作者提供。

理想村——人才振兴和社区营造的案例分享

顾　军

乡伴创客学院院长、创办人

内容摘要：本文以人才振兴和社区营造的案例为切入点，探讨了乡伴文旅的乡村振兴实践路径、乡村创新平台、乡村综合体、乡村业态体验等内容。

关 键 词：社区营造；乡村综合体；业态体验

乡伴文旅从2012年起步，几乎是一个纯设计师的团队，设计师比率达到95%。我说一个小故事，一个小小的民宿是怎么演变的。我们的创办人是一个“天才”的设计师，他在28岁的时候，中标了当年最重要的一个项目，就是上海世博会。他从上海世博会的一个小项目开始，做了四年半，基本上做了上海世博会主要的景观部分，后来他被上海世博局聘为上海世博会的景区总顾问。他一天都没有参加过世博会，为什么？那时候他患了肝癌。当他到美国开刀一年半再回到上海的时候，大家不知道他能不能继续工作，因为毕竟这是一个很严重的健康问题。在当时那种情况下，他做了一个NGO（上海伴城伴乡城乡互动发展促进中心），他想做一次尝试，所以同时做了两个公司。一个公司叫伴城，另一个公司叫伴乡。伴乡在莫干山做了11个房间的小民宿，叫原舍。后来，伴城天空菜园V-ROOF叫好不叫座，虽然得了奖，最后还是破产了。但是伴乡一直发展到现在，乡伴文旅还在2018年完成了A轮的融资。

乡伴文旅在行业里基本是两个标签。第一个标签，坚持以纯市场化、完全市场化的方式做事业，乡伴文旅是一个纯市场化运作的企业。第二个标签，乡伴文旅号称是乡村全产业链，某媒体报道有位业内人士说行业里有一家公司尝试把所有的事情都自己干了，说的就是乡伴文旅。乡伴文旅包括资产管理、乡村综合开发、民宿集团、自然教育、媒体公关、设计集团和支持板块。乡创学院属于支持板块，我们常开玩笑说乡伴文旅把所有的事情都自己干了。

一、返乡的锚点

下面解释一下乡伴文旅的乡村振兴实践路径。首先，我们认为民宿是返乡的锚点，然后把乡村综合体作为一个平台，叫理想村，并在这个基础上做“乡村＋”，孵化各种各样的新产业。这是一连串纯市场化的运作，我们认为乡村振兴可以有这样的探索路径。

目前，乡伴文旅的民宿（原舍）有三个产品系列：原舍、圃舍和树蛙。莫干山原舍就是乡伴文旅梦开始的地方，一期叫望山。后来又有了原舍树蛙和原舍童廿（在绿乐园内），这两个民宿是乡伴文旅旗下产品的设计师爆款作品，全年入住率超过 90%。

二、乡伴创客学院：极具影响力的乡村创新平台

乡伴创客学院是乡伴的一个子公司。乡村振兴需要人才和资金的导入，很早我们就关注乡村的人才培养。因为我本人在上海做过多年培训公司，我们就把所有传统培训路径都摸索了一遍，先做了乡伴创客大会和乡创私董会（图 1）。之后开始做民宿培训，行业里我们是最早做民宿培训的。我之前做了 20 年的企业培训，当我接到这个任务的时候，第一个反应是民宿是没办法培训的，为什么？在培训课程里，我们认为民宿是一个创意产品，这是我们的一个观点：我们觉得创意是非常难教的。我们通常讲“三创”，创新、创意、创业，其中，创意、创新是非常难做培训的。我们如果把开民宿这件事情写成一个民宿开业四步法来教学的话，通常学员是做不出来的，这种做法通常是失败的。所以当时第一件事，我说民宿怎么做？我们专业培训里有门课，企业界可能有人知道，有这门课叫设计思维，这门课在企业界叫“像设计师一样思考”。当时我们想，民宿是典型的非标产品，如果我们把这种非标创意产品的教学死板化，如果把它变成一个科目化的教学，学员的民宿是做不出来的，所以我们用设计思维的方式教大家怎么做民宿。

乡创学院由国内乡建行业领军人物亲自担纲教学和辅导，帮助有志重返乡村建设的年轻人提高技能、对接资源。学院还是中国青年报 KAB 项目（国际劳工组织为培养大学生的创业意识和创业能力而专门开发的教育项目）唯一实体大学生创业培训基地，已成为“乡村振兴”和“乡村资产整合开发”的助推器和核心驱动力之一。

我们也尝试与江苏陶欣伯助学基金会合作做公益。大概做了一年半，教了五六百名学员（图 2）。我们做了一个总结，只是教创意创新方法会把学员局限住，

所以我们的教学分三个步骤。第一步是连接，民宿是非常小的单体，把全国想做民宿的人能够串联起来；第二步是提升，一些技能的提升；第三步是共创。

举一个实际案例，2016 年 6 月，莫干山学院第一期培训有 22 个学生，21 个学生来自全国各地，只有一个学生来自莫干山，而且他有一家已经开业三个月的民宿。他原来是浙江的职业经理人，做了 20 年 IT，然后回乡做民宿，花了两年半时间改造了九间房子，当时刚刚开业 2 个月。问他为什么来上我们的课？他说他是莫干山人，在莫干山做了一间民宿，花了两年半，现在没人知道，他觉得特别失败，所以就来参加培训了。

他给学员看他店里的照片，学员们没人想去，因为照片拍得太“烂”了。但职业经理人最大的优势是学习能力特别快，所以他做的第二件事情是“挖”了一个专业新媒体公司的民宿体验师当店长。三个月后，我问他生意如何？他说入住率达到 85%，莫干山前五名。

这张照片的故事就是当时我们上课最重要的环节，花一天做一个开发空间的研讨，只有一个课题，就是为何你要开这家民宿。我们有一个引导师，要问所有的学员，把他的开店想法陈述清楚。之后我们希望把经验总结出来，于是整理案例出了一本书叫《江南制造》，做了一个直播对话，还做了一个莫干山民宿管家学院，专做管家培训的课，由专业的职业经理人来运作。

三、乡村综合体，从田园综合体到理想村

到了 2018 年年初，我们发现了一个问题，基本上我把以前培训的招数在民宿这个领域已经全部用了一遍，继而开始转型做村子的运营，就是理想村的运营。传统的培训只是做培训，我觉得乡创学院在乡村振兴应该扮演更多的角色。第一个理想村运营的时候，乡伴还没有成立，这个村是一个完整的自然村，142 户人家，典型的江南水乡，四周是田，中间是水系。

我们大概做了一年的规划，把业态分为基础业态和可以在上面叠加内容的业态，称为“1 + X”模型。再做区分的话主要是民宿，或者叫住宿业态。现在村里有 11 家民宿，其中 8 家是设计师做的，3 家是非设计师做的。我们的店叫田园梦想家，是一个专注做乡村体验服务的业态，这个村是分散业主，每个业主都是自

图 1　2016 年 6 月，苏州市树山生态村，“只为回归”乡伴创客大会暨首站乡创私董会

图 2　2016 年 10 月，民宿主人培训班第八期，成都站（前排为莫干山民宿主，左：云溪上余味；右：大乐之野吉晓祥；横幅当中一位：过云山居廖敏智）

己运营的，虽然乡伴与政府全部签约，但我们其实没有一个所谓村运营公司，这也是昆山市锦溪镇计家墩理想村比较特别的一件事。所以我又做了一件事，把田园梦想家（PD之家）以个人名义拿了下来，换句话说，我在村里开了一个只有五间房18个铺位的青年旅舍。

PD（Pastoralism Dreamers）是指热爱乡村生活，分享田园梦想的人、乡村爱好者和志愿者。计家墩田园梦想家是一个田园综合体服务产品设计体验中心、一个综合体整合营销和联合运营平台。我们这个村是分散业主，11家民宿各做各的生意，各做各的管理，做木工和做陶瓷的也是各管各的，没有统一运营方。我看到了这个综合体运营的空白，所以田园梦想家就把村里的小业主组织起来，我们策划和组织全村的体验产品，比如周末亲子度假，我们在计家墩卖的是活动套票（1大1小2520元，2大1小2920元），套餐包括划船，还有两项手工。除了做义工体验之外，我们还专门做各种“我村一价全包”的项目。我们会招一批志愿者，根据他们的专长设计项目。

四、在乡野里遇见另一种生活

我们联合了几家单位发起了一个“在乡野里遇见另一种生活”的活动。一家是“刺猬体验”（专门做大学生体验，目前已经有500万大学生用户），另一家是乡伴计家墩市场部团队，还有一家是“杉树公益”，我们定期举办村子的开放日活动。最近我们要开一家书店，这个书店得到了“相约榕树”和水牛书店两家品牌的授权。另外我们也长期招收愿意来学习做民宿的人，在村里进行两到三个月民宿管家的实训。在我们看来，计家墩村是一个特别有意思的地方，可以把它变成一个实践学校，因为有11家不同风格的民宿，而且有8个不同的体验业态，还可以为学员提供实际的岗位进行实践学习。因为理想村，在乡野里遇见另一种生活。

注：本文根据“乡村复兴论坛·大埔峰会（2019年6月21日）”嘉宾演讲稿整理而成。本文图片由作者提供。

营造有温度的村庄

施盈竹
中国乡建院社区营造负责人

内容摘要：本文围绕社区营造的话题，探讨了什么是社区营造、社区营造实践、中关村社区营造、乡村未来等内容。
关 键 词：系统乡建；社区营造；乡村未来

我叫艾玛（Emma），来自中国台湾，投入乡村工作是受到中国乡建院李昌平院长的感召。之前我做过志愿服务、社区营造的工作，后来我就想，自己可以为乡村做一些什么。

2017 年，我在郝堂村听李院长演讲，他提出村庄、村民面临的困难，当时我就坐在台下，听到他的演讲很激动。后来我们通过乡村的社区营造实践，直面乡村的真实困难，思考应该怎么进入乡村，了解乡村，进而赋能乡村，为乡村创造一个可能的未来。

中国乡建院是一个能够为乡村提供系统性方案解决的团队，以村民为主体去推动村庄的系统性乡建，真正回应村庄规划设计、经济发展、社区治理的问题。

一、什么是社区营造

维基百科（Wikipedia）对“社区营造”的解释是这样的：居住在同一地理范围内的居民，持续以集体的行动来处理共同面对小区的生活议题，解决问题同时也创造共同的生活福祉，逐渐地，居民彼此之间以及居民与小区环境之间建立起紧密的社会联系，此过程即称为“社区营造”。

回到祖国大陆后，通过融合两岸实践经验，我们更愿意把社区营造理解成：在村庄有一群人，为了村庄共同的公共事务、公益地去思考、去服务，解决社区的问题，参与这个解决社区问题过程的村民、居民就成为一个团队。社区营造包括人、文、地、产、景，村民可能不如城市人有更多的机会去学习，获得更多的公共资源。我们通过挖掘人、文、地、产、景这五个元素一一帮他们建立属于他们的自信。今天来到大埔参加乡村复兴论坛，我看到有一群村民，穿着红衣服敲锣打鼓，很令人感动。村民们不管是被组织还是自发组织，都抱着一种憧憬和好奇的心态迎接我们这些来自四面八方的客人，这表明村民对村庄的未来是有期待的。

社区营造主要来自政府、专业者和社区自组织三种力量，政府的支持是非常重要的。我们在政府政策资源的支持下更好地服务村庄，结合村庄新时代文明实践站课程等，分享什么是社区营造。我们把村庄的乡贤、妇女主任等组织起来培训，教给他们一些工作方法，使他们可以回到村庄服务村民。

二、社区营造的实践

先举几个社区营造的实践案例。台湾在社区营造方面的实践至今已有 20 年了，以打造“心”，或者说是打造“幸福的能量”为出发点，着力从生态、历史以及文创等多角度把社区营造得更好。成都在城乡的社区营造保持了由上而下的结合，进行专业的社区培训，即所谓“在地赋能”。成都市民政局基层政权和社区建设处处长江维认为，社区营造是一件很困难的事，不是做三五年，也不是做七八年，而是要做几十年，慢慢做，做一步会有做一步的效果。“美丽厦门 · 共同缔造”为厦门市指定并通过了《美丽厦门战略规划》，即协助当地政府一步步地让社区变得更美好，在人、文、地、产、景等方面一一制订方案和行动计划。

中国乡建院有五个板块，在每个村庄都有不同的切入点。第一个板块以成立村庄内置金融合作社来解决村庄集体经济的金融问题；第二个板块组织孵化培育在地人才；第三个板块以公共空间运营为抓手，让更多的人可以来到这个空间参与活动；第四个板块环境治理，在村庄推动垃圾分类；第五个板块助老养老，面对村庄老化，解决村庄养老问题。社区营造离不开社区治理，以及回应经济等方面的一些需求，通过这五个板块的工作路径，进行赋能培训以及示范，培育村民、妇女骨干的能力（图 1）。

三、中关村社区营造——建设不走的乡建院

2017 年 5 月，我来到贵州省遵义市桐梓县中关村。它以前是一个很破败的村子。可能大家第一个反应是北京的“中关村”，怎么贵州也有一个中关村？其实她是中心村和关心村合并而成的“中关村”，当地人笑称“北中关村赚钱、南中关村养颜”。通过村庄调研、组织活动，平日与村民互动，深入当地的生活。无论是合

作社的机制、设计的理念，还是整村的规划、未来的愿景，我们与当地政府沟通达成共识，也与村里的乡贤、支书、老党员、村民互动讨论。

中国乡建院在中关村的主要任务有五项内容。第一，回应社区需求；第二，激活乡村公共空间；第三，培养在地社区骨干；第四，孵化在地自组织；第五，激发村民主体性。从社区营造的角度，着重在乡村旅游、乡村教育、乡村文化三个板块开展工作，给予当地乡村旅游咨询、乡村教育资源引进，挖掘当地书法文化传承等指导和协作。在这个过程中带动和组织村民，逐步参与村庄社区的营造行动。

在设计规划方面，设计师进村调研、驻场，与施工团队、政府及时沟通，并与村民同吃同住很长一段时间，去了解、挖掘当地的需求。设计师把烤烟房改造成民宿，在建筑景观行业开创了先河，每一年都有很多人慕名而来体验；因当地写有墨字的纸不能当垃圾烧掉，而是放到一个地方统一烧，于是设计师做了一个“敬字亭”；重建当地老宅化身为墨仓空间，作为村民学习、干部培训、城乡互动的公共场所，通过外部资源的引入和内部内生动力的激发，中关村因而获得很多关注。

关于当地老宅，其实已经濒临倒塌，设计师通过改造和重建，增加了新的设计。当时县城有一个青年俱乐部，准备一年花八万元租金向当地政府租下改造后的当地老宅，同时政府也在思考这个当地老宅是否能透过中国乡建院的指导和村庄产生紧密联系。最终，政府将当地老宅交给中国乡建院运营。我们根据当地的传统，给这个空间重新起了个名字，叫墨仓空间。“墨”是当地的水墨文化，“仓”是这座房子的造型。我们让墨仓空间功能更加复合化，对内，墨仓空间是村民公共活动空间，阅读、书法、绘画、手工、乐器，以及来此参加培训课程与节庆活动。对外，墨仓空间可以对接引进外来资源，成为策划链接城市与乡村的各类旅游培训体验研究的互动性活动。慢慢地，村民们会来到墨仓空间用传统手艺编织鞋子，端午节利用回收的材料做香包等。我们联合当地村民开发了手工艺、明信片、农产品等一些文创和包装，进行线上和线下的销售（图 2）。

在运营的思路上，中国乡建院对内组织村民来赋能培训，对外成为城乡连接的平台（图 3、图 4）。大专院校的师生来村庄进行社区营造、景观设计等工作的

图 1　妇女骨干手工制作香包

图 2　中关村辣椒

图 3　志愿者服务中关村

参访和学习。比如，贵州商学院学生利用暑期来到中关村进行为期一周的“三下乡”，在乡村进行人文、历史、旅游、产业等方面的行动计划调研，最后学生做成果汇报时我们获邀担任评审，给学生提出了关于“到乡村中可以为乡村做些什么事情”的建议，以便让行动计划案更加务实。有一些城市亲子家庭，妈妈希望带着孩子真正体验乡村，了解乡村面临的困境，而不仅仅是到此一游。这些孩子也希望为当地做一些事情，因此他们准备了英语、才艺等课程来教给村庄留守的儿童（图 5）；而当地的孩子则带他们探险溶洞，认识大自然。再有，通过主办在地的夏令营，招募当地大学生、志愿者，当地的小孩子也成为小助教。夏令营活动连续办了 2 届，在这个过程中，我们做示范和引导，如今村里的妇女骨干、返乡大学生等也能独立接待、策划和执行活动。即便我们现在不在中关村服务了，村庄也能继续使用墨仓空间创造价值。

四、乡村的未来

留在当地的村民怎样学到更多的能力？有村民提出想要学习一些关于农业产业方面的知识，想要学习法律知识（因为外出务工容易有法律纠纷），甚至还有关于孩子健康教育的一些学习需求。通过当地政府邀请卫生院、律师事务所、农业技校等专业师资，村民在农忙之后聚集到墨仓空间上课；有些学校的教师和校长也义务地来为村民上课，他们相信村庄的未来在于孩子，孩子的未来在于家长的成长，所以他们愿意花时间陪伴村里人，慢慢引导他们做一些不一样的事情。村小学的校长很重视家庭教育，为墨仓空间捐赠了许多家庭教育相关的杂志。在平常日和节假日，墨仓空间是农民的培训学校跟孩子的阅读空间；在旺季对外营业的时候，墨仓空间就变成了营队、接待参访、工作营的活动基地。

在推动乡村垃圾分类方面，我们与当地政府做了深入沟通，如何用更简单的方式让村民了解为什么要做垃圾分类，如何做垃圾分类（图 6）。首先，把大家带到垃圾厂，教他们哪些垃圾可回收，哪些不可回收。其次，开展保洁员、村两委垃圾分类培训和村民的环境教育。再次，逐步建立农村垃圾分类的试点，并通过戏剧扮演让孩子们理解“如果没有做垃圾分类怎么办”。经过指导协作的村庄，基

图 4　亲子公益团至村小志愿服务

图 5　儿童活动

本上第一个月都可以达到 70% 的垃圾减量。

在整合外界资源方面，我们也做了一些有益的探索。北京新工人乐团，长期为农民歌唱为基层发声，巡演为纯公益性演出，歌曲也是从基层劳动者的角度出发唱出了劳动者的心声。因此我们邀请北京新工人乐团和外地县城的音乐爱好者来到中关村，开展“暖冬大地民谣送文化下乡”活动（图 7）。当时是 11 月，贵州非常冷。他们进中关村的第一反应就是：坏了，一路上没看到人，参加晚上“大地民谣”的村民应该不多。没想到晚上来了三四百人。在“大地民谣”之后，有村民提出是不是可以组织自己的联欢晚会？第一次提出来的时候，很多村民说不可能。在村委的支持下，中关村村民自发组织了一台很完整的“村晚”（图 8），“村晚”的小品、广场舞队伍都是自发组织，村里的文艺人士都被邀请上台表演。我们全程站在后排，看着政府引领、村委带头、村民团结主动、积极地参与村庄公共事务，通过乡村的各种活动，村民们慢慢凝聚在一起，这就是社区营造精神的展现。

2016 年，乡村复兴论坛在中关村举办。我相信通过“村里开大会”的资源链接，加上中国乡建院社区营造团队驻场的陪伴，可以真正地激活这个村庄。2019 年，比利时、波兰等欧洲国家建筑系教师和学生来到中关村（图 9、图 10），买了很多当地村民制作的手工艺品，特别是用在地的材料、手艺做的一些竹艺品和布鞋，几乎全部买走了，他们还相约明年再来。这些教师和学生在中关村看到了激发内生动力的可能性，了解了系统乡建的运作和乡村设计的魅力。

在日复一日的驻场陪伴中，我们把中关村当成了自己的家乡，希望为村庄做更多的事情。中国乡建院从设计规划、内置金融合作社（图 11、图 12），再到社区营造的陪伴、动员、挖掘和赋能，用多种方法组织村民活动和提供培训课程，中关村因而成立了爱乡会，接棒组织村里的乡贤、党员等共同谋划村庄未来的发展，构建中关村美好生活的愿景。社区营造并不是通过一项活动就能带入现金流，而是一个相对缓慢的过程，通过陪伴、赋能，给村庄更多的信心，让村庄在乡村振兴这条道路上慢慢越变越好。虽然村庄转变的速度比较慢，但是会走向美好的未来。

硬件投入带来的改变可以一眼看得见，软件投入带来的改变需要用心去感受，

图 6　垃圾分类介绍

图 7　“大地民谣”至中关村

图 8　中关村第一届乡村联欢晚会

图 9　比利时、波兰建筑师生至中关村参访并自费支持手工艺品

图 10　比利时、波兰、重庆师生至中关村村标合影

图 11　内置金融合作社分红村干部、乡贤发红包给老人（资金互助促发展，利息收入敬老人）

图 12　乡贤发合作社分红红包给老人

可能一时看不见，但稍微有一点耐心就一定会感受到。这种改变才是最持久的，这种投入才是更值得的。我因加入中国乡建院来到乡村，希望让乡村有未来，让未来乡村有更好的生活。

注：本文根据“乡村复兴论坛·大埔峰会（2019 年 6 月 21 日）”嘉宾演讲稿整理而成。本文图片由作者提供。

英文信息

Essays of Conference for the Revival of Chinese Villages Volume 4（Yongtai & Dabu）

Editor: Deyin Luo

Prologue: Explore Event-Oriented Rural Vitalization

Deyin Luo (associate professor, School of Architecture, Tsinghua University; president, Conference for the Revival of Chinese Villages)

Abstract: This essay focuses on the core problem facing the vast rural region in China, which is the failure for the society to create demand for rural regions due to urbanization and the vacancy in villages as a result. The essay discusses the conference event, its content, organization, planning, design, marketing and advertising, and proposes a rural vitalization path propelled by conference event.

Keywords: Conference Event, Conference for the Revival of Chinese Villages, Village Conservation, Rural Vitalization

Chapter 1

1. Improve Eco-cultural Protective Area and Vitalize Hakka Villages

Heping Zhou (former deputy minister, Ministry of Culture)

Abstract: This essay focuses on the establishment of eco-cultural protection area and discusses the current situation of intangible heritage protection in China, the important opportunity to vitalize Hakka rural villages, as well as corresponding recommendations.

Keywords: Intangible Cultural Heritage, Eco-Cultural Protection Area, Hakka Culture

Page : 002~006

2. Key to Rural Vitalization: Industrialization of Ecology and Ecological development of Industries

Tiejun Wen (deputy director, Academic Committee of Renmin University of China; deputy dean, New Countryside Development Research Institute, Fujian Agriculture and Forestry University)

Abstract: This essay focuses on issues of Industrialization of Ecology, Ecological development of Industries, and deepen ecological capital. The essay also discusses the ways to valorize rural resources in terms of the strategic transition in China in the 21st century, issues of agriculture, rural areas, and rural residents, how to face risks and mitigate inequity, urban-rural interaction, social agriculture and social ecological agriculture.

Keywords: Industrialization of Ecology, Ecological Development of Industries, Rural Vitalization

Page : 007~013

3. Two Key Players in Promoting Rural Vitalization

Bingsheng Ke (former principal, China Agriculture University; expert member, Rural Revitalization Expert Advisory Committee, the Ministry of Agriculture and Rural Affairs)

Abstract: From aspects of innovation, talents and development, this essay explores the ways for the government and the market to play their roles in promoting rural vitalization.

Keywords: Government Role, Market Role, Rural Vitalization

Page : 014~016

4. Villagers as the Key Players: Road to Rural Vitalization

Jun Sun (founder, chief advisor, Beijing Green Cross)

Abstract: This essay discusses the issues related to agriculture, rural areas and rural residents, as well as systematic rural development, the “111” project, the “three million” project, the “one thousand, one hundred and ten” project, rural investment, and the “new villager project”. The essay proposes a road to rural vitalization with villagers being the key players.

Keywords: The Issue of Agriculture, Rural Area and Rural Residents; Rural Development, Rural Vitalization

Page : 017~025

5. Sub-ethnicity and Fujian Traditional Building Schools

Zhijian Dai (professor, School of Architecture and Civil Engineering, Xiamen University; expert of Chinese vernacular architecture)

Abstract: This essay uses the methodology of linguistics and discusses the topic of lineages and Fujian architecture schools and proposes the principle of “Four, Three, Two” for the conservation of historic villages.

Keywords: Sub-Ethnicity, Architecture Schools , The Conservation of Historic Villages

Page : 026~043

6. From History to Future: Study of the Core Values of Rural Heritage

Xiaofan Du (director, Center for Land and Cultural Resources Research, Fudan University; vice president, China Association for Preservation Technology of

Cultural Relics)

Abstract: This essay discusses the definition and values of rural heritage, the conservation practice of rural heritage in Loushang Village, as well as the core values of rural heritage. The essay also provides thoughts and recommendations for the conservation and development of rural heritage.

Keywords: Rural Heritage, Heritage Value, Loushang Village

Page : 044~048

7. How to Build Cultural Confidence in Rural Vitalization

Jinhua Tan (associate professor, Guangdong Culture Research Center of Overseas Chinese Township, Wuyi University; manager, Cangdong Project)

Abstract: This essay focuses on the issue of how to build cultural confidence in rural vitalization. The essay takes the Heritage Education Center in Cangdong Village as an example to discuss the vision for rural vitalization projects, which is that rural heritage brings pride, happiness and a sense of belonging.

Keywords: Kaiping Diaolou, Rural Vitalization, Community Empowerment

Page : 049~055

8. Vitalization and Conservation of Old Town in Thailand: Experience from Arsom Silp Institute of the Arts

(Thailand) Thip Srisakulchairak (winner of UNESCO Asia-Pacific Cultural Heritage Award)

Abstract: This essay uses three projects as examples, namely the Salarian Pavilion of Wat Kutao in the south of Thailand, Chanthaburi riverside in the east Thailand and the old cabin and fishermen wharf in the northeast of Thailand, to illustrate the importance of public participation in cultural heritage conservation.

Keywords: Heritage Conservation in Thailand, Public Participation, Rural Vitalization

Page : 056~058

Chapter 2

1. Bona Villa: Catalyst for Rural Villages

Demin Hao (director, Bona Villa Program, China Foundation for Poverty Alleviation)

Abstract: This essay discusses the important role of the "Bona Villa" program as a catalyst for villages from aspects of the difference between Bona Villa and rural tourism, high value-added product design, high quality service design as so on.

Keywords: Bona Villa, Poverty Alleviation, Rural Activation

Page : 060~067

2. Art Vitalizes Villages

Shaomin Qiu (general manager, Rural 798 Cultural and Creative Park)

Abstract: This essay reviews the journey of the author of entering the field of cultural and creative industry in rural villages and the experience of founding Rural 798 in Songyang, and discusses the emotional ties that keep the author in the village.

Keywords: Entering Arts in Rural Villages; Rural Vitalization; Songyang County

Page : 068~073

3. Rural Vitalization Driven by Cultural Tourism Intellectual Property and the Central Position of Industry Content

Jiqiong Zhang (founder and CEO of Wenlvbang)

Abstract: This essay discusses issues including the current trend of IP storytelling in the new era of cultural tourism, using content to empower and improve rural vitalization, as well as the project of rural complex, and provides some findings and thoughts on rural vitalization.

Keywords: Cultural Tourism IP, Rural Scenes, Type of Business

Page : 074~077

4. Discussions on Building Rural Brand

Changhui Huang (distinguished professor, Sichuan Xihua University; founder, Bendi Benwu)

Abstract: Based on the author's experience in local rural brand building in Xinjiang Uygur Autonomous Region, this essay discusses the role of e-commerce in county-wide brand building, the promotion of agricultural product through internet, the strengthening of human resources support for rural vitalization, the integration of diverse resources to build county-wide brand, and the building of Yongtai brand.

Keywords: Rural Vitalization, Rural E-Commerce, Brand Building

Page : 078~087

5. Activate Villages with High-quality Attention

Xiaoling Ding (president, Strait Travel Magazine; manager, "Cross-Country Running" Project; general manager, Fujian Strait Tourism Culture Media Co., Ltd.)

Abstract: This essay focuses on the issues of why we should be paid attention to rural villages and what is activating villages with high-quality attention. The essay explains the goal of the "cross-country running" project, which is to contribute to the building of the "beautiful countryside lifestyle ecological circle", and help to attract all high-quality attention to rural villages.

Keywords: "Cross-Country Running", High Quality Attention, Rural Activation

Page : 088~094

6. How to Use Short Videos to Empower Beautiful Countryside

Yong Guo (Co-founder and CEO of Zhisu)

Abstract: This essay discusses how to use short videos to empower beautiful countryside in terms of data traffic of short videos, content tonality and patterns of circulation.

Keywords: Short Videos, Propagation Matrix, Beautiful Countryside

Page : 095~100

7. Guesthouses Bring People Back to Villages

Muer Ding (second generation head, Pig's Inn Brand; founder, Bishan Craft Beer)

Abstract: Based on the case of the design, renovation and operation of Pig's Inn in Bishan village, this essay discusses issues of renovation of rural old buildings, design of rural lifestyle and the integration of rural culture.

Keywords: Renovation of Rural Residence; Rural Culture, Rural Life

Page : 101~108

Chapter 3

1. From Regionalism to Realism: Design and Practice of Zhangwu Town

Yong He (professor, School of Architecture, Zhejiang University)

Abstract: Based on the design and practice of Zhangwu town in Anji county, Zhejiang province, this essay discusses the necessity of rural experience and on-site work, the inherit relationship between rural development and reshaping social relationship, the influence of change of location on ways of work and attitude of life, the consciousness of architecture, design partner thinking, small and mini-facility and activation of rural spaces. The essay proposes a rural renewal path from regionalism to realism.

Keywords: Design Practice, Rural Development, Regionalism

Page : 110~126

2. From Invasion to Co-habitation: Rural Development Path of Yinju Xiangli

Lei Jin (Co-founder of Nalada)

Abstract: Based on the case of rural tourism service platform Nalada, this essay discusses the predicament and solution of rural development, systematic design of rural development, and business model of Yinju Xiangli. The essay proposes methods of working in rural areas including acupuncture changes in rural villages, on-site training of villagers, operation and development through co-habitation mode, and strict control of cost.

Keywords: Rural Development, Systematic Design, Rural Business Operation

Page : 127~136

3. Reshaping the Vitality of Rural Communities: The Case of Renovation Design of Baihou Movie Theatre and Surroundings

Bingqian Fan (project manager, Department VII of Research Centre for Heritage Conservation and Urban-rural Development, Beijing Tsinghua Tongheng Urban Planning and Design Institute; project manager, Baihou Movie Theatre Project of Dabu County)

Abstract: Based on the case of renovation design of Baihou Movie Theatre and surroundings, this essay discusses the cultural background of Baihou town, the renovation design of Baihou Movie Theatre, community building of the Thirty-Six Alleys, night lighting of Baihou Movie Theatre and surroundings. The essay proposes the rural development through comprehensive environment renovation, landscape improvement of public spaces in order to reshape the vitality of rural communities.

Keywords: Renovation Design, Community Building, Rural Development

Page : 137~146

4. There Are Ups and Downs in Life, and Villages Will Be Revitalized

Qiuan Wang (founder and chief architect, ANT Architecture)

Abstract: This essay is based on two village-wide rural projects and discusses solving the problem of urban-rural integration and region-wide urban-rural practice.

Keywords: New Village Design, Village Renovation, Urban-Rural Integration

Page : 147~156

5. Lighting Design in Songyang Based on the Logic of Architecture Acupuncture

Xin Zhang (associate professor, School of Architecture, Tsinghua University)

Abstract: This essay focuses on the lighting design practice based on the logic of "architecture acupuncture" in Songyang and discusses lighting design in Pingtian Agriculture Center, Bamboo Pavilion and Teahouse in Damushan Tea Garden Scenic Area, Red Sugar Workshop, Shicang Contract Museum, Shimen covered bridge, Huangwei Post, and Wang Jing Memorial Hall.

Keywords: Architecture Acupuncture, Songyang Practice, Lighting Design

Page : 157~162

6. Hate late for Rural Development, The Journey of Rural Development

Jincong Hong (CEO, 97HUA Architectural Designs, LLC)

Abstract: This essay focuses on the topic of "building villages as they are", and discusses companionship in rural development. The essay proposes that the empowerment of people is the foundation of rural development and it is important to understand the need of the communities and villages. The essay also explores rural vitalization plan of putting operation in the first phase.

Keywords: Companionship in Rural Development, Rural Development, Rural Business Operation

Page : 163~169

7. A Year in Zhutouzhai: Imperfect Result and Perfect Journey

Junjie Li (project manager, assistant of the director, Department VII of Research Centre for Heritage Conservation and Urban-rural Development, Beijing Tsinghua Tongheng Urban Planning and Design Institute)

Abstract: Based on the comprehensive renovation and improvement project in Zhutouzhai

Village, Yongtai County, Fujian Province, this essay discusses the conservation and renovation of the upper village and fortress tower, overall improvement of village landscape, basic lighting and lighting for important nodes, and the signage system.

Keywords: Village Plan, Architecture Renovation, Rural Landscape

Page : 170~184

Chapter 4

1. Bring the World to Dabu and Dabu to the World

Nong Li (chief marketing officer, 12301 National Smart Tourism Public Service Platform)

Abstract: This essay takes 12301 National Smart Tourism Public Service Platform as an example to discuss the comprehensive upgrade of the information system of tourism industry in China, the promotion of tourism in Dabu through tourism information system, the creation of visual contents and its dissemination.

Keywords: Smart Tourism, Dabu Tourism, Omnimedia Communication

Page : 186~191

2. Villagers First: Key Actor in Rural Vitalization

Xiaoxiang Tang (professor, doctoral supervisor, School of Architecture, South China University of Technology; vice chairman and general secretary, Academic Committee of Lingnan Architecture, Architectural Society of China)

Abstract: This essay explores aspects of the concept of rural vitalization, current condition and issues of rural development, international experiences in rural development, strategic positioning of rural development, and discusses rural development path with villagers as the key actors.

Keywords: Rural Vitalization, International Rural Development Experience, Villagers as Key Actors

Page : 192~200

3. My Yellow River, Your The River Guesthouse Cluster

Yuqing Xia (CEO, Jiesu, co-founder, Rucheng)

Abstract: This essay focuses on the project of "The River" guesthouse cluster and discusses the origin of the project, the five guesthouse brands introduced and integrated industries in The River.

Keywords: Guesthouse Brand, Guesthouse Cluster, Integrated Industries

Page : 201~208

4. From Guesthouse to Small Town: Upgrade of Shanli Lohas

Wenhuan Yin (founder, CEO, Hanshe Tourism Investment Management Group)

Abstract: This essay focuses on the issue of deciding business model for rural development. Taking the development journey of "Hanshe" brand as an example, the essay discusses the cooperation partner, cooperation model and problems to be solved in the guesthouse business.

Key Words: Business Model, Guesthouse, Cooperation and Win-Win

Page : 209~212

5. Create a World-Class Guesthouse

Christopher Barclay (founder, Shaxi Stage Hall and Dali Shaxi Ginkgo Travel Service Co. Ltd)

Abstract: The essay discusses rural vitalization from the perspective of a foreigner who has lived in China for a long time. Focusing on the "shaping of man" during rural vitalization and conservation of rural heritage, the essay argues that the conservation and inheritance of culture is more important than that of historic buildings. The most important work for operating a guesthouse in to train local workers. The essay also discusses the management experience and development model of guesthouse as well as the Shaxi Stage Hall and the philosophy of the company.

Keywords: Village Conservation, Rural Vitalization, Guesthouse Model

Page : 213~218

6. Explore Rural Education and Cultivate Rural Youth with Dreams

Yang Li (founder, Prop Roots Child Education Institute)

Abstract: This essay focuses on the issue of rural education and the case of Prop Roots Child Education Institute, and discusses the origin and mission of Prop Roots, the predicament of rural education, how education can serve daily lives, difficulties of Jingpo communities and how to achieve education equality.

Keywords: Rural Education, Education Equality, Jingpo Community

Page : 219~229

7. The Development of the Population of Consumption Upgrade

Baojin Chen (marketing director, Lifestyle Department, Secoo Group)

Abstract: Based on the big data of the population of consumption upgrade, this essay discusses the business model of Secoo, consumption analysis of the population of consumption upgrade as well as the entry time of ideal life for users.

Keywords: Big Data, Consumption Upgrade, Consumer Analysis

Page : 230~235

8. Joint Hands for the Development of Yuanqian Community

Junxiong Chen (president, Jishengyuan Co-op of Yuanqian Community)

Abstract: This essay takes Yuanqian Community in Qingjiao village as a case study and discusses the five major issues facing Yuanqian community, how to integrate different resources of the village, bring different stakeholders to participate, govern and share, as well as the operation mechanism of the community.

Keywords: Community Empowerment, Rural Vitalization, Create Together

Page : 236~242

Chapter 5

1. Rural Vitalization: Co-creation of Beautiful Environment and Happy Life

Xun Li (dean, China Institute of Regional Coordinated Development and Rural Construction, Sun Yat-Sen University; advisor, Guangdong Northeast Regional Coordination and Rural Development Research Institute, Jiaying University)

Abstract: This essay discusses the concept of "co-creation" in rural vitalization, the practice of rural vitalization in Meizhou and illustrates the concept of "co-creation" in terms of rural development supported by different stakeholders, rural development propelled by cities and integration of industries as well as encouraging more villagers to participate in the process.

Keywords: Rural Vitalization, Diverse Actors, Co-Creation

Page : 244~252

2. Conservation of the Historic Town and Poverty Alleviation: Struggles and Decisions of Huichang County

Weizhen Yang (design director, Shanghai Zhongjian Architectural Design Institute Co., Ltd.)

Abstract: Based on the case of renovation the historic town of Huichang county in Ganzhou, Jiangxi, this essay discusses nostalgia and rural development as well as the conservation of Huichang historic town. The essay argues that the key to poverty alleviation and rural development is to attract villagers working as migrant workers back to develop their hometown.

Keywords: Nostalgia, Conservation of Historic Towns, Rural Development

Page : 253~258

3. Rural Vitalization and Community Governance

Hong Guo (researcher, Sichuan Academy of Social Sciences; committee member, Sichuan Provincial Government Decision-Making Advisory Committee)

Abstract: This essay discusses the issues of vitalization of industry, talents, culture, ecology and organization and proposes a creative path of rural vitalization through "five action of community development governance".

Keywords: Rural Vitalization, Community Development, Community Governance

Page : 259~262

4. The Rural Exploration of Non-Profit Organizations in China

Haobo Zhang (assistant director, Bona Villa Program, China Foundation for Poverty Alleviation)

Abstract: This essay focuses on the issue of how China Foundation for Poverty Alleviate help impoverished villages in China through tourism. The essay discusses the pain point of rural vitalization, the exploration of poverty alleviation through tourism, the model of Bona Villa.

Keywords: Rural Vitalization, Poverty Alleviation through Tourism, Bona Villa

Page : 263~269

5. The Ideal Village: Vitalization of Talents and Case Study of Community Engagement

Jun Gu (dean and founder, X-band Chuangke Institute)

Abstract: Based on the cases of vitalization of talents and community building, this essay discusses the rural development path of cultural tourism of X-band, the rural creative platform, rural complex and rural business and experiences.

Keywords: Community Development, Rural Complex, Experience of Business Type

Page : 270~274

6. Create a Homey Village

Yinzhu Shi (director, Team of Community Building, China New Rural Planning and Design)

Abstract: This essay focuses on the issue of community building and discusses the concept of community building, the practice of community building, community building in Zhongguan village and the future of rural villages.

Keywords: Systematic Rural Development, Community Building, Rural Future

Page : 275~286